谭新红　主编

海南大学海南省东坡文化研究与传播中心　主办

东坡文化研究

第一辑

凤凰出版社

图书在版编目（CIP）数据

东坡文化研究. 第一辑 / 谭新红主编. -- 南京：
凤凰出版社，2024. 10. -- ISBN 978-7-5506-4321-5

Ⅰ. K825.6

中国国家版本馆 CIP 数据核字第 2024EK0639 号

书　　　　名	东坡文化研究(第一辑)
主　　　编	谭新红
责 任 编 辑	李相东
特 约 编 辑	蒋李楠
装 帧 设 计	陈贵子
责 任 监 制	程明娇
出 版 发 行	凤凰出版社(原江苏古籍出版社)
	发行部电话 025-83223462
出版社地址	江苏省南京市中央路165号,邮编:210009
照　　　排	南京凯建文化发展有限公司
印　　　刷	南京新洲印刷有限公司
	江苏省南京市六合区雨花路2号,邮编:211500
开　　　本	787毫米×1092毫米　1/16
印　　　张	13.25
字　　　数	267千字
版　　　次	2024年10月第1版
印　　　次	2024年10月第1次印刷
标 准 书 号	ISBN 978-7-5506-4321-5
定　　　价	88.00元

(本书凡印装错误可向承印厂调换,电话:025-57500228)

编辑委员会

前　言

　　如果要在灿若繁星的古代作家中挑选出一位作为中国优秀传统文化的代表,其人非宋代文化巨人苏轼莫属。如今,我们探讨中国古代的文学史、哲学史、政治史、书画史,甚至服饰史、饮食史,苏轼都是绕不开的人物。可以说,苏轼的存在,翻开了中国文化史新的一页。

　　苏轼晚年被贬海南三年,于他跌宕起伏的人生际遇而言,或许会被人视为一场劫难。但是,对于海南这块被历代王朝当作犯人流放地的"化外之地"而言,却是莫大的幸运。尽管苏轼并不是第一位被贬谪到海南的文人,但他是真正为海南岛种下礼乐文化种子的人,也是为海南岛本土文化真正融入中华文化的大家庭架设桥梁的人。

　　苏轼在海南劝学兴农,与黎族等少数民族在内的海南人民一起生活,建立了深厚的友谊。东坡以"海南民"自居,海南人民也爱东坡。监管东坡的昌化军军使张中甚至因善待东坡而遭贬官;东坡在儋州盖桄榔庵时,当地百姓自告奋勇前来帮忙,为他搭建起茅屋;岛上的孩童喜欢围着东坡跑闹,村野里的"春梦婆"用朴素语言表达对东坡的理解与同情;一大批青年学子以东坡为师,传承中华学脉,其中的佼佼者姜唐佐、符确分别成为海南岛的第一位举人和第一位进士。东坡,对于海南功莫大焉!

　　而贬谪海南,对于苏轼而言,也是某种意义上的因祸得福。早在贬谪黄州期间便已悟透"此心安处是吾乡"的苏轼,已不会再被仕途的挫折击倒,反而学会了享受谪居地的天然物产与风土人情。在海南岛这块远离政治纷扰的土地上,苏轼潜心治学,使其学术研究进入集大成阶段,他在此完成《易传》《书传》《论语说》三书,自认为有此三书"此生不虚过";他的文学创作也在海南得到了进一步升华,黄庭坚说东坡岭外文字"使人耳目聪明,如清风自外来也"。可以说,在海南岛,东坡文化真正走向了成熟。

　　东坡是属于世界的,不专属于海南;东坡是属于整个历史的,不专属于某个时代。但苏轼开启了文化的海南,海南也见证了东坡文化的集大成。如今,在自贸港建设的宏伟蓝图下,海南亦将成为东坡文化走向世界的一个窗口。

新时期以来,党和国家领导人高度重视东坡文化,习近平总书记考察三苏祠时说:"一滴水可以见太阳,一个三苏祠可以看出我们中华文化的博大精深。我们说要坚定文化自信,中国有'三苏',这就是一个重要例证。"海南省各级领导干部积极响应中央号召,在东坡文化的开发、保护、利用方面不遗余力。海南省委第八次代表大会报告中明确提出要保护和利用好东坡文化,并在海南大学成立了"海南省东坡文化研究与传播中心",出台了《海南省东坡文化研究与传播中心中长期发展规划(2022—2037年)》,明确提出要创办《东坡文化研究》,并将其打造成东坡文化代表性学术成果的重要发表平台。举凡与东坡生平、思想、文学、文献、艺术、接受、传播等相关的成果我们皆择优刊发,同时还会重点收录海外汉学家研究东坡的学术成果,使其成为海内外学人共同守护的学术家园。让我们用学术研究缅怀我们永远热爱的东坡先生!

《东坡文化研究》编委会

2024年6月1日

目 录

前言   1

思想研究

苏轼哲学思想南宋接受简论   杨松冀 / 1

从《东坡易传》看苏轼的"形上学"思想   袁泽宇 / 19

文化研究

论苏轼谪居黄州期间的生活实践与生活艺术   王友胜 / 30

磁州窑系瓷枕所书苏轼词及其文学文化意义   高　莹　张天昱 / 42

文学研究

身体、时间与家庭:苏轼、苏辙咏老诗比较   庞明启 / 57

"我顷三章乞越州"——苏轼的越州想象与书写   王华争 / 80

论苏轼黄州创作中的主客关系

    ——以《雪堂记》和《前赤壁赋》为例   倪可可 / 92

苏轼诗文中"海南民"身份认同的建构与书写   梁　晖 / 106

传播接受研究

日本所藏苏轼和陶诗文献价值及其传播   李杰玲 / 123

韩国词人对苏轼词的唱和与接受   钱锡生 / 137

从乾嘉常州诗群的"东坡情结"看苏轼对常州诗学的促动   伏　涛 / 147

外文研究译介

理想主义者与政治家、儒家与佛教徒——苏轼

[俄]阿·斯·马丁诺夫著　吕　卉译 / 160

苏轼、苏辙"夜雨对床"诗系谱研究

[日]原田爱　[日]小谷优瑠著　李寅生译 / 168

朝鲜刊本苏轼诗集版本小考

——以《增刊校正王状元集注分类东坡先生诗》为中心

[韩]唐润熙著　陈　庆译 / 176

空间建构与生命感悟：浅谈苏东坡诗词中的空间书写

[越]阮氏秋芳　[越]阮文伦著　[越]阮文伦译 / 193

苏轼哲学思想南宋接受简论[*]

杨松冀

内容提要　苏学盛行于南宋,至南宋理宗淳祐元年(1241)程朱理学被定为正统的官方意识形态以前,苏轼儒释道三教合一、兼容并包的思想当为时代的主流思想意识。苏轼哲学不但深刻地影响了宋孝宗、吕祖谦等,以朱熹等为代表的许多其他理学之士其实亦或多或少接受过苏轼哲学思想的影响。以《东坡易传》为代表的苏轼哲学三书,在南宋影响深广,朱熹、蔡沈等南宋理学大家对苏轼哲学三书吸取颇多,尤其是对苏轼《论语说》《东坡书传》的评价很高。鉴于苏轼及苏学对南宋思想学术曾产生过持久深远影响的史实,苏轼哲学理当在中国哲学史、思想史上占有不可或缺的一席之地。

关键词　苏轼　哲学思想　南宋接受

　　苏学为宋学不可或缺的重要内容,但在哲学史上,苏轼的哲学思想并没有受到应有的重视。历史事实是:以苏轼为代表的蜀学不但是北宋元祐学术的主要内容之一,而且南宋苏学盛行,出现过“人传元祐之学,家有眉山之书”(宋孝宗《苏轼赠太师制》)的崇苏盛况。至南宋理宗淳祐元年程朱理学被定为正统的官方意识形态,此前百余年的历史时期内,堪称苏轼哲学的时代。“苏文熟,吃羊肉。苏文生,吃菜羹”①,这是苏学盛行于南宋的最好说明。在这样的“崇苏热”中,苏轼的哲学思想无疑会深刻地影响南宋士人。故考察苏轼哲学在南宋的接受与传播史实,认识其在南宋哲学史上的重要意义并进而确定其在中国哲学史上的应有地位,显然是苏轼接受研究的重要内容。

---

　　* 本文为海南省哲学社会科学规划重大专项(东坡文化研究)“思想文化史视阈中的两宋苏轼接受研究”[项目编号 HNSK(ZDZX)24‐22]的阶段性成果。

　　① 陆游撰,李剑雄、刘德权点校:《老学庵笔记》卷八,中华书局 1979 年版,第 100 页。

一 "崇苏热"与南宋学术之争

南宋初期,王安石新学失去其官学的正统地位,在宋高宗的倡导下,元祐学术成为时代学术的主流。据史载:

> 绍兴四年八月戊寅朔,宗正少卿兼直史馆范冲入见,冲立未定,上云:"以史事召卿。两朝大典皆为奸臣所坏,若此时更不修定,异时何以得本末。"冲因论熙宁创制,元祐复古,绍圣以降,弛张不一,本末先后,各有所因,不可不深究而详论。读毕,上顾冲云:"如何?"对曰:"臣闻万世无弊者,道也;随时损益者,事也。……王安石自任己见,非毁前人,尽变祖宗法度,上误神宗皇帝,天下之乱,实兆于安石,此皆非神祖之意。"上曰:"极是,朕最爱元祐。"上又论史事,冲对:"先臣修神宗实录,首尾在院,用功颇多,大意止是尽书王安石过失,以明非神宗之意。其后安石婿蔡卞怨先臣书其妻父事,遂言哲宗皇帝绍述神宗,其实乃蔡卞绍述王安石,惟是直书安石之罪,则神宗成功盛德,焕然明白。哲宗皇帝实录,臣未尝见;但闻尽出奸臣私意。"上曰:"皆是私意。"冲对:"未论其他,当先明宣仁圣烈诬谤。"上曰:"正要辨此事。"[1]

据上可知,元祐之学的兴起,显然是有着非常重大的政治意义与深刻的历史背景的,司马光的涑水学、苏氏兄弟的蜀学、二程的洛学作为元祐之学的三驾马车,此时的境遇却截然不同:涑水学早已式微;洛学地位尴尬,朝野批评之声不绝,屡遭朝廷诏令禁黜;秦桧当政时,"程学为世大禁者凡十有二年",大致到十二世纪中叶,也就是宋高宗绍兴后期,理学一派才初具规模,命运稍得改观[2]。而被认为是与王安石"新学"对立的元祐学术的主力——苏学,当仁不让地成为取代"新学"的新时代学术宗主[3]。自高宗建炎、绍兴初恢复苏轼名誉,至孝宗乾道六年(1170)赐谥"文忠"、乾道九年(1173)特赠"太师",宋孝宗亲自为苏轼文集作序,

---

① 李心传编撰,胡坤点校:《建炎以来系年要录》卷七十九,中华书局 2013 年版,第 4 册,第 1487 页。标点略有改动。下仿此。按:此段纪事极为重要,宋高宗赞同范冲所言"天下之乱,实兆于安石,此皆非神祖之意",而表达"朕最爱元祐"等语,正是其急召范冲入见想要表达的最终旨意,这显然是在为其亡国父兄开脱,为北宋灭亡找替罪羊,"最爱元祐"显然也是宋高宗深思熟虑之后所作出的重大思想舆论导向,这客观上也必然要为元祐党人尤其是为苏轼等元祐学术的代表人物平反昭雪。

② 邓广铭《略谈宋学》:"理学家这一学术流派的出现,是在程颢、程颐逝世之后,在他们的及门弟子和私淑弟子们大力宣扬其师说之后的事。因此也可以说,是在南宋前期,亦即在十二世纪的中叶,才形成了理学家这一学术流派的。"邓广铭:《宋史十讲》,中华书局 2008 年版,第 616 页。

③ 王水照、朱刚:《苏轼评传》,南京大学出版社 2004 年版,第 160—163 页。

将苏轼立为"文章之宗""儒者之宗",苏轼成为时代学习的楷模,其荣名臻于极致,苏学从此大盛,南宋朝野出现了一波声势浩大的崇苏热潮。具体而言,自高宗建炎至孝宗乾道这四十多年的时期,思想学术界呈现的局面是新学式微,程学初兴,而苏学走向鼎盛。从宋孝宗乾道九年(1173)直至宋理宗淳祐元年(1241)正式定程朱理学为正统,在此近七十年的历史时期内,无疑是苏轼哲学最盛行的时代。

南宋"崇苏热"的出现与苏学的盛行,固然与北宋亡国后南宋朝野的拨乱反正的政治生态有极大关系,但也与宋高宗与宋孝宗对苏轼其人其学的赏爱推崇有莫大关系。在经历严酷的崇宁党禁之后,包括蜀学在内的元祐学术受到了以宋徽宗为首的长达二十多年的官方迫害,这种状况直到南宋高宗建炎时期才得到彻底改观。据史载,建炎二年(1128)五月乙未(十二日),"诏苏轼立朝,履历最为显著,追复端明殿学士,尽还合得恩数"。接着又于绍兴元年(1131)八月庚辰(十六日),"特赠苏轼资政殿学士、朝奉大夫";于绍兴九年(1139)九月丙申(十九日),"诏汝州郏城县故资政殿学士苏轼坟寺以'旌贤广惠'为名"①。"最爱元祐"的宋高宗,不但追复苏轼名位恩数,为苏轼修建坟墓寺庙,而且他非常喜爱苏轼的诗文书画,"思陵极爱苏公文词,力购全集,刻之禁中"②,并御书东坡赞文,且于建炎四年(1130)六月,令苏轼侄苏迟将苏轼文集上进朝廷,并宣言"轼书无非正论,言皆有益,朕不独取字画之工而已"③。可见,宋高宗并非只是因为政治的需要而恢复苏轼的名誉,而是确实赞赏苏轼的学术思想,喜爱苏轼的诗文书画。宋高宗的行为态度,堪称为苏学定调,是对北宋崇宁以来严禁苏学的彻底否定。其"无非正论,言皆有益"无疑是对苏学的最好亦是最具内涵的评价。

在对待苏轼的态度上,宋孝宗不但继承了高宗,并将其崇苏之态度作了进一步落实。孝宗先是于乾道六年(1170)九月,"赐苏轼谥曰文忠"④,后又于乾道九年(1173)正月,先是亲撰《苏轼文集赞并序》赐苏轼之裔孙苏峤,赞苏轼"忠言谠论,立朝大节,一时廷臣,无出其右""穷理尽性,贯通天人""信可谓一代文章之宗",并表达出自己对苏轼其人其学的无限思慕与敬仰,"敬想高风,恨不同时"⑤。同年二月,又颁布《苏轼赠太师制》:

> 朕承绝学于百圣之后,探微言于六籍之中。将兴起于斯文,爰缅怀于故老。虽仪刑之莫觌,尚简策之可求。揭为儒者之宗,用锡帝师之宠。故礼部

① 《建炎以来系年要录》卷十五、卷四十六、卷一百三十二,第 374、978、2468 页。
② 李日华撰,郁震宏、李保阳点校:《六研斋三笔》卷三,凤凰出版社 2010 年版,第 226 页。
③ 徐松:《宋会要辑稿》,中华书局 1957 年版,第 55 册,第 2240 页。
④ 脱脱:《宋史》卷三十四,中华书局 1977 年版,第 3 册,第 649 页。
⑤ 曾枣庄、刘琳主编:《全宋文》卷五二七九,上海辞书出版社 2006 年版,第 236 册,第 299 页。

尚书、端明殿学士、赠资政殿学士、谥文忠苏轼，养其气以刚大，尊所闻而高明。博观载籍之传，几海涵而地负。远追正始之作，殆玉振而金声。知言自况于孟轲，论事肯卑于陆贽？方嘉祐全盛，尝膺特起之招；至熙宁纷更，乃陈长治之策。叹异人之间出，惊谗口之中伤。放浪岭海而如在朝廷，斟酌古今而若斡造化。不可夺者，嵬然之节；莫之致者，自然之名。经纶不究于生前，议论常公于身后。人传元祐之学，家有眉山之书。朕三复遗编，久钦高躅。王佐之才可大用，恨不同时；君子之道暗而彰，是以论世。说九原之可作，庶千载以闻风。惟而英爽之灵，服我衮衣之命。可特赠太师，余如故。①

细读此制文，不难看出这是古代封建王朝对一个前朝政治学术人物的无以复加的褒奖与肯定。"海涵地负""玉振金声""斟酌古今""若斡造化"，这是对一个学人的学术才力与成就的最高赞词；"不可夺者，嵬然之节；莫之致者，自然之名。经纶不究于生前，议论常公于身后"，这是对一个士大夫的立朝大节与人生功业的最高赞誉；"人传元祐之学，家有眉山之书"，这是对苏轼学术思想深远影响的最高礼赞；"三复遗编，久钦高躅。王佐之才可大用，恨不同时"，这是对一个人钦慕之情的最虔诚表达；而"太师"之赠谥，则是封建王朝对一个士大夫官吏的最高封赠。《苏轼赠太师制》对苏轼推崇备至，这无疑是昭告天下，我赵眘将承圣继统，兴起斯文，故特树立苏轼为"儒者之宗"、当今圣人，天下人当以之为学习的榜样，不言而喻，这也是对苏轼哲学思想的最高认可。

宋高宗与宋孝宗对苏轼的追赠赏爱，使苏轼从"崇宁党禁"的禁锢中彻底解放出来，以官方的名义正式确立了苏轼的崇高形象：政治人格上，是"忠言谠论，立朝大节，一时廷臣，无出其右"的"气高天下"的忠臣；学术形象上，是"雄视百代，自作一家。浑涵光芒，至是而大成"的"一代文章之宗"。不但是"一代文章之宗"，而且是"雄视百代"的"儒者之宗"，这已经是至高无上之评价了。皇帝的如此推崇，自然上有所好，下必甚焉，整个南宋王朝，兴起了一股自上而下的"崇苏热"，当时甚至有人立祠画像以拜祭，将苏轼抬升至神灵地位。宋人费衮《梁溪漫志》卷四《毗陵东坡祠堂记》记载，乾道八年（1172），晁子健知毗陵时，即筑东坡祠堂。"乾道壬辰，太守晁彊伯子健来，始筑祠于郡学之西，塑东坡像其中。又于士夫家广摹画像，或朝服，或野服，列于壁间，而晁侍郎公武为之记。"②

陆游将当时"崇苏热"的盛况记录下来，其《老学庵笔记》卷八云："建炎以来，尚苏氏文章，学者翕然从之，而蜀士尤盛，亦有语曰：'苏文熟，吃羊肉；苏文生，吃菜羹。'"能否熟读苏轼散文，已经成为士子文人能否科举高中改变人生命运的关

① 《全宋文》卷五二四六，第235册，第161页。
② 费衮撰，金圆点校：《梁溪漫志》卷四，上海古籍出版社1985年版，第40页。

键。陆游自己也"整衣拜遗像,千古尊正统"(《玉局观拜东坡先生海外画像》)①。由上可见,到孝宗时,人们追捧苏轼简直到了一种痴狂的程度。

需补充说明的是,即使是程朱理学盛行,朱熹被奉为圣人的时代,苏轼的文化巨人形象也再没倒下。宋理宗推崇程朱理学时期,理宗宝庆三年(1227)诏特赠朱熹太师,追封信国公②,而苏轼并没有受到贬黜。理宗端平二年(1235)正月甲寅,"诏议胡瑗、孙明复、邵雍、欧阳修、周敦颐、司马光、苏轼、张载、程颢、程颐等十人从祀孔子庙庭,升孔伋十哲"③。度宗咸淳元年(1265)九月壬子,"命宰执访司马光、苏轼、朱熹后人,贤者能者,各上其名录用"④。可见,终南宋一朝,苏轼都是受到推崇的。

反观程朱理学,南渡后,二程之学虽经程门后学的极力鼓吹,但却屡受朝廷打压,高宗、孝宗不喜道学,多次诏命道学之禁,宁宗时期更是遭受过严酷的"庆元党禁",正如全祖望在《元祐党案序录》所云:"元祐之学,二蔡、二惇禁之,中兴而丰国赵公弛之。和议起,秦桧又禁之,绍兴之末又弛之。郑丙、陈贾忌晦翁,又启之,而一变为庆元之锢籍矣。此两宋治乱存亡之所关。嘉定而后,阳崇之而阴摧之,而儒术亦渐衰矣。"⑤此处所言之"元祐之学",显然是指程朱之学而不包括苏学与司马光之涑学。可见,自北宋末崇宁党禁至理宗嘉定时期百余年间,程朱理学长期处于被禁锢的尴尬境地,这种局面直至宋理宗淳祐元年(1241)诏令学官以周敦颐、张载、程颢、程颐、朱熹五人"列诸从祀",并"制《道统十三赞》,就赐国子监宣示诸生",程朱理学始被钦定为正统官学。⑥

程朱理学不但受到以宋孝宗为代表的官方压制打击,而且还不断受到当时士人的强烈反对,其中,绍熙状元陈亮对其之批评最为典型。陈亮是南宋"事功学派"的代表,其"功利观"与程朱理学之"心性学"可谓针锋相对。陈亮《送吴允成运干序》序云:

> 自道德性命之说一兴,而寻常烂熟无所能解之人自托于其间,以端悫静深为体,以徐行缓语为用,务为不可穷测以盖其所无,一艺一能皆以为不足自通于圣人之道也。于是天下之士始丧其所有,而不知适从矣。为士者耻

---

① 陆游著,钱仲联校注:《剑南诗稿校注》卷九,上海古籍出版社 1985 年版,第 714 页。

② 陈邦瞻:《宋史纪事本末》卷八十《道学崇黜》,中华书局 1977 年版,第 880 页。

③ 《宋史》卷四十二,第 3 册,第 807 页。

④ 《宋史》卷四十六,第 3 册,第 895 页。

⑤ 黄宗羲原著,全祖望补修,陈金生、梁运华点校:《宋元学案》卷九十六,中华书局 1986 年版,第 4 册,第 3153 页。

⑥ 《宋史》卷三十四,第 3 册,第 821—822 页。按,程朱理学之命运沉浮,可参阅陈邦瞻《宋史纪事本末》卷八十之《道学崇黜》以及李心传《道命录》。

言文章、行义,而曰"尽心知性";居官者耻言政事、书判,而曰"学道爱人"。相蒙相欺以尽废天下之实,则亦终于百事不理而已。①

陈亮此序约作于绍熙元年(1190),文章不但深刻地揭示了当时理学末流"以徐行缓语为用,务为不可穷测以盖其所无"的迂阔丑态,而且也指出了理学所造成的"天下之士始丧其所有,而不知适从""为士者耻言文章、行义""居官者耻言政事、书判""相蒙相欺以尽废天下之实,则亦终于百事不理而已"的严重社会危害。其《上孝宗皇帝第一书》的批评更中要害:

> 始悟今世之儒士自以为得正心诚意之学者,皆风痹不知痛痒之人也。举一世安于君父之仇,而方低头拱手以谈性命,不知何者谓之性命乎!②

沉溺于空谈性命而不理民生国事,显然是一语中的,击中了陈朱理学的要害。陈亮的批评是客观而又有远见卓识的,这与苏轼对程学的批评是一致的,也得到后来南宋有识之士的广泛响应,如俞文豹、陈造、周密、徐似道、乐雷发等皆有著名诗文抨击过道学之伪诈与危害。陈亮之批道学在当时也是有其强烈的政治动因的,朝廷的道学之禁,尤其是宋孝宗时期,以朝廷禁令的形式打击道学,也是看到道学具有这种空疏、不切实际、有害治道的危害性。后来朱熹之所以逆潮流而动,尖锐乃至偏激地批判苏学,将苏学视为"杂学",其主要目的还是妄图从根本上否定苏学的正统性、合法性,以抬高理学的地位,重建以程朱理学为主体的"新道统"。所以,道统理念的重构,其实是南宋中前期一个最重要的课题,而苏学虽然受到高宗、孝宗的大力推崇,但一直没有被确立为正统官学,这与苏学的驳杂、兼容有关,当然最根本的原因还是儒学的正统地位及其纯正性一直为历代统治者所遵守。苏学虽以儒学为主,但兼容释道,三教并包,今天看来,这是卓越而伟大的;但在古人看来,却是踩踏红线,有解构正统之危险。宋理宗以后的历代统治者之所以确定以程朱理学为正统,并非程朱理学较之苏学具有进步性,而是因为程朱理学维护孔孟之道的那一套理论更加适合封建王朝的统治。从此意义而言,以苏轼哲学为主要内容的蜀学,在前成为阻击程朱理学的主要力量,在后则成为反理学斗士们的一门重要的思想武器,有学者认为,明代王阳明的"良知说"、李贽的"童心说"、明清浪漫思潮等皆"血脉实苏"③,是不无道理的。

---

① 《全宋文》卷六三二六,第279册,第238页。
② 《全宋文》卷六三一九,第279册,第112页。
③ 董其昌认为:"程、苏之学角立于元祐,而苏不能胜。至我明姚江出,以良知之说变动宇内,士人靡然从之。其说非出于苏,而血脉则苏也。程朱之学,几于不振。"参见沈德符撰,杨万里校点:《万历野获编》卷二十七,上海古籍出版社2012年版,第583页。

二　朱熹对苏轼哲学的批评与接受

　　考察苏轼哲学的南宋接受情况,朱熹显然是必不可少的重要考察对象。苏轼哲学虽然受到朝廷的官方旌表,但并没有完全为当时士人所接受,推崇苏轼的宋孝宗,希望融通儒释道,推行"三教合一",却遭到当时以朱熹为首的士人的反抗,这从宋孝宗那篇著名的公开宣扬要"以佛修心,以道养生,以儒治世"的《原道辨》①遭到道学人士的抵制而不得不最终改名《三教论》,足以见出当时思想斗争的激烈,这也说明宋孝宗以"三教合一"理念治国的思想并没有得到士林的认同。道学人士不好对作为一国之君的宋孝宗进行攻驳诘难,因而他们将矛头指向了已然作古而不能辩护的苏轼身上。这就产生了南宋中期著名的道学人士关于苏学的论争,其中,批评苏学最激烈的就是朱熹。

　　朱熹批评苏轼及"苏学",最早见于高宗绍兴三十年(1160)其与程洵的数封书信之中。程洵虽为程门后学,却"酷嗜眉山之文",常"合苏、程为一家"②。朱熹针对程洵"敬慕苏氏之议论,复谓程、苏之道同"③的观点,连复数信专论苏学之非。朱熹认为"(苏、程)二家之说不可同日而语",不能相提并论,批评苏学为"早拾苏张之绪余,晚醉佛老之糟粕"的杂学,"苏学"与其他"俗学""其误后学多矣"④。显然,二人辩难的根本分歧在于"程、苏之道"的同与异。程洵作为朱熹的表弟与学生,自绍兴二十年(1150)至庆元二年(1196)两人相交近半个世纪,书信往来辩难千万言,然而程洵始终尊"苏学"如故。

　　乾道二年(1166)十月,朱熹发表了《杂学辨》,正式向学术界表明自己要"端本正源"、以道学继承者自任的志向与决心。朱熹打响讨伐"异端"杂说的第一枪便是射向当世显学"苏学"。《杂学辨》主要辨析的是当时盛行的所谓哲学四大名著:苏轼《易传》、苏辙《老子解》、张九成《中庸解》、吕希哲《大学解》。众所周知,苏轼《易传》、苏辙《老子解》是二苏哲学理论的基本著作,著作的目的是驳斥当代诸儒之杂于佛老者也。朱熹是书首批二苏,显然是想从学术根基上动摇"苏学",朱熹的学生何镐在《杂学辨跋》中说得很清楚:"二苏、张、吕岂非近世所谓贵显名誉之士乎?而其学乃不知道德性命之根原,反引老、庄、浮屠不经之说而紊乱先王之典,著为成书,以行于世。后生既未有所闻,必以其人而尊信之,渐染既

---

　　① 《全宋文》卷五二七九,第 236 册,第 297 页。

　　② 《全宋文》卷五一一九,第 230 册,第 163 页。

　　③ 程洵:《克庵先生尊德性斋小集·补遗》,参见《续修四库全书》,第 1318 册,上海古籍出版社 2002 年版,第 184 页。

　　④ 朱熹:《晦庵先生朱文公文集》卷四十一,朱杰人、严佐之、刘永翔主编:《朱子全书》,第 22 册,上海古籍出版社、安徽教育出版社 2002 年版,第 1860—1861 页。

深,将如锢疾,可不哀乎!新安朱元晦以孟子之心为心,大惧吾道之不明也,弗顾流俗之讥议,尝即其书,破其疵谬,针其膏肓,使读者晓然知异端为非而圣言之为正也。"①朱熹作此书,其目的即是将当时流行的"苏学"等指为异端,"使读者晓然知异端为非而圣言之为正"。正如朱熹在书信中所言:"道衰学绝,世颇惑之,故为之辨。""予之所病,病其学儒之失而流于异端,不病其学佛未至而溺于文义也。其不得已而论此,岂好辩哉!诚惧其乱吾学之传,而失人心之正耳。"②"诚惧其乱吾学之传,而失人心之正",真可谓一语揭晓朱熹批评"苏学"之根本原因。

朱熹对"苏学"的批评,于孝宗乾道中期达到高潮。首先是在乾道四、五年间与汪应辰的书信中,反复论难苏轼其人及"苏学"之害,然后是在乾道六年及之后与吕祖谦论辩。汪应辰是绍兴五年(1135)状元,官至吏部尚书兼翰林侍读学士,亦是道学人士。《朱文公文集》卷三十有《答汪尚书》十一篇,其中第四、第五两书专门驳论"苏学",是研究朱熹"苏轼论"的最重要文献之一。朱熹与汪应辰论辩"苏学",可以朱熹书信中"苏学邪正之辨"一语概之。汪应辰不赞同朱熹将"苏学"与王安石新学同贬,认为其对苏轼兄弟的人品学问贬斥太过。乾道四年(1168)七月,朱熹复书汪应辰,即《答汪尚书》其四,批评苏轼其人其学,其严厉程度可谓无以复加。朱熹于信中首先批驳汪应辰"欧阳、司马同于苏氏"之论。然后,详细批驳汪应辰"苏学与王学不同"的观点,在指出苏学具有的严重危害性之后,更是上纲上线,认为苏轼若是得势,其祸害未必少于大奸臣蔡京。显然,在朱熹眼里,"苏学"之害是极为严重的。朱熹认为道学有邪正之际分,有毫厘之分辨,绝不能徇私假借而对异端之学取宽容态度;当今"道术所以不明、异端所以益炽",皆由于"专贬王氏而曲贷二苏"所致,并希望汪应辰能认识到学术无"二道",望其能"秉天理以格人欲,据正道以黜异端"③。

在结束与汪应辰的论战后,朱熹又开始了与吕祖谦的论战。吕祖谦是当时与朱熹、张栻齐名的理学大家。吕祖谦博学多识,雅好"苏学",对程朱理学空谈心性不无不满,主张明理躬行,学以致用,开后来浙东事功学派先声。《朱文公文集》中有《答吕伯恭》书近百通。朱熹与吕祖谦有关"苏学"的论战始于乾道六年。争论首先从二人对待"苏学"的不同态度而展开。吕祖谦性格温和,学术中庸,尤其欣赏苏轼文章,对于朱熹过于激烈地讨伐"苏学"深为不满。其《与朱侍讲》书云:"吾道本无对,非下与世俗较胜负者也。……但详观来谕,激扬振厉,颇乏广大温润气象,若立敌较胜负者,颇似未弘。如注中'东坡'字改为'苏轼',不知以诸公例书名而厘正之耶?或者因辨论有所激而加峻耶?出于前说,固无害。出

---

① 《晦庵先生朱文公文集》卷七十二,《朱子全书》,第 24 册,第 3496 页。
② 《晦庵先生朱文公文集》卷七十二,《朱子全书》,第 24 册,第 3460—3469 页。
③ 《晦庵先生朱文公文集》卷三十,《朱子全书》,第 21 册,第 1300—1302 页。

于后说,则因激增怒于治心,似不可不省察也。"①吕祖谦认为"道本无对",不应当"立敌较胜负",并指责朱熹"激扬振厉,颇乏广大温润气象",不应当意气用事,将书注中之"东坡"二字改为"苏轼",以此来告诫朱熹。朱熹则回信说:"来教又谓吾道无对,不当与世俗较胜负,此说美则美矣,而亦非鄙意之所安也。夫道固无对者也,然其中却著不得许多异端邪说,直须一一剔拨出后,方晓然见得个精明纯粹底无对之道。若和泥合水,便只著个无对包了,窃恐此无对中却多藏得病痛也。"②显然,朱熹是怀着必须将"许多异端邪说,直须一一剔拨出"的态度,不惜失去儒者应当具有的"广大温润气象"。

吕祖谦回信劝朱熹:"大凡人之为学,最当于矫揉气质上做工夫。……某氏(指苏轼)之于吾道,非杨、墨也,乃唐、景也,似不必深与之辨。"③吕祖谦认为,为学之道,"矫揉气质"是最紧要的。希望朱熹能以颜渊作"样辙",持养敛藏,锻炼心性。同时认为苏轼"非杨、墨也,乃唐、景也",朱熹应当学孟子不辨唐勒、景差,"不必深与之辨"。朱熹对此完全没有接受,他回信辩驳说:

> 示喻苏氏于吾道,不能为杨、墨,乃唐、景之流耳,向见汪丈亦有此说。熹窃以为此最不察夫理者。……若使流传四方,学者家传而人诵之,如今苏氏之说,则为孟子者亦岂得而已哉? 况今苏氏之学,上谈性命,下述政理,其所言者,非特屈、宋、唐、景而已。学者始则以其文而悦之,以苟一朝之利,及其既久,则渐涵入骨髓,不复能自解免。其坏人材、败风俗,盖不少矣。伯恭尚欲左右之,岂其未之思邪? 其贬而置之唐、景之列,殆欲阳挤而阴予之耳。④

回信中,朱熹对吕祖谦的批评一一进行了辩驳,特别强调当今盛行的"苏学""其坏人材、败风俗,盖不少矣"的严重危害性,并反劝吕祖谦不能"见人之诡经诬圣,肆为异说"而无动于衷,不能对苏氏之学"阳挤而阴予之"。显然,两人对于"苏学"的态度是各执一端,始终是谁也没有说服谁。

朱熹与他人有关"苏学"的论战在乾道六年以后即基本停止,虽然后来仍有不少有关苏轼其人其学的论评文字,但基本是偶然论及的片言只语,如《朱子语类》中的论苏文字即是如此。

---

① 吕祖谦:《东莱吕太史别集》卷七,黄灵庚、吴战垒主编:《吕祖谦全集》,浙江古籍出版社2008年版,第1册,第397页。

② 朱熹:《晦庵先生朱文公文集》卷三三《答吕伯恭》(四),《朱子全书》,第21册,第1426页。

③ 吕祖谦:《东莱吕太史别集》卷七,《吕祖谦全集》,第1册,第399页。

④ 朱熹:《晦庵先生朱文公文集》卷三三《答吕伯恭》(五),《朱子全书》,第21册,第1427—1429页。

由上可见,朱熹对苏轼其人其学进行了全面的批判与讨伐,其态度显然是有失偏激的;虽然朱熹对"苏学"批评的严厉程度可谓无以复加,但从实际效果看,却收效甚微。与朱熹论辩"苏学"的对象,几乎没有一个被真正说服。朱熹曾上书劝谏宋孝宗,希望他能远离"老子、释氏之书","捐去旧习无用浮华之文,攘斥似是而非、邪诐之说"(显然是针对孝宗崇尚苏轼而发),但宋孝宗不但没有接受朱熹的劝告,反而对苏轼文章"读之终日,亹亹忘倦,常置左右,以为矜式",并于乾道九年追赠苏轼为太师,御笔亲撰《苏轼文集序》,将苏轼地位抬升至当朝国师的高度。朝廷的态度当是乾道后期朱熹与人激烈的"苏学论争"戛然而止的一个重要原因。

关于朱熹对苏轼哲学的接受,正如其全方位地批评苏轼一样,其接受亦是全方位的。这实质是"朱学"与"苏学"之关系问题,此方面研究极多,关于此,粟品孝、王水照、冷成金等学界贤哲已有较详备的论述,读者可参阅粟品孝《朱熹与宋代蜀学》、冷成金《苏轼哲学观与文艺观》以及王水照、朱刚《苏轼评传》等的相关论述,本文不再详论。在此,我仅指出朱熹对"苏学"批判吸收的几个大的方面:其一,最典型者莫过于朱熹最引以为重的道学"十六字心传"的确立,当有苏轼的影响。其二,朱熹的"性情论"其实亦有同于苏轼之处。其三,朱熹解经著作对苏轼多有采用。正如王水照、朱刚先生曾评曰:"在元明以来成为国家学说的朱熹那套体系中,除了从程颐的观点发展而来的以外,有许多重要的思想其实来自苏轼。"①

另需要特别指出的是,与其前期对苏轼其人其学的严厉批评迥然不同,朱熹晚年对苏轼的态度确有极大改变,尤其是对苏轼独立不迁的立朝大节和百折不挠的人格精神钦敬不已,这从朱熹晚年的序跋文中常能发现。特别是庆元六年朱熹于生命的最后时刻,病中尚览《苏集》,并手书苏轼文章"以示儿辈",可见朱熹确实是被苏轼"傲风霆、阅古今之气"以及"英秀后凋之操,坚确不移之姿"所打动,其晚年敬佩苏轼之情正如朱熹自己所云"百世之下""尚可想见"②。这应可以作为朱熹对苏轼人生哲学思想接受的最好说明吧。

三 吕祖谦等对苏轼哲学的接受与批评

从上述朱熹与诸人有关苏学的辩论可见,当时的大多数学者对苏学还是采取包容态度的,即使是道学集团内部,亦是如此。吕祖谦、汪应辰、程洵等为当时道学名士,但吕祖谦坚持"道本无对"的观点,对苏学是"阳挤阴助";汪应辰认为

---

① 王水照、朱刚:《苏轼评传》,第169页。
② 朱熹:《晦庵先生朱文公文集》卷三三《答吕伯恭》(五),《朱子全书》,第24册,第3973页。

"两苏之学不可与王氏同科";程洵更是沉溺于苏学。吕祖谦对于苏学之态度,今天看来,无疑是持平公正的。吕祖谦还大量选注苏轼诗文,《宋文鉴》首重苏轼之文,这已不是"阴助"而是"阳助"苏轼哲学之推广了。还需补充的一点是,乾道六年(1170)发生在吕祖谦身上的两件大事都与苏轼有关。其一是此年正月吕祖谦将所编成的《文海》进呈,宋孝宗大加赞赏,并亲赐书名为《皇朝文鉴》。其二是该年七月,吕祖谦向孝宗连上两道《轮对札子》,建言孝宗"恢明圣道",用真儒、求实学、兴圣学①。我们认为此次轮对至关重要,当是宋孝宗立志兴学、确立苏轼为文宗的重要契机。在吕祖谦轮对上书不久后的该年九月,朝廷即"赐苏轼谥曰文忠",以及之后特赠苏轼太师,显然是孝宗求实学、兴圣学、恢明圣道之举,其实也是对此前学术界有关苏学论争的一个官方回应。自此以后,朱熹与人辩论苏学的情况基本消失,其公开激烈批评苏学的言论也很少见了。由上可见,吕祖谦不但在宋孝宗崇立苏轼的过程中起了重要作用,也是南宋苏学盛行的重要推手。

南宋其他学者专门论及苏轼哲学者并不多见,以笔者所见略举数例如下:

沈作喆《寓简》卷五载:

> 程氏之学自有佳处,至椎鲁不学之人,窜迹其中,状类有德者,其实土木偶也,而盗一时之名。东坡讥骂斩侮,略无假借,人或过之,不知东坡之意,惧其为杨、墨,将率天下之人,流为矫虔庸堕之习也。辟之恨不力耳,岂过也哉!刘元城器之言:"哲宗皇帝尝因春日经筵讲罢,移坐一小轩中赐茶,自起折一枝柳,程颐为说书,遽起谏曰:'方春万物生荣,不可无故摧折。'哲宗色不平,因掷弃之。温公闻之不乐,谓门人曰:'使人主不欲亲近儒生者,正为此等人也。'叹息久之。然则非特东坡不与,虽温公亦不与也。"②

上段引文虽短,但信息量很大,沈作喆认为苏轼对程颐及程学之批评并非如人所说之过分,而是遗憾其批评力度还不够,尤其是指出苏轼批评程颐及其学术是因为"东坡之意,惧其为杨、墨,将率天下之人,流为矫虔庸堕之习也",显然深得东坡之意,这与朱熹批苏轼为杨、墨可谓针锋相对,令人深思。据《四库全书总目》,沈作喆为南宋初湖州人,绍兴五年进士,四库馆臣评曰:"作喆之学则出于苏轼。非惟才辨纵横与轼相似,即菲薄安石、抵牾伊川程子以及谈养生、耽禅悦,亦一一皆轼之绪余。"③毫无疑问,沈作喆是苏轼的忠实拥趸。其特意引述《元城语录》

---

① 吕祖谦:《东莱集》卷三《轮对札子》,《全宋文》卷五八六八,第261册,第34—35页。
② 四川大学中文系唐宋文学研究室:《苏轼资料汇编》,中华书局1994年版,第2册,第421页。
③ 永瑢等撰:《四库全书总目》卷一百二十一《寓简》提要,中华书局1965年版,第1043页。

所记哲宗不喜程颐之事，并强调"非特东坡不与，虽温公亦不与也"，对程颐及程氏之学持这种批判态度者，在当时社会应该不是少数。

理学家叶适（1150—1223）对苏学的评价当可作为程朱后学评判苏学的典型代表，如其《水心集》卷二十九《题画婆须密女》一文，借评秦观之词而讥讽其人其学。叶适认为秦观浮薄，那是苏、黄之徒的通病，当警戒之，不应以为法。本质上反映的还是叶适秉承程颐道学精神、不满苏门学士道德人格的哲学倾向。又叶适《习学记言》卷四十九评苏轼《上皇帝书》云："若神宗罢安石而听轼，非安于不为而止者，亦未知轼以何道致其君？此不可不素讲也。"①此段虽主要是评苏轼之文，但其对苏轼"致君之道"显然是持怀疑态度的。叶适其学源于二程洛学，"恪守洛闽之言"，故对苏学多有苛责。后世道学家批评苏轼及苏学，基本与叶适同一腔调。

南宋对苏轼及其学术思想的评价，朱熹、吕祖谦之外，论评最多且极具代表性的人物当推南宋末期之理学大家黄震。黄震为朱熹后学，他的《黄氏日钞》及其他文章中，有近二十则论及苏轼学术文章及其哲学思想，现选其中最为典型的数则移录如下：

苏公之开陈治道，使人恻然动心，皆前无古人矣。……故求义理者必于伊洛，言文章者必于欧苏。盛哉我朝，诸儒辈出，学者惟其所之焉，特不必指此为彼尔。（《黄氏日钞》卷六十一《读文集欧阳文三卷》末总评）

东坡才高识敏，事既立就而又习用道家之说，以爱惜精神为心，故创言无思，非孔孟教人意也。（《黄氏日钞》卷六十二《思堂记》）

苏子谓武王非圣人，孔子所不敢言也。谓孔氏之家法孟轲始乱之，儒者所不忍言也。谓荀、文若为圣人之徒，自昔立议论者无此言也。于武王、孟子何损？于荀、文若何益？独可为苏子惜耳。（《黄氏日钞》卷六十二《志林》）

东坡为儒者言，论天下事明白如见；为佛者言，谈苦空法宛转无穷。惟以儒证佛，则不可晓。（《黄氏日钞》卷六十二《释教》）

东坡之文，如长江大河，一泻千里。至其混浩流转，曲折变化之妙，则无复可以名状。盖能文之士，莫之能尚也。而尤长于指陈世事，述叙民生疾苦。方其年少气锐，尚欲汛扫宿弊，更张百度，有贾太傅流涕汉庭之风。及既惩创王氏，一意忠厚，思与天下休息，其言切中民隐，发越恳到，使岩廊崇高之地，如亲见闾阎，哀痛之情，有不能不恻然感动者。真可垂训万世矣！呜呼，休哉！然至义理之精微，则当求之伊洛之书。（《黄氏日钞》卷六十二

---

① 《苏轼资料汇编》，第2册，第661页。

末总论)①

黄震(1213—1280),宝祐四年(1256)进士,官至浙东提举,传朱熹之学。四库馆臣对其学术态度特为赞赏:"大旨于学问排佛老,由陆九渊、张九成以上溯杨时、谢良佐,皆议其杂禅。虽朱子校正《阴符经》《参同契》,亦不能无疑。于治术排功利,诋王安石甚力,虽朱子谓'《周礼》可致太平',亦不敢遽信,其他解说经义,或引诸家以翼朱子,或舍朱子而取诸家,亦不坚持门户之见。盖震之学朱,一如朱之学程,反复发明,务求其是,非中无所得而徒假借声价者也。"②黄震排佛老、排功利、诋王安石,宗程朱而不偏袒掩饰其过,可见其确实没有门户之见,由上所列,可见黄震对于苏轼哲学思想的各个方面皆有论及,其对苏学之评价可用上述"苏公之开陈治道,使人恻然动心,皆前无古人矣""求义理者必于伊洛,言文章者必于欧苏"加以概括,愚以为黄震之论可作为宋人对苏轼哲学的总结性评价。

四 苏学三书在南宋的流播

王十朋评苏轼及其哲学三书云:"道大才高世不容"(《梅溪先生后集》卷十五《游东坡十一绝》其一),"三等策成名烜赫,万言书就迹危疑。《易》《书》《论语》忘忧患,天下三经《字说》时"(《梅溪先生后集》卷十五《游东坡十一绝》其八),清楚地表明苏轼哲学三书创作的背景正是王安石"新学"盛行之时,加之北宋末年禁"元祐学术",似乎预示着苏轼哲学不得行于世的坎坷命运。苏轼哲学三书除《易传》在北宋有刻本流传外,在南宋没有见到刻本印行的记录,直至明代,一直是以抄本的形式流传。据《苏颍滨年表》,退居颍昌的苏辙曾命诸子抄录苏轼此三书,道潜《东坡先生挽词》云"准《易》著书人不见,微言分付有诸郎"(《参寥子诗集》卷十一)说的即是此事。此三书,《郡斋读书志》与《直斋书录解题》都有著录,关于其在南宋的传播接受情况简述如下:

(一)《东坡易传》的传播接受

《郡斋读书志》卷一著录为《毗陵易传》十一卷,并注评云:"右皇朝苏轼子瞻撰。自言其学出于其父洵,且谓卦不可爻别而观之。其论卦,必先求其所齐之端,则六爻之义,未有不贯者,未尝凿而通也。"③《直斋书录解题》卷一著录为《东

---

① 《苏轼资料汇编》,第2册,第770—780页。

② 《四库全书总目》卷九十二《黄氏日钞》提要,第786—787页。

③ 晁公武撰,孙猛校证:《郡斋读书志校证》卷一,上海古籍出版社2011年版,上册,第39页。

坡易传》十卷，其注评云："端明殿学士眉山苏轼子瞻撰。盖述其父洵之学也。"①
晁公武所见之本应该是蜀刻本。据陆游《渭南文集》卷二十八《跋苏氏易传》云：
"此本先君宣和中入蜀时所得也。方禁苏氏学，故谓之'毗陵先生'云。绍熙辛亥
七月二十日陆某识。"②说明在北宋宣和年间严禁苏学之时，在蜀地仍有人刻印
《苏氏易传》，只不过书名换作《毗陵易传》罢了。常州古称"毗陵"，苏轼逝于常
州，故称苏轼为"毗陵先生"。关于此书在南宋的接受情况，四库馆臣所撰《东坡
易传》提要已为我们撮录其要，原文如下：

> 是书一名《毗陵易传》。陆游《老学庵笔记》谓其书初遭元祐党禁，不敢
> 显题轼名，故称毗陵先生，以轼终于常州故也。苏籀《栾城遗言》，记苏洵作
> 《易传》未成而卒，属二子述其志。轼书先成，辙乃送所解于轼。今《蒙卦》犹
> 是辙解。则此书实苏氏父子兄弟合力为之，题曰轼撰，要其成耳。籀又称洵
> 晚岁读《易》，玩其爻象，因得其刚柔、远近、喜怒、逆顺之情。故朱子谓其惟
> 发明爱恶相攻、情伪相感之义，而议其粗疏。胡一桂记晁说之之言，谓轼作
> 《易传》，自恨不知数学，而其学又杂以禅，故朱子作《杂学辨》，以轼是书为
> 首。然朱子所驳不过一十九条，其中辨文义者四条，又一条谓苏说无病，然
> 有未尽其说者。则朱子所不取者仅十四条，未足以为是书病。况《朱子语
> 类》又尝谓其于物理上亦有看得着处，则亦未尝竟废之矣。今观其书，如解
> 《乾卦·象传》性命之理诸条，诚不免杳冥恍惚，沦于异学。至其他推阐理
> 势，言简意明，往往足以达难显之情，而深得曲譬之旨。盖大体近于王弼，而
> 弼之说惟畅玄风，轼之说多切人事。其文辞博辨，足资启发，又乌可一概屏
> 斥耶！李衡作《周易义海撮要》，丁易东作《周易象义》，董真卿作《周易会
> 通》，皆采录其说，非徒然也。明焦竑初得旧本刻之。乌程闵齐伋以朱墨板
> 重刻，颇为工致而无所校正，毛晋又刻入"津逮秘书"中。三本之中，毛本最
> 舛。如《渐卦》上九并经文皆改为"鸿渐于逵"，则他可知矣。今以焦本为主，
> 犹不甚失其真焉。③

提要为我们简明扼要地概述了《东坡易传》的成书、特点、版本流传及南宋接受传
播情况。据上文可见，四库馆臣对《东坡易传》显然是持肯定态度的，其对该书的
评价——"推阐理势，言简意明，往往足以达难显之情，而深得曲譬之旨""轼之说

---

① 陈振孙撰，徐小蛮、顾美华点校：《直斋书录解题》卷一，上海古籍出版社 2015 年版，上册，第
13 页。

② 钱仲联、马亚中主编：《渭南文集校注》卷二十八，《陆游全集校注》第 10 册，浙江教育出版
社 2011 年版，第 188 页。

③ 永瑢等撰：《四库全书总目》卷二《东坡易传》提要，第 6 页。

多切人事。其文辞博辨,足资启发",当可作为《东坡易传》的圭臬之论。尤可注意的是其所述有关苏籀、朱熹及晁说之等对《东坡易传》的评论,大体展示了南宋人对此书的接受态度。特别是带着"有色眼镜"的朱熹,其所不取者不过《东坡易传》全书的百分之一,足见此书胜义之多、传释之精准,故其为南宋及后代《易》学家所普遍采录亦是自然之事。

当然,南宋人对《东坡易传》的接受情况远不止于此,如张浚《紫岩易传》、杨万里《诚斋易传》、冯椅《厚斋易学》等皆曾大量引录《东坡易传》。另如邵博《邵氏闻见后录》卷二十引录两则,其一云:"晁以道为予言,尝亲问东坡曰:'先生《易传》,当传万世。'曰:'尚恨某不知数学耳。'"其二云:"东坡倅钱塘日,《答刘道原书》云:'……又说《易·观卦》本是老鹳,《诗·大小雅》本是老鸦,似此类甚众,大可痛骇。'时熙宁初,王氏之学,务为穿穴至此。"①第一则记邵博亲闻晁以道之言,赞苏轼《易传》"当传万世",这显然并不只是为了记叙晁以道个人对《东坡易传》的看法,还应包括邵博自己以及南宋许多苏轼崇拜者对苏轼《东坡易传》一书的态度;第二则虽然没有明言《东坡易传》,但借苏轼批评王安石解《周易》"务为穿穴"的学术态度和方法,间接地表明了宋人对苏轼人品及学术的肯定。关于《东坡易传》在宋代的传播接受情况,舒大刚先生于《苏轼研究史》第八章有详论,可以参阅,此不赘述②。

(二) 东坡《论语说》的传播接受

东坡《论语说》四库全书没有收录,《郡斋读书志》卷四著录为《东坡论语解》十卷,其注评云:"右皇朝苏轼子瞻撰。子瞻没后,义有未安者,其弟子由尝辨正之,凡二十有七章。"③《直斋书录解题》卷一著录为《东坡论语》十卷,只标注作者,没有注释评论。另宋代尤袤《遂初堂书目》著录题名《苏文忠论语传》,没有标明卷数。据苏轼《黄州上文潞公书》"到黄州,无所用心,辄复覃思于《易》《论语》,端居深念,若有所得,遂因先子之学,作《易传》九卷。又自以意作《论语说》五卷④,则该书最先当为五卷,该书后来失传,明代焦竑刻《两苏经解》时并没有收录此书,并云"子瞻《论语解》卒轶不传"。曾枣庄、舒大刚主编之《三苏全书》第三册收录有舒大刚汇校之《论语说》,其在四川大学卿三祥、马德富二先生辑录的基础上,又辑录四十余则,全书共计辑录一百三十余则,基本呈现了苏轼原书概貌。舒大刚先生于该书之后还附录有苏轼自己及他人有关《论语说》的资料,但涉及

---

① 邵博撰,刘德权、李剑雄点校:《邵氏闻见后录》,中华书局 1983 年版,第 160 页。
② 曾枣庄等著:《苏轼研究史》,江苏教育出版社 2001 年版,第 503—518 页。
③ 《郡斋读书志校证》,上册,第 137 页。
④ 苏轼著,孔凡礼点校:《苏轼文集》,中华书局 1986 年版,第 4 册,第 1380 页。

南宋者仅录有晁公武、尤袤、陈振孙各一条,朱熹亦仅录两条。则该书在南宋的流布确是罕见①。现在我们能看到的有关南宋对苏轼《论语说》的论评,基本是只言片语的零星记录,且主要集中于程门弟子中。如尹焞与徐度讨论苏轼之"使民战栗义"条、杨时批评苏轼解"思无邪"条、胡宪与李侗采纳苏轼《论语说》观点等,说明程门弟子实际上还是非常关注苏轼《论语说》之意见的。尤其值得注意的是朱熹《论语集注》中对苏轼《论语说》亦多所采用,据粟品孝先生统计,《朱子语类》中论及苏轼《论语说》者有 14 条,《论语集注》《论语或问》中引用苏轼《论语说》者共 52 处,《论语集注》中有 12 处是直接引用苏轼之解②。朱熹总体评价苏轼《论语说》云:"东坡天资高明,其议论文词,自有人不到处,如《论语说》,亦煞有好处。"③由上可见,朱熹等程门弟子对苏轼《论语说》其实是不但关注,而且也颇多吸取的。

另外,南宋初的余允文曾专作《尊孟续辨》辩驳苏轼的《论语说》,据其乾道八年六月所作之《尊孟续辨自序》所云:"近世苏公轼作《论语说》,而与孟子辨者,学者诵习其书,以媒进取者总总也,可无辨乎?""遂取王之刺者十,苏之辨者八,并辨之,以为《尊孟续辨》。"④序中云,他是应友人之请而作《尊孟续辨》,目的是辩驳苏轼《论语说》中的非难孟子之处。余允文《尊孟续辨》模仿苏轼《论语说》与孟子辨之体式,该书卷下与苏轼辨者共八条,关于苏轼之论孟以及余允文之与苏轼辨孟,王水照、朱刚《苏轼评传》第二章《究天人之际:苏轼的哲学》一章,有非常精辟的评论,书中认为苏轼的时代孟子还没有被当作"亚圣",苏轼的辨孟是为了更好地理解孔子,故"苏轼之辨孟,实际上也同时是尊孟"。因为苏轼认为孟子之学最切近于孔子,并发展了孔子学说,而不是如余允文以及后来的理学家将孟子作为孔子思想无所同异之人来研究,"后来的理学家尊孟子为'亚圣',倒反而抹杀了孟子对孔子学说的发展,似升而实降了"⑤。余允文之《尊孟续辨》,实开后代理学家与苏轼哲学三书论辩之先河。

(三)《东坡书传》的传播接受

《东坡书传》最先著录十三卷,是苏轼谪居海南时精心构撰之作,北宋罕见流传,南宋虽多见文献著录称引,但亦不见有刻板印行的记载,当时应该是以手抄本的形式流传于世的。现存的最早刻本是明万历年间刻行的《两苏经解》本。

《郡斋读书志》卷一著录《东坡书传》,其注评云:"右皇朝苏轼子瞻撰。熙宁

① 曾枣庄、舒大刚主编:《三苏全书》,语文出版社 2001 年版,第 3 册,第 274—276 页。
② 粟品孝:《朱熹与宋代蜀学》,高等教育出版社 1998 年版,第 72—82 页。
③ 黎靖德编,王星贤点校:《朱子语类》卷一百三十,中华书局 1986 年版,第 8 册,第 3113 页。
④ 《全宋文》卷五四二七,第 242 册,第 448 页。
⑤ 王水照、朱刚:《苏轼评传》,第 151 页。

以后,专用王氏之说,进退多士,此书驳异其说为多。又以《胤征》为羿篡位时事,《康王之诰》为失礼,引《左氏》为证,与诸儒之说不同。"①晁公武主要指出苏轼撰《书传》的原因是为反驳当时流行的王安石新学,特别强调其"与诸儒之说不同"的特点。《直斋书录解题》卷一著录为十三卷,其注评云:"苏轼撰。其于《胤征》,以为羲和贰于羿而忠于夏。于《康王之诰》,以释衰服冕为非礼,曰:'予于《书》,见圣人之所不取而犹存者有二。'可谓卓然独见于千载之后者。又言'昭王南征不复,穆王初无愤耻之意,哀痛恻怛之语。平王当倾覆祸败之极,其书与平康之世无异,有以知周德之衰而东周之不复兴也'。呜呼,其论伟矣。"②陈振孙之论显然要更加积极,"卓然独见于千载之后""其论伟矣",是对苏轼《书传》所体现出的卓越见识的高度称赞。苏轼此书,确实也不愧于陈振孙的称颂,该书在南宋得到包括程朱一派理学家在内的士人的高度评价。《四库全书总目》亦对该书在宋代的传播接受情况作了较为详尽的述评,其文略曰:

> 是书《宋志》作十三卷,与今本同。《万卷堂书目》作二十卷,疑其传写误也。晁公武《读书志》称熙宁以后专用王氏之说,进退多士,此书驳异其说为多。今《新经尚书义》不传,不能尽考其同异,但就其书而论,则轼究心经世之学,明于事势,又长于议论,于治乱兴亡披抉明畅,较他经独为擅长。……至于以羲和旷职为贰于羿而忠于夏,则林之奇宗之。以《康王之诰》服冕为非礼,引《左传》叔向之言为证,则蔡沈取之。《朱子语录》亦称其解《吕刑篇》以"王享国百年耄"作一句,"荒度作刑"作一句,甚合于理。后《与蔡沈帖》虽有"苏氏失之简"之语,然《语录》又称:"或问:'诸家《书》解谁最好,莫是东坡?'曰:'然。'又问:'但若失之太简?'曰:'亦有只须如此解者。'"则又未尝以简为病。洛闽诸儒以程子之故,与苏氏如水火,惟于此书有取焉,则其书可知矣。③

四库馆臣给予《东坡书传》"较他经独为擅长"的极高评价,并指出林之奇、蔡沈、朱熹等南宋解《尚书》之名家都对苏轼《书传》有所取鉴。林之奇《尚书全解》引录苏说达四十多条,有的是完全引录。蔡沈奉朱熹之命作《书集传》,被认为是南宋"《尚书》学"研究的集大成者,作为朱熹最为看重的学生,其对苏轼的态度似乎迥然不同于其师,其《书集传》中不但引录苏轼《书传》之解,而且对苏轼的观点完全是持赞同态度,全书明引暗引苏轼之解五十多处。朱熹对《东坡书传》之批评,显

---

① 《郡斋读书志校证》,上册,第58页。
② 《直斋书录解题》,上册,第29—30页。
③ 《四库全书总目》卷十一《东坡书传》提要,第90页。

然有求疵之嫌，故提要作者为苏轼辩护。苏轼以简要之语笺释《尚书》，足见其领悟之深切，解读《尚书》词简而能达，显然是高手，自然不能以"太简"责之。

除上述提到的南宋三家外，南宋其他《书》解之作受到苏轼影响的还有胡安定《尚书解》、吕祖谦《东莱书说》、黄伦《尚书精义》、陈大猷《尚书集传或问》等，至于单篇文章中引用、采纳《东坡书传》者则举不胜举。足见《东坡书传》在南宋的巨大影响。可以说，《东坡书传》不仅代表了北宋一代研究《尚书》的最高成就，在南宋也是除蔡沈《书集传》之外影响最大的一部"《尚书》学"著作。

苏轼在海南儋州曾作诗《和陶赠羊长史》，诗中有云："犹当距杨墨，稍欲惩荆舒。"①苏轼贬谪海南时期，正是王安石新学盛行之时，苏轼谪居无事，潜心著书，完成《易传》《论语说》的修订，并精心撰写《书传》数十万言，"惩荆舒"是其创作《书传》的主要目的之一。

结　语

在南宋一百五十余年的历史时期之内，"崇苏热"盛行近百二十年，程朱理学被定为官学的时间不到四十年。在南宋，苏轼其人其学虽受到朱熹及其后学弟子的偏激攻驳，但他们毕竟是少数，绝大多数的南宋士人乃至帝王，其实都可说是苏轼其人其学的忠实拥趸乃至虔诚崇拜者，宋孝宗赞语"人传元祐之学，家有眉山之书"，虽说的是南宋前中期对苏轼其人其学的流传盛况，其实整个南宋一代亦未尝不是如此。王水照、朱刚《苏轼评传》云："哲学史上那一段属于苏学的时代，被所谓'集大成'者抹去了。……在韩愈以后兴起的唐宋诸家'道学'之林中，苏学占有很重要的一席，苏轼哲学应该被补写入我国的哲学史。"②我们认为，苏轼哲学曾盛行于两宋，且对宋代思想史、文化史产生过深远影响，苏轼哲学补写入中国哲学史是应当且必要的。

[作者简介] 杨松冀，邵阳学院文学院教授，著有《精神家园的诗学探寻》等。

---

① 苏轼撰，王文诰辑注，孔凡礼点校：《苏轼诗集》卷四十一，中华书局1982年版，第2283页。
② 王水照、朱刚：《苏轼评传》，第163—164页。

从《东坡易传》看苏轼的"形上学"思想

袁泽宇

内容提要 学界目前对苏轼思想分析较多,但对其核心思想"形上学"涉及较少。中国的"形上学"是研究"道"的学问,与西方研究"是"(being)的"形而上学"内涵略有重合,其核心是"本体论"。苏轼认为"道"的涵义为"本质"之意。"本质之道"在"天道"中表现为"变化规律";在"人道"上表现为"止讼之道""君子之道"和"人性"。"道"的特性是"抽象性"和"实体性"。苏轼的"形上学"仍停留在"宇宙生成论"的层面,只显现出了"本体论"的端倪。研究苏轼的"形上学"对整个宋代的思想研究有重要意义。

关键词 苏轼 形上学 道 《东坡易传》

身处于北宋的苏轼,因其惊艳的文采,常常让人忽略了其自身是一位对儒家典籍钻研甚深的儒家学者。北宋时期,正是儒学复兴的时期,更准确地说,是儒学思想进一步哲学化的时期,典型的代表是理学家。除他们外,作为北宋蜀学的杰出代表苏轼也是儒家学者,他也有自己的哲学思想。关于这点,当今学界已经有所注意,对苏轼哲学思想的研究已有一定成果,但对其中的关键思想,即"形上学"的分析仍有不足①。要研究此问题,则必须结合《东坡易传》进行研究。《东

---

① 学界对苏轼的哲学思想研究已经有所建树,如范立舟的《〈东坡易传〉与苏轼的哲学思想》(《社会科学辑刊》2009 年第 5 期)认为苏轼构建出了"儒道兼综的本体论",并分析了苏轼的"人性论"和价值理想;冷成金所著的《苏轼的哲学观与文艺观》(学苑出版社 2003 年版)一书中就明确介绍了苏轼的"宇宙生成论";刘兴明的《〈东坡易传〉易学思想研究》(山东大学 2005 年硕士学位论文)一文,认为苏轼提出了"道"—"水"—"万物"的宇宙生成模式;安文研在《〈苏氏易传〉中的形而上学思想》(《中国哲学史》2015 年第 3 期)中主要论述了苏轼以自己对《易经》的注释为载体,建构了一套宇宙生成观,即从"道"经"阴阳",最后生成万物的体系;杨遇青的《"志气如神"与"以神行智"——论〈东坡易传〉中"神"的观念》(《周易研究》2006 年第 4 期)一文是说明苏轼借"神"的内涵,肯定了人的主体性的价值和意义,而苏轼这种对"神"的认识,同时帮助苏轼树立了自身崇高的志气和品节;刘燕飞的《苏轼哲学思想研究》(河北大学 2011 年博士学位论文)一文对苏轼的哲学思想作了系统的论述,说明了苏轼哲学思想中的天道与人道的联系;胡悦祎的《〈东坡易传〉哲学思想研究》(河北大学 2022 年硕士学位论文)一文中对苏轼有关"道"的论述进行了归纳;陈彦杰在《苏轼易学思想研究》(山东大学 2022 年博士学位论文)中对苏轼的天道观进行了分析。从以上研究成果中,(转下页)

坡易传》是苏轼在不断研习《周易》的基础上，花费一生工夫才著就的。他自言："抚视《易》《书》《论语》三书，即觉此生不虚过。"①由此而言，以蕴含深刻哲学思想的《周易》为基础而成书的《东坡易传》，可以说是集中体现苏轼自身哲学思想的一部著作，是研究苏轼"形上学"的关键。

一 "形上学"：研究"道"的学问

要对苏轼易学中的"形上学"进行分析，就要对"形上学"进行界定，要对其进行界定，就要区分"形上学"和"形而上学"两者之间的异同。

从二者的诞生来看，"形而上学"来源于西方哲学。就其开端，一般而言，我们认为这是亚里士多德所提出的，但"亚里士多德没有直接用过'形而上学'这个词。但是，他主张一种第一哲学……也就是后来的形而上学，研究'是'（being）……'是'可以被概括为：一个事物存在的第一种状态，事物存在的起点、基础"②。"形上学"与"形而上学"不同，"形上学"是脱胎于《周易》"是故形而上者谓之道，形而下者谓之器"（《周易·系辞上》）一句，是基于中国本身的固有文化。究其"形而上"本意，有学者指出："'形而上'，即有形之上，意谓无形；'形而下'，意谓有形……'器'，指有形的器物，此处指卦画。"③诚然，《周易》中的"形而上"指"无形"，"无形"是指一种属性，即"抽象"属性，也就是"抽象"本身，"形上"即"抽象"。由此来看，"形上学"应是"研究'抽象'的学问"。但不仅如此，要注意，《周易》中的原文是"形而上者谓之道"一整句，并非只有"形而上"三字。"形而上"从一开始就是与"道"紧密相关的，"形上"是从属于"道"的，"道"可以说是"形上学"的核心，"形上"不过是用来说明"道"具备抽象性。所以"形上学"实际应是"研究'道'的学问"（"道"具备抽象性）。由此来看，"形而上学"诞生于西方，"形上学"诞生于中国；一个研究"是"的学问，一个研究"道"的学问。

随着时间的推移，"形而上学"变化最明显的一点就是其被视为一种思维方法。"形而上学是以静止、片面和孤立的观点看待事物的方法。这种与辩证法对举、当作方法论意义上的形而上学，在西方哲学史上是较为后起的。"④《周易》的"形上学"也发生了变化。但与"形而上学"的改变不同，"形上学"是一直围绕

（接上页）可以发现现有研究虽然归纳总结了苏轼哲学思想中的体系，却没有足够重视苏轼的核心思想，即"形上学"的研究，并且其中某些对于"本体"的认识还值得商榷。

① 苏轼撰，茅维编，孔凡礼点校：《苏轼文集》卷五十七《答苏伯固四首》，中华书局1986年版，第1741页。

② 沈顺福：《试谈什么是形而上学》，《哲学研究》2007年第1期。

③ 朱伯崑：《易学哲学史》（一），昆仑出版社2009年版，第87页。

④ 俞宣孟：《两种不同形态的形而上学》，《中国社会科学》1995年第5期。

"道"展开的学问,但"道"的内涵则是发生了很多变化。在《周易》中"形而上者谓之道"一句中的"道",有学者对其原义做出了研究,他说:"这两句话是说,乾坤两卦,其阴阳之义是无形的,其卦画是有形的,或者说,奇偶卦画隐藏着阴阳变易的法则。"①但"道"在中国古代也不仅仅出现于《周易》一书中,其涵义也不仅单指"阴阳变易的法则"。"道"在《诗经》《尚书》《论语》等典籍中就多次出现。像"吾道一以贯之"(《论语·里仁》),其意为"我的学说贯穿一个基本观念"②,"道"指"学说"。《道德经》中的第一章"道可道,非常道",有学者指出,这三个"道"分别有不同的涵义,"第一个'道'字,是人们习称之道,即今人所谓'道理'。第二个'道'字,是指言说的意思。第三个'道'字,是老子哲学上的专有名词,在本章中它意指宇宙的实体与动力"③。"道"在此章中就出现了三种解释。整体来看"道",可以发现其涵义其实主要有两方面,一方面是指普通的"道路""言说"等具体事物;另一方面则是涉及"规律""实体""动力"等这类哲学意味的内容。

整体来看,西方的"形而上学"和中国的"形上学"诞生不一样。"形而上学"一方面指研究"是"的学问;另一方面成为一种方法论。"形上学"一直是研究"道"的学问,其在《周易》中本身是指"阴阳变易的法则",但"道"的涵义其实有很多,并不仅限于"阴阳变易的法则"。"道"一方面指代具体事物;另一方面则具备哲学意味。也正是从这第二个方面来看,"形上学"与"形而上学"有相似之处,即二者都是有关哲学的问题。诚如有学者指出的那样:"依中国哲学,形而上学这个词大抵可以理解为关于道以及为了达到道的目标或境界而进行超越经验的追求的体验或学问……也可以理解为哲学中最高深、最一般的道理的那部分学问,它作为纯哲学,必须是对经验有所超越的,就这点而言,中西两种形而上学是一致的。"④(注:其中的"中国形而上学"就是本文所说的"形上学")所以,"形上学"是"研究'道'的学问",探讨的是"道"的哲学意义,而非指代具体的"道路""言说"等意思。换句话说,没有哲学涵义的"道"就不会有"形上学"。

"形上学"是研究"道"的学问,其中,最重要的就是"本体论",此"本体论"并不是西方"形而上学"的"本体论"。"本体论"作为中国词被用来翻译西方"ontology"一词,但这是有问题的。有学者认为,"应当用'存在论'而不应再用'本体论'去译'ontology'"⑤,这是十分有见地的。所以,本文所谈论的"本体论"是在中国哲学语境下的"本体论"。而在宋代的儒学思想家那里,"本体论"表现

---

① 朱伯崑:《易学哲学史》(一),昆仑出版社 2009 年版,第 87 页。

② 杨伯峻:《论语译注》,中华书局 2017 年版,第 54 页。

③ 陈鼓应:《老子注释及评介》,中华书局 2009 年版,第 53 页。

④ 俞宣孟:《两种不同形态的形而上学》,《中国社会科学》1995 年第 5 期。

⑤ 刘立群:《"本体论"译名辨证》,《哲学研究》1992 年第 12 期。

为"儒家本体论",有学者指出其内涵为:"儒家本体论则是在无形无象、看不见、摸不着的世界的基础上更进一步,为天地万物的产生、发展追寻根据、根源。"①由此再结合前文,可以发现,"本体论"所讨论的问题,是属于以"道"为内容的"形上学","本体论"是被包含在"形上学"中的,是"形上学"的核心。中国的思想家可以说人人都有对"道"的论述,人人都具备"形上学"思想。但思想深度参差不齐,其中的差异就在于是否有"本体"的认识,形成"本体论"。具备"本体论"的思想家的理论深度要强于没有"本体论"的思想家。

二　苏轼所论"道"的涵义及其表现

苏轼论"道",重视"道"的哲学涵义。他认为"道"的内涵为"本质"之意②。在解释"是故刚柔相摩,八卦相荡,鼓之以雷霆,润之以风雨,日月运行,一寒一暑,乾道成男,坤道成女"(《系辞传上》)一句时,他说:

> 天地之间,或贵或贱,未有位之者也,卑高陈而贵贱自位矣。或刚或柔,未有断之者也,动静常而刚柔自断矣。或吉或凶,未有生之者也,类聚群分而吉凶自生矣。或变或化,未有见之者也,形象成而变化自见矣。是故刚柔相摩,八卦相荡,雷霆风雨,日月寒暑,更用迭作于其间,杂然施之而未尝有择也,忽然成之,而未尝有意也。及其用息而功显,体分而名立,则得乾道者,自成男。得坤道者,自成女。夫男者,岂乾以其刚强之德为之,女者岂坤以其柔顺之道造之哉。③

在这段话中,苏轼以"卑高陈"决"位贵贱",以"动静常"决"断刚柔",以"类聚群分"决"生吉凶",以"形象成"决"现变化",这四对关系之中的每一对关系的决定对象,即"卑高""动静""类聚群分""形象"之所以能决定每一对关系中的被决定对象,即"贵贱""刚柔""吉凶""变化"就在于决定对象是被决定对象的"本性"。所谓天地种种变化,都是由自身的性质所决定的,即上文所言的"杂然施之而未尝有择也,忽然成之,而未尝有意也"。苏轼认为没有其他外在之物决定显现事物的特征面貌,万物本来就是如此之样。由此,苏轼认为"乾道"自然成"男","坤道"自然成"女",此为"乾坤"本性使然。更关键的是这段话的后一句话:"我有是

---

① 郑熊:《〈中庸〉学与儒家形而上学关系研究》,人民出版社 2021 年版,第 12 页。
② 按,此本质即亚里士多德的本质(Essence)之说。
③ 苏轼:《东坡易传》,上海古籍出版社 1989 年版,第 120 页。

道,物各得之,如是而已矣。"①苏轼强调"万物"是由自己的"本性",即"道"决定的。由此可知,苏轼认为"道"的内涵为本质之意。"本质是由之以界定物类者,亦是一物之所以为此物之理。……是多而非一。"②苏轼的"道"正是指"本质"之意,每一物有各自的"道",就是每一物有各自的"本质"。

这一"本质"在"天道"和"人道"上都有各自的表现。

"天道",即"道"在"天"中的表现。"天"在中国古代有多种涵义,诚如有学者指出的那样:"在天有五义:曰物质之天,即与地相对之天。曰主宰之天,即所谓皇天上帝,有人格的天、帝。曰运命之天,乃指人生中吾人所无奈何者……曰自然之天,乃指自然之运行……曰义理之天,乃谓宇宙之最高原理。"③由此来看,"天"代表的是人以外的诸多现象事物的总称。以此而言,"本质之道"在"天道"上表现为"变化规律",苏轼言:

> 夫刚柔相推而变化生。变化生而吉凶之理无定。不知变化而一之,以为无定而两之。此二者皆过也。天下之理,未尝不一,而一不可执,知其未尝不一而莫之执,则几矣。是以圣人既明吉凶悔吝之象,又明刚柔变化本出于一……夫出于一而至于无穷。人之观之,以为有无穷之异也。……圣人以进退观变化,以昼夜观刚柔。二观立,无往而不一也。④

苏轼在《东坡易传》中,会用"一"来表示"道"的涵义,即"'一'就是'道'"⑤。此段话中,苏轼肯定圣人之知而否定普通人的认知,也就是假借圣人之知来表明自己的观点。圣人之知的"知"是什么?苏轼认为是"刚柔变化本出于一",由此可知,他认为"道"就是指"变化的规律"。在此基础之上,苏轼才说"变化之道"形成了这复杂无穷的世间万象,即"无穷之异"。正因圣人明白此理,圣人才能"二观立,无往而不一也"。

"道"在"天道"中表现为"变化规律"之意,在"人道"中则有其他表现。

首先,"道"在人身上可表现为"止讼之道",具体应用于人与人之间的法律纠纷之中。苏轼言:"夫使胜者自多其胜以夸其能,不胜者自耻其不胜以遂其恶,则讼之祸,吾不知其所止矣。故胜者褫服,不胜者安贞无眚,止讼之道也。"⑥"止讼之道"关键在于"止"。不过对于诉讼赢家和输家,"止"的要求不同。苏轼认为,

---

① 《东坡易传》,第120页。
② 牟宗三:《心体与性体》,吉林出版集团有限责任公司2013年版,第81页。
③ 冯友兰:《中国哲学史》,华东师范大学出版社2011年版,第27页。
④ 《东坡易传》,第122页。
⑤ 冷成金:《苏轼的哲学观与文艺观》,学苑出版社2003年版,第50页。
⑥ 《东坡易传》,第16页。

止讼之道对赢家来说是"得饶人处且饶人",因为赢家常常沾沾自喜;对输家来说是应当自省其身,不要继续报复,因为输家往往怀恨在心。人以"止讼之道"行事,则可免除很多灾祸。

其次,"道"也表现为做人的准则,即"君子之道"。苏轼言:"君子之道,所以多变而不同者,以物至之不齐也。"①此时,"道"可以认为是"具体问题具体分析"之意,人要以"具体问题具体分析"为准则而行事。苏轼认为"君子之道"多变不同是因顺应"物至"所导致的,正如前文所说的"物各有道",君子只是顺应"物道"而行,自然显现出多种表现。不过,君子若不与物接,也会行其所愿,"如不与物遇,则君子行愿而已矣"②。君子所愿何? 应是"修齐治平"这一儒家愿景。

另外,"道"还表现为"人性"。苏轼言:

> 阴阳交而生物,道与物接而生善,物生而阴阳隐,善立而道不见矣。故曰,继之者善也,成之者性也。……善者道之继,而指以为道则不可。今不识其人而识其子,因之以见其人则可,以为其人则不可。故曰,继之者善也。学道而自其继者始,则道不全。昔者孟子以善为性,以为至矣。读《易》而后知其非也。孟子之于性,盖见其继者而已。夫善,性之效也。孟子不及见性,而见夫性之效。因以所见者为性,性之于善,犹火之能熟物也。吾未尝见火,而指天下之熟物以为火,可乎?③

此段中,苏轼是用"善"说明"性"是"道"在人身上的显现。他首先认定"善"是"道"的功效而非"道"本身,其次说"善"也是"性"的功效而非"性"本身,这就是将"性"视为"道"在人身上的显现。另外,从"善"只是"性"的功效,不是"性"这一点出发,苏轼还批评孟子的"性善论"。他认为孟子只是见到了"性"的效用,即所谓"孟子不及见性,而见夫性之效"。苏轼还举出了例子,强调"性之于善,犹火之能熟物也。吾未尝见火,而指天下之熟物以为火,可乎?"④"性"与"善"就如同"火"与"火煮熟食物"的关系一样,既然不能将"熟的食物"指认成"火",那自然不能将"善"当作"性"。在苏轼看来,"性"与"善"根本就是两物。那"性"到底是什么?苏轼认为是与善恶无关的生理本能。"人生而莫不有饥寒之患,牝牡之欲,今告乎人曰:饥而食,渴而饮,男女之欲,不出于人之性也,可乎?"⑤由此,苏轼还批评了荀子和扬雄的人性论。"善"不是"性",那与"善"是同一级概念的"恶",也不是

---

① ② 《东坡易传》,第 22 页。
③ 《东坡易传》,第 124 页。
④ 《东坡易传》,第 225 页。
⑤ 《苏轼文集》卷四《扬雄论》,第 111 页。

"人之本性"。"善恶者,性之所能之,而非性之所能有也。"①此语明显是苏轼针对荀子的"性恶论"所发。既然"性"中无"善恶",那扬雄的"性为善恶混合"自然也是错的,"其不知性之不能以有夫善恶,而以为善恶之皆出乎性也而已"②。

综上,苏轼在其易学中确立了"本质之道",并认为此"道"在"天"和"人"中有不同的表现。

三　苏轼论"道"体现抽象性与实体性

学界在对苏轼的"道"论分析时,大多关注的是苏轼对"一阴一阳之谓道"(《系辞传上》)的解释:

> 阴阳果何物哉?虽有娄、旷之聪明,未有得其仿佛者也。阴阳交然后生物,物生然后有象,象立而阴阳隐矣。凡可见者皆物也,非阴阳也。然谓阴阳为无有,可乎?虽至愚,知其不然也。物何自生哉?是故指生物而谓之阴阳,与不见阴阳之仿佛而谓之无有者,皆惑也。圣人知道之难言也,故借阴阳以言之,曰一阴一阳之谓道,一阴一阳者,阴阳未交而物未生之谓也。喻道之似,莫密于此者矣。③

由这段话,不同的学者对苏轼所说的"道"有着不同的解读。有学者认为"道""是普遍地存在于物象之中形成并决定物象的运动方式"④,另有学者认为"道"是"自然全体的总名"⑤。由这些解释可发现,学者们都认为这段话是苏轼对"道"的涵义的说明。不过,在笔者看来,苏轼这段话不是在说明"道"的涵义,而是在借"阴阳"所具备的"抽象性""实体性"这两个特性以说明"道"也具备"抽象性"与"实体性"。

学界认为可从这段话中分析出"道"的涵义,将"圣人知道之难言也,故借阴阳以言之"一句视作是苏轼想用"阴阳"来说"道的涵义"问题,但这句话实际应该理解为苏轼是用"阴阳"说"道之难言"的问题。这两个问题不是对等的,"道之难言"的问题可以理解为一切有关"道"的问题,可能同时涉及"道的涵义""道的特性"等诸多问题。故而,要确定"道之难言"到底是哪个问题,应该从苏轼对"阴阳"的论述上分析。确定"阴阳"是关于什么的问题,就能知"道之难言"到底在指

---

① ②　《苏轼文集》卷四《扬雄论》,第 111 页。
③　《东坡易传》,第 124 页。
④　《苏轼的哲学观与文艺观》,第 50 页。
⑤　王水照、朱刚:《苏轼评传》,长江文艺出版社 2019 年版,第 110 页。

哪个问题。

分析整段内容,苏轼是在强调"阴阳"具备"抽象性"和"实体性"。由此观之,此段说"阴阳"是从其特性的角度进行说明的。

首先,苏轼在此段中说明"阴阳"具备"抽象性",他不认为"阴阳"是现实的具体事物,他说即使有"娄、旷"二人的聪明,不仅不可能见到"阴阳",就连见到与"阴阳"相似的事物都不可能。为何如此?因为世间所"见到"的一切物都是具体的,而非"抽象的"。"阴阳交然后生物,物生然后有象,象立而阴阳隐矣。凡可见者皆物也,非阴阳也。"苏轼认为,阴阳相交之后,万物产生;万物产生以后,阴阳隐藏;万物是可见的,阴阳是不可见的。"可见",实际上是代表了人的物理感官。苏轼此语,是在表达"阴阳"不是人可以通过物理感官而能把握的,甚至人连"阴阳仿佛"之物也不可见,因为"阴阳仿佛"之物也不属于物理感官能把握的,不能用物理感官所把握,那就只能用逻辑思维来把握,逻辑思维把握的就是"抽象"的,而"阴阳"就是抽象的。另,"阴阳仿佛"之物与"阴阳"一样,也是"抽象"的,所以"阴阳"仿佛之物也不可见。

其次,苏轼强调"阴阳"具备"实体性",一定是存在的。"然谓阴阳为无有,可乎?虽至愚,知其不然也。物何自生哉?"苏轼说人不能用"无有"观"阴阳",即应当用"存在"的视角,而不能用"不存在"的视角来看待"阴阳",即使是最愚笨的人都知道这个道理,要不然物如何生成呢?由此,苏轼说:"是故指生物而谓之阴阳,与不见阴阳之仿佛而谓之无有者,皆惑也。"在他看来,"阴阳"就具备"抽象性"和"实体性"这两种特性。在此,苏轼区分了"阴阳相交"和"阴阳相分"两种情况,"阴阳相交"就是可见的、"具体"的,"阴阳相分"就是不可见的、"抽象"的。他认为,所谓的"一阴一阳"是"阴阳未交而物未生之谓也",结合上下文,此句就是表达"阴阳"具备"抽象性"与"实体性"这一命题。由此来看,"喻道之似,莫密于此者矣"一句就是在说"道"不是"阴阳",只是像"阴阳"一样,都具有"抽象性"和"实体性"这两个特性。由此可见,此段是在说"道"具备"抽象性",是真实存在之意。

综上,苏轼对"一阴一阳之谓道"的解释阐明了"道"具备"抽象性"和"实体性"的特性,不是在论述"道"的涵义。换言之,不能从"道"的涵义的角度去理解此段内容,苏轼对"道"的涵义另有论述。

四　苏轼论"道"体现本体论之端倪

苏轼对"道"的认识虽已达到一定高度,但是并没有达到"本体论"的层次,只是显现出了"本体论"的端倪。

以本体论的建构而言。学者指出有两种路径:"把人的相关内容哲学化为本体,包括把人的道德范畴上升为天道……还包括从天到人,即把天道下降为人性,或者说天道转化为具体的人性。"①这两条路径虽然相反,但其最终建构出的"本体论"的表现就是"天人合一"。"天人合一"中的"天"是指"天道","人"是指"人道",二者都是"形上学"的内容。"天人合一",虽来源于"天道"和"人道",但既不是"天道",也不是"人道",实质是对二者的超越,是有一"存在"在统摄"天道"与"人道","人"与"天"不过是此存在的分有,这一存在就是"本体"。由此可见,"本体"成立要具备三个基本条件。第一,"本体"既然要超越、统摄"天""人",最起码是"天""人"的源头,此源头一定是可以被思维的存在。第二,这一源头可以分有于万物之中,即"理一分殊"。第三,"合一"即"不二",即不能将"天""人"视为不同的两个存在,二者是"同一存在"的不同表现。满足了这三个条件,才算是达到了内在的"天人合一",否则就是外在的"天人合一"。外在的"天人合一"是将"天"视为"人"的来源,是将"人"比附于"天",比如"人副天数"之说。苏轼的"天人合一"就是外在的"天人合一"。

就第一个条件,苏轼认为"道"是可以被思维的,同时认为"道"是"天""人"的源头。苏轼言:

> 曰一阴一阳之谓道,一阴一阳者,阴阳未交而物未生之谓也。喻道之似,莫密于此者矣。阴阳一交而生物,其始为水。水者,有无之际也,始离于无而入于有矣。老子识之,故其言曰"上善若水",又曰"水几于道",圣人之德。虽可以名言,而不囿于一物,若水之无常形,此善之上者,几于道矣,而非道也。若夫水之未生,阴阳之未交。廓然无一物而不可谓之无有,此真道之似也。②

此段内容可分两部分理解。一部分是苏轼借用"水"的特性再次强调"道"的"抽象性"和"实体性"。另一部分是由此说明万物是由"道"而来,这个过程是"道"—"阴阳"—"水"—"万物"。从第二部分来看,可知苏轼认为万物都是由"道"而来,确定"道"为万物产生的根源。且此"道"是唯一的。另,正如前文所指出苏轼对"道"内涵的说明:"天地一物也,阴阳一气也,或为象,或为形,所在之不同,故在云者明其一也。象者,形之精华,发于上者也。形者,象之体质,留于下者也。人见其上下,直以为两矣。岂知其未尝不一邪。"此段话并不是从"本体论"上说,而是从"宇宙生成论"上说,论述了由一至二至万物产生的过程,世间森罗万象都是从"道"中生成的。天地万物都是由"一"而出,"一"就是"道"。

---

① 郑熊:《〈中庸〉学与儒家形而上学关系研究》,人民出版社 2021 年版,第 12 页。
② 《东坡易传》,第 124 页。

就第二个条件来看，苏轼并没有形成"理一分殊"的认识，但也是仅差一步。苏轼已经具备了"一个道"和"多个道"的认识，即"天地一物也"这一"产生万物的道"和"我有是道，物各得之"这一"每个物都有的道"。若苏轼将这两个矛盾的"道"统一起来，即他能明确提出"物各有道"的"多个道"为这个"产生万物"的"一个道"的分有，那就可以认为苏轼形成了本体论的认识。但可惜苏轼并没有如此。由此可知，苏轼还停留在"宇宙生成论"的层面，只是论证出了天地万物产生的"来源"，并没有再前进一步。

就第三个条件而言，苏轼是将"天""人"视为两物，而非同一存在的不同显现。他认为"人"只是与"天"相似，是"天"的附属。苏轼说："天地与人一理也。而人常不能与天地相似者，物有以蔽之也。变化乱之，祸福劫之，所不可知者惑之。变化莫大于幽明，祸福莫烈于死生，所不可知者莫深于鬼神。知此三者，则其他莫能蔽之矣。夫苟无蔽，则人固与天地相似也。"①此句乍一看像是在说天与人都是"同一存在"的不同显现。但仔细分析，可知苏轼实际上是在说天人之间是有相同性，更准确地说是人应该像天地一样，只是人受到了"祸福""死生"和"鬼神"三者的影响而认识不到天人的相同性，人若是能打破这些困扰，就可以发现人与天是相同的，即"人固与天地相似也"。所以，苏轼在此所说的"天地与人一理也"，只是表达了外在的"天人合一"，而非内在的"天人合一"。

综上所述，苏轼的"形上学"思想虽仍以"宇宙生成论"为主，但已经对"宇宙生成论"有所超越，显现出"本体论"的端倪。

结　语

苏轼的"形上学"是围绕"道"而展开的，"形上学"对苏轼的其他思想产生深刻影响。如从文学角度来说，苏轼将"形上学"的认知融入自身的文学创作中。在《赤壁赋》中，苏轼以对"变化规则"的认识劝说宾客："盖将自其变者而观之，则天地曾不能以一瞬。自其不变者而观之，则物与我皆无尽也。"②另，从苏轼对"道"的特点和内涵的分析可知其"形上学"已经显现出本体论的端倪这一点来看，可将苏轼视作儒学发展过程中由"伦理之道"至"本体之道"的过渡阶段的代表。儒家"伦理之道"关注的重点一直是在"人道"之上。儒家的"本体之道"的构建是要贯穿天人，达到"天人合一"。苏轼对"道"的认识，已经将目光从"人道"转至"天道"。但苏轼并没有贯穿"天""人"，这一任务是由理学家完成的。由此，结合二者，可发现整个宋代的儒学都是在向构建"本体"这一方向努力。宋代的思

① 《东坡易传》，第123页。
② 《苏轼文集》卷一《赤壁赋》，中华书局1986年版，第6页。

想家们吸收了唐代儒家学者的思想,在前人的基础上努力将"伦理之道"上升至"本体之道"。苏轼的"形上学"思想和其显现出的"本体论"端倪,正是时代发展的必然结果。

〔作者简介〕袁泽宇,男,西北大学中国思想文化研究所博士生,发表过论文《苏轼易学思想研究》等。

论苏轼谪居黄州期间的生活实践与生活艺术*

王友胜

内容提要 苏轼谪居黄州,能在困苦中活出精彩,彰显丰富的生活艺术:首先,饮食生活上,主张生活简朴、计划开支,因陋就简、自制食品。其次,游览生活上,倡导夜游、雨中游、集体游与携酒出游,随缘自适,以积极乐观心态审视、融入自然。再次,劳作生活上,不仅将耕种东坡视作物质生活来源的补充,也视作一种精神慰藉与郁闷化解的途径,一种体道习禅的惯用方式。最后,家居生活上,对雪堂的功能定位远非简单的栖居场所,而视其为安顿灵魂、澡雪人心的精神家园。

关键词 苏轼 黄州 生活实践 生活艺术

经过"乌台诗案"后的苏轼贬谪黄州,元丰三年(1080)正月初一离开汴京,二十日过麻城春风岭,入境黄州①,至元丰七年四月离开黄州,在此度过四年又四月(含两闰月)的谪居生涯。随着政治权力旁落、经济收入减少、社会地位下降、活动空间转移,兼之政治畏祸心态,苏轼在贬居黄州时期交游人物的身份并不如过去以"士大夫"为主,而下移至以地方官员、普通乡绅、百姓及方外僧道等下层社会各群体为中心。苏轼这一"交际圈"与"生活圈"的变化直接影响其思维方式、生活观念与行为习惯,文学取向由此发生较大变化,即创作上由过去的以彰显家国情怀与淑世精神为主转向主要表达沂水之乐与林泉之趣,钟情于日常起居、出行等生活书写,反映与交游人物唱酬、馈赠、游览,或寻医问药、耕种稼穑、酿酒饮茶等日常生活题材的诗文大量出现。通过分析此类作品,我们可清晰地梳理出苏轼在黄州食、住、行等生活方式与生活艺术所发生的较大变化。

---

* 本文为海南省哲学社会科学重大专项"苏轼生活艺术研究"[项目编号 HNSK(ZDZX)22-15]的阶段性成果。

① 按,北宋时,州府分九个等级,黄州属最低等级的下州,辖黄冈、麻城、黄陂三县,州治黄冈。

一 简朴:苏轼饮食生活的基本原则

苏轼贬居黄州,交游对象身份下沉,有了接触更多普通百姓、饮食更多民间食品的机会。如至刘唐年家,食"为甚酥"饼;至王齐愈家,"杀鸡炊黍,至数日不厌";至潘丙酒店饮酒,"村酒亦自醇酽"①。苏轼是美食家,自许"老饕",贬居黄州时期的饮食实践与饮食书写较之前人,既有承继,更多创新,其个性化饮食体验与饮食原则在两宋文人中颇具代表性。

第一,不求奢靡,计划开支。

苏轼在黄州,俸禄大幅度减少,其"俸入所得,随手辄尽"②,简直成了"月光族",用实物抵数的折支费均为无甚用处的酒袋,所谓"只惭无补丝毫事,尚费官家压酒囊"③,从而导致生活质量明显降低。这在其写给朋友、具有私密性的280余通黄州书简中时有反映,但在其诗中,苏轼却能旷达地看待自己的贫寒生活,诗作苦而不伤,朴实自然④。如写给巢谷的诗《大寒步至东坡赠巢三》曰:"空床敛败絮,破灶郁生薪。相对不言寒,哀哉知我贫。"⑤作者以"空床""败絮""破灶""生薪"等词状其家境之贫寒,而巢谷亦心领神会,彼此回避敏感话题,以免尴尬。又《寒食雨》其二云:"小屋如渔舟,蒙蒙水云里。空庖煮寒菜,破灶烧湿苇。"⑥写春雨滂沱,春水涌进破屋,厨室极其简陋,只有潮湿的芦苇煮着几根寒菜。

基于如上经济条件,苏轼力倡节俭,力戒奢靡,主张生活简朴,有计划地开支饮食费用。他在早年参加科考时,就已形成俭朴的生活习惯,饮食上日享"三白",不知口体之奉不若人。朱弁《曲洧旧闻》卷六载:"某与舍弟习制科时,日享三白,食之甚美,不复信世间有八珍也。贡父问三白,答曰:一撮盐、一碟生萝卜、一碗饭,乃三白也。"⑦来到黄州,经济更为拮据,采用在湖州时的朋友所留《怀苏集》的贾收之法,计划开支:

---

① 均见苏轼撰,茅维编,孔凡礼点校:《苏轼文集》卷五二《答秦太虚七首》(其四),中华书局1986年版,第1536页。
② 《苏轼文集》卷四九《与章子厚参政书》(其一),第1412页。
③ 查慎行补注,王友胜点校:《苏诗补注》卷二〇《初到黄州》,凤凰出版社2013年版,第588页。
④ 按,较之其他诗文,苏轼在书简中对自己的政治与生活困境描写更细致、具体,略带悲苦,并未强作旷达,参拙文《论海外苏轼的生存困境与应对举措》,《海南师范大学学报》2022年第5期。
⑤ 《苏诗补注》卷二二,第649页。
⑥ 《苏诗补注》卷二一,第634页。
⑦ 苏轼撰:《仇池笔记(外十八种)》,上海古籍出版社1992年版,第324页。

初到黄,廪入既绝,人口不少,私甚忧之。但痛自节俭,日用不得过百五十,每月朔便取四千五百钱,断为三十块,挂屋梁上,平旦用画叉挑取一块,即藏去叉,仍以大竹筒别贮用不尽者,以待宾客,此贾耘老法也。①

作者自定每天花钱不超过 150 文,其未用尽者用竹筒储存,用以来日招待客人。苏轼不仅自己生活简朴,还劝诫朋友要计划开支。其《寄蕲簟与蒲传正》诗叙写给好友蒲宗孟寄送簟席时的感受。蒲宗孟一生清廉,但生活奢侈,"公家列屋闲蛾眉,珠帘不动花阴移"二句叙房屋内外栽满鲜花,丫鬟们拿着花烛到处走动,故有"花阴移"之神奇景象。苏轼联想到自己"东坡病叟长羁旅,冻卧饥吟似饥鼠。倚赖春风洗破裘,一夜雪寒披故絮。火冷灯青谁复知,孤舟儿女玉嚘呷",就劝他说:"愿公净扫清香阁,卧听风漪声满榻。习习还从两腋生,请公乘此朝闻阖。"②即以清风为贵,扫去胭脂味,静卧清风阁,听风赏月,乘风朝觐。苏轼在元丰六年八月作《节饮食说》,并将此文粘连壁上,约束自己,昭告友朋:

东坡居士自今日以往,早晚饮食,不过一爵一肉。有尊客盛馔,则三之,可损不可增。有召我者,预以此告之,主人不从而过是,乃止。一曰安分以养福。二曰宽胃以养气。三曰省费以养财。③

苏轼自我约法三章:每天的饮食不过喝一爵酒,吃一种肉食。有贵客至,则饮食的数量增至三倍。赴宴也是如此,否则就不去。作者生活之简朴,于此可见一斑。

第二,因陋就简,自制食品。

苏轼在黄州因贫而改变饮食结构,发明、实践某些饮食制作的工艺技术。黄州处江淮间,地阔物阜,所谓"长江绕郭知鱼美,好竹连山觉笋香"④。除羊肉外,其他生活物资价格比较便宜:"(黄州)鱼稻薪炭颇贱,甚与穷者相宜"⑤"柑橘椑柿极多,大芋长尺余,不减蜀中""羊肉如北方,猪、牛、獐、鹿如土,鱼、蟹不论钱"⑥。两宋上层主流社会荤类饮食主要为羊肉,陆游《老学庵笔记》有"苏文熟,吃羊肉;苏文生,吃菜羹"的说法⑦,猪肉价贱而鲜有人吃。苏轼因此尝试改吃猪

①⑥ 《苏轼文集》卷五二《答秦太虚七首》(其四),第 1536 页。

② 均见《苏诗补注》卷二五,第 733 页。

③ 《苏轼文集》卷七三,第 2371 页。

④ 《苏诗补注》卷二〇《初到黄州》,第 588 页。

⑤ 《苏轼文集》卷四九《与章子厚参政书》(其一),第 1412 页。

⑦ 陆游撰,李剑雄、刘德权点校:《老学庵笔记》,中华书局 2019 年版,第 117 页。

肉。周紫芝《竹坡诗话》载"东坡性喜嗜猪"[①]，特别会做猪肉。其《猪肉颂》曰："净洗锅，少着水，柴头罨烟焰不起。待他自熟莫催他，火候足时他自美。黄州好猪肉，价贱如泥土。贵人不肯吃，贫人不解煮，早晨起来打两碗，饱得自家君莫管。"[②]此文描写猪肉制作的过程：首先锅要洗干净，少放点水，用慢火炖它，"火候足时他自美"。炖肉时应该全身心地投入，不能急功近利，要循序渐进，才能水到渠成。贵者嫌便宜，贫者煮不好，说明要体会猪肉的美味，就得从洗到煮，事必躬亲。

东坡羹也是苏轼在黄州研制的一种食品。其《东坡羹颂》并引云：

> 东坡羹，盖东坡居士所煮菜羹也。不用鱼肉五味，有自然之甘。其法以菘若蔓菁、若芦菔、若荠，揉洗数过，去辛苦汁。先以生油少许涂釜，缘及一瓷碗，下菜沸汤中。入生米为糁，及少生姜，以油碗覆之，不得触，触则生油气，至熟不除。[③]

苏轼饮食提倡以清淡为佳，故菜羹"不用鱼肉五味"，仅用蔓菁、芦菔、荠菜三种蔬菜置于沸汤中，以生米为饭粒，以生姜为佐料。东坡羹在宋代流传较广，应纯道人曾向苏轼学习菜羹制法，并传授给庐山其他人。

他的《煮鱼法》对烹鱼全过程亦加以详述：

> 子瞻在黄州，好自煮鱼。其法，以鲜鲫鱼或鲤治斫冷水下入盐如常法，以菘菜心芼之，仍入浑葱白数茎，不得搅。半熟，入生姜、萝卜汁及酒各少许，三物相等，调匀乃下。临熟，入橘皮线，乃食之。[④]

苏轼发明的鲜鱼或鲤鱼制法与使用的佐料，非常具体详细，今人或可效仿。

苏轼在黄州自制的食品品类除此以外，还有不少，彰显了他善于学习、勇于实践的创新精神。如自制下酒的牛尾狸，其味甚佳，曾赠送给徐君猷品尝；向西蜀道士杨世昌学习酿制蜜酒，以解决黄州官方榷酒而自饮困难的问题。苏轼泛舟过江游览武昌西山后，因陋就简，酌取菩萨泉水送别赴徐州秋试的王适，并作诗相赠。

---

① 何文焕辑：《历代诗话》，中华书局 1981 年版，第 351 页。
② 《苏轼文集》卷二〇，第 597 页。
③ 《苏轼文集》卷二〇，第 595 页。
④ 《苏轼文集》卷七三，第 2371—2372 页。

二　随缘：苏轼游览生活的多样方式

苏轼在黄州，因"不得签书公事"，不得离开安置所，故其足迹仅局限在黄州及周边地区。陈慥邀其居长江对岸的武昌，他回复说："然某所虑，又恐好事君子，便加粉饰，云擅去安置所而居，于别路传闻京师，非细事也。"①居住外州须小心谨慎，然在黄州及近邻鄂州、蕲州部分地区，他却游走自由，到过不少地方，仅常见于其黄州时期诗文作品中的景观就有春风岭、万松亭、岐亭、四望亭、定惠院、西山（樊山）、樊口、江亭、栖霞楼、涵晖楼、九曲亭、赤壁、禅智寺、乾明寺、清泉寺、安国寺、菩萨泉、芦洲、孙权试剑石、曾城、新生洲、女王城、东禅庄院、车湖、开善院及天庆观等近三十处。如其《记樊山》一文，对樊山的由来、孙权泊樊口、吴王舰、寒溪寺、曲山、菩萨泉及圣母庙等人文与自然古迹，有过详细考述。关于在黄州的生存状况，他在给李之仪的回信中说："得罪以来，深自闭塞，扁舟草履，放浪山水间，与樵渔杂处。"②自谓贬居黄州后，不与外界交流，竹杖芒鞋，放浪山水，日与渔民、樵夫为伍，饱览黄州景观。

苏轼在黄州物质生活虽然贫乏，然精神生活比较丰富。他以积极乐观的心态诗意地审视、融入自己的栖居空间，适应自己的生活环境，不因身处异地而有丝毫陌生感。其《与范子丰八首》其八曰："临皋亭下不数十步，便是大江，其半是峨眉雪水，吾饮食沐浴皆取焉，何必归乡哉！江山风月，本无常主，闲者便是主人。"③在作者看来，赤壁江水多源自故里峨眉雪水，饮食沐浴其中，他乡即为故乡；江山风月无常主，闲者即可成为大自然的主人。这一旷达的世界观是他战胜政治困境与生存困境的强大精神武器，也使他成为精神生活的富有者。一切景观在诗人笔下，不只是地理环境，同时也是他寄托理想、向往自由的主要媒介。惟此，苏轼的游览方式是多样的，也是独特的。

第一，苏轼习惯于夜游。其《记承天夜游》载：

> 元丰六年十月十二日夜，解衣欲睡，月色入户，欣然起行。念无与为乐者，遂至承天寺，寻张怀民。怀民亦未寝，相与步于中庭。庭下如积水空明，水中藻荇交横，盖竹柏影也。何夜无月？何处无竹柏？但少闲人如吾两人者耳。④

---

① 《苏轼文集》卷五三《与陈季常十六首》（其八），第 1567 页。按，黄州属淮南西路，武昌属荆湖北路寿昌军，故书简云"别路"。

② 《苏轼文集》卷四九《答李端叔书》，第 1432 页。

③ 《苏轼文集》卷五十，第 1453 页。

④ 《苏轼文集》卷七一，第 2260 页。

该文对清澈透明、幽静恬淡的月夜景色作了美妙描绘,真实地记录了作者被贬黄州后的一个生活片段,体现了作者与张怀民的深厚友谊。又《后赤壁赋》云:

> 是岁十月之望,步自雪堂,将归于临皋。二客从予,过黄泥之坂。霜露既降,木叶尽脱。人影在地,仰见明月。顾而乐之,行歌相答。已而叹曰:"有客无酒,有酒无肴,月白风清,如此良夜何?"①

此赋亦写冬夜,前面记真景真情,通过毫不雕琢的天然佳句,给人一种壮阔的美感,中间对踞石攀木、俯江长啸的细致描写,真切地表达了作者月夜登临的情趣。苏轼黄州词中写夜景的句子更多。如《临江仙》云:"夜饮东坡醒复醉,归来仿佛三更。"②《卜算子·黄州定惠院寓居作》云:"缺月挂疏桐,漏断人初静。谁见幽人独往来,缥缈孤鸿影。"③《西江月》序亦云:"春夜行蕲水中过酒家,饮酒醉,乘月至一溪桥上,解鞍曲肱少休。及觉已晓,乱山葱茏,不畏人世也。"④相对白昼的喧嚣与嘈杂,深夜与月举杯,乘月而行更富有诗意。

第二,苏轼喜欢集体游。元丰四年到元丰六年间,苏轼每年正月二十均与友朋潘丙、古耕道及郭遘等出郊寻春,踏访距黄州城仅十里之遥的永王城(俗称"女王城"),分别作《正月二十日往岐亭郡人潘、古、郭三人送余于女王城东禅庄院》《正月二十日与潘、郭二生出郊寻春忽记去年是日同至女王城作诗乃和前韵》《六年正月二十日复出东门仍用前韵》三诗。与黄州仅一江之隔的武昌西山为长江南岸名胜之地。苏轼《与陈季常十六首》其七赞之曰:"数日前,率然与道源(杜沂)过江,游寒溪西山,奇胜殆过于所闻。"⑤其《答秦太虚七首》其四亦说:"所居对岸武昌,山水佳绝。"⑥因此,苏轼在黄州有数次集体游览西山的经历。如杜沂、杜传、杜俣父子三人与江縡于元丰三年四月十三日,邀请苏轼同游武昌西山。苏轼于元丰五年二月二十二日与蕲水县令李婴至樊口潘丙酒店,赵安节、王齐愈和武昌主簿吴亮前来,同游武昌西山。元丰五年六月,张舜民来访,苏轼与鄂城令李观佐、鄂城县主簿吴亮、严峿同游武昌西山,等等。

苏轼的集体游多在白昼,常携酒而行。如《上巳日与二三子出携酒出游随所见辄作数句明日集之为诗故辞无伦次》诗题所叙与二三知己于三月初三上巳日携酒出游、洗涤沐浴的情形。又其《记游定惠院》曰:"黄州定惠院东小山上,有海

① 《苏轼文集》卷一,第8页。
② 苏轼著,邹同庆、王宗堂校注:《苏轼词编年校注》,中华书局2007年版,第467页。
③ 《苏轼词编年校注》,第275页。
④ 《苏轼词编年校注》,第360—361页。
⑤ 《苏轼文集》卷五三,第1566页。
⑥ 《苏轼文集》卷五二,第1536页。

棠一株，特繁茂。每岁盛开，必携客置酒，已五醉其下矣。今年复与参寥师及二三子访焉。"①回忆在黄州的五个春季，"携客置酒"，共赏定惠院海棠的游览经历。

第三，苏轼经常雨中游。苏轼词中与"雨"对照的"晴"，分别指代人生与社会的悲苦艰辛与幸福喜悦。其《定风波》序云："三月七日，沙湖道中遇雨。雨具先去，同行皆狼狈，余独不觉。已而遂晴，故作此词。""一蓑烟雨任平生""也无风雨也无晴"②，词中的"风雨"既指自然中的风雨，亦指人生的风雨。按王文诰《苏诗总案》卷二一，苏轼元丰五年三月七日，因相田至沙湖，道中遇雨③。该词所写即这次出行。与此相关，苏轼写雨的词句颇多，如《南乡子》："暮雨暗阳台，乱洒高楼湿粉腮。"④《浣溪沙》："萧萧暮雨子规啼。"⑤《江城子》："昨夜东坡春雨足。"⑥暮雨衬托环境，春雨滋润万物，各有特点，功用不同。

苏轼经常游览的景观有栖霞楼与武昌西山、定惠院东小山等。如重阳必登高，登高多至栖霞楼。该楼位于黄州郡城最高处，"为郡之胜绝"，前黄守闾丘孝终建。苏轼多次登楼俯览仰观，听山风，赏江景，陶醉于诗意空间。其元丰五年作《醉蓬莱》叙别情，叹老迈，序云："余谪居黄州，三见重九，每岁与太守徐君猷会于栖霞楼。"⑦可见苏轼在黄州，重九之节与徐大受会于栖霞楼，已成惯例。

三　体道：苏轼劳作生活的终极目标

宋代黄州东坡之地是城东一块荒废的军垦田，其名渊源于唐代白居易耕种之忠州东坡。罗大经《鹤林玉露》云："本朝士大夫多慕乐天，东坡尤甚"⑧，指出宋人特别是苏轼对白居易的敬慕之情。周必大《二老堂诗话》"东坡立名"条分析得更具体细致："白乐天为忠州刺史，有《东坡种花》二诗，又有《步东坡》诗云：'朝上东坡步，夕上东坡步。东坡何所爱，爱此新成树。'本朝苏文忠公不轻许可，独敬爱乐天，屡形诗篇。""谪居黄州，始号东坡，其原必起于乐天忠州之作也。"⑨指出苏轼"东坡"之号与白居易忠州《东坡种花》《步东坡》诸诗的密切关联。洪迈

---

① 《苏轼文集》卷七一，第 2257 页。
② 《苏轼词编年校注》，第 356 页。
③ 王文诰撰《苏文忠公诗编注集成总案》卷二一，巴蜀书社 1985 年版，第 11b 页。
④ 《苏轼词编年校注》，第 288 页。
⑤ 《苏轼词编年校注》，第 358 页。
⑥ 《苏轼词编年校注》，第 353 页。
⑦ 《苏轼词编年校注》，第 428 页。
⑧ 罗大经撰，王瑞来点校：《鹤林玉露》丙编卷三"乐天对酒诗"条，中华书局 2008 年版，第 287 页。
⑨ 均见何文焕辑：《历代诗话》，中华书局 1997 年版，第 656—657 页。

《容斋三笔》"东坡慕乐天"条云："公之所以景仰者,不止一再言之,非东坡之名偶尔暗合也。"①作者看来,苏之崇白,非惟黄州东坡与忠州东坡地名之暗合,实际上两人在心性、进退、雅好与审美情趣上有着极其相似处。白居易因作诗遭诬陷,被贬江州司马,又迁忠州刺史,公事之余,常到城东山坡植树种花,留下不少诗篇,如《东坡种花二首》:"持钱买花树,城东坡上栽""东坡春向暮,树木今何如"②,《别种东坡花树两绝》其一:"何处殷勤重回首,东坡桃李种新成。"③苏轼贬谪黄州时期的境遇与心情同白居易谪贬忠州时颇为相似,由此导致他效仿白居易,从元丰四年五月开始,以"老农夫"的身份④,在黄州东坡耕稼。他在《与李公择》第九简中自陈黄州劳动生活云:"某见在东坡,作陂种稻,劳苦之中,亦自有乐事。有屋五间,果菜十数畦,桑百余本,身耕妻蚕,聊以卒岁。"⑤如果说白居易在忠州耕种带有几分诗意的情调,那么苏轼躬耕黄州东坡面对的自然环境更险恶,付出的劳动更艰苦。

苏轼黄州时期的劳动生活实践与劳动生活艺术在其《东坡八首》诗中得到淋漓尽致的反映。该组诗叙东坡来历、环境及作诗目的云:

> 余至黄州二年,日以困匮。故人马正卿哀予乏食,为于郡中请故营地数十亩,使得躬耕其中。地既久荒,为茨棘瓦砾之场,而岁又大旱,垦辟之劳,筋力殆尽。释耒而叹,乃作是诗,自愍其勤,庶几来岁之入以忘其劳焉。⑥

该诗"自愍其勤",反映"垦辟之劳",记叙在东坡开垦、插秧到种麦的过程。内容丰富,结构完整,一事一诗,首尾照应。如第一首:"废垒无人顾,颓垣满蓬蒿。谁能捐筋力,岁晚不偿劳。独有孤旅人,天穷无所逃。端来拾瓦砾,岁旱土不膏。崎岖草棘中,欲刮一寸毛。喟然释耒叹,我廪何时高?"叙写东坡的荒芜,劳动的艰辛,自己的贫寒及对丰收的渴盼。第四首:"种稻清明前,乐事我能数。毛空暗春泽,针水闻好语。分秧及初夏,渐喜风叶举。月明看露上,一一珠垂缕。秋来霜穗重,颠倒相撑拄。但闻畦陇间,蚱蜢如风雨。新春便入甑,玉粒照筐筥。"叙写农村稻谷从播种、分秧、垂穗到春米等自然过程。第五首:"农夫告我言,勿使苗叶昌。君欲富饼饵,要须纵牛羊。"⑦叙写农民对诗人在生产技术上的指导,反

---

① 洪迈撰:《容斋随笔》,上海古籍出版社 1995 年版,第 475 页。
② 均见顾学颉点校:《白居易集》,中华书局 1979 年版,第 215、216 页。
③ 《白居易集》,第 394 页。
④ 按,语出《好事近·黄州送君猷》:"红粉莫悲啼,俯仰半年离别。看取雪堂坡下,老农夫凄切。"
⑤ 《苏轼文集》卷五一,第 1499 页。
⑥⑦ 《苏诗补注》卷二一,第 612—613 页。

映自己向农民取经,以学习种田知识。

苏轼在东坡种植的庄稼品种比较丰富,《东坡八诗》诸诗均有反映。如其二:"下隰种粳稌,东原莳枣栗。江南有蜀士,桑果已许乞。好竹不难栽,但恐鞭横逸。"其四:"种稻清明前,乐事我能数。"其五:"桑柘未及成,一麦庶可望。"其六:"种枣期可剥,种松期可斫。"①由上可见,苏轼在东坡曾经种有粳稻、糯稻、枣、栗、桑椹、竹、麦等粮食作物、水果及树木类。为求播种优良品种,苏轼不断向四面八方友人乞讨树苗与种子。如向江南道人大冶长老乞讨桃花茶,"嗟我五亩园,桑麦苦蒙翳。不令寸地闲,更乞茶子蓺"②。向从蜀中远道而来的巢谷乞讨元修菜(野蚕豆)籽,"使归致其子,而种之东坡之下"③。

苏轼将自己的耕种东坡不仅看作物质生活来源的补充,也视作一种精神慰藉与郁闷化解的途径,一种体道习禅的惯用途径与方式。他的《与子安兄七首》其一曰:"近于城中得荒地十数亩,躬耕其中。作草屋数间,谓之东坡雪堂。种蔬接果,聊以忘老。"④在给老友王巩的信中又说:"近于侧左得荒地数十亩,买牛一具,躬耕其中。今岁旱,米贵甚。近日方得雨,日夜垦辟,欲种麦,虽劳苦却亦有味。"⑤作者躬耕的目的与效果从"聊以卒岁",到"聊以忘老",再至"劳苦却亦有味",均见其视劳动实践不仅是躯体行为,也不完全是为稻粱谋,而是一种打发时光的方式,一种乐以忘忧的精神活动。又其《次韵孔毅父久旱已而甚雨三首》其一曰:"去年东坡拾瓦砾,自种黄桑三百尺。今年刈草盖雪堂,日炙风吹面如墨。""四邻相率助举杵,人人知我囊无钱。"⑥他在废弃的营地捡拾破碎的砖瓦,锄除丛生的杂草,栽种黄桑,割草搭建茅屋,日晒风吹,面色黝黑。在这种日常劳作生活中,苏轼体验到参禅与体道的无限快乐。唐代禅宗四祖道信、五祖弘忍坐山习禅,躬耕自给后,农禅之风已经成为宗门惯例,耕稼等日常生活成为文人体道习禅的不二法门。茅坤在《唐宋八大家文钞》中评苏轼《安国寺大悲阁记》云:"无论学禅,学圣贤,均从笃行上立脚。"⑦在躬行实践这件事上,儒和禅的看法比较一致。苏轼儒、佛兼修,自然懂得笃行的重要性,而躬耕东坡就是笃行实践、体道习禅的主要方式之一。

---

① 《苏诗补注》卷二一,第612—613页。
② 《苏诗补注》卷二〇《问大冶长老乞桃花茶栽东坡》,第637页。
③ 《苏诗补注》卷二二,第650页。
④ 《苏轼文集》卷六十,1829页。
⑤ 《苏轼文集》卷五二《与王定国四十一首》(其十三),第1520—1521页。
⑥ 《苏诗补注》卷二一,第639页。
⑦ 高海夫主编:《唐宋八大家文钞校注集评》卷一百二十一《东坡文钞》卷二十五,三秦出版社1998年版,第5675页。

四 澄心：苏轼家居生活的诗意空间

被顾况戏谑"长安米贵，居大不易"①的白居易作《卜居》诗云："游宦京都二十春，贫中无处可安贫。长羡蜗牛犹有舍，不如硕鼠解藏身。且求容立锥头地，免似漂流木偶人。但道吾庐心便足，敢辞湫隘与嚣尘。"②拥有自己的居所，封建官吏与普通百姓并无二致，均为刚需。苏轼一生东漂西荡，南羁北宦，买田筑室，用作终老之地，曾经多次做过抉择。嘉祐二年（1057）科举考试时就与蒋之奇、单锡、胡宗夫等有落户宜兴的鸡黍之约，元丰二年在徐州，"将买田于泗水之上而老焉"③。元丰三年在黄州又曰："此邦疑可老，修竹带泉石。欲买柯氏林，兹谋待君必。"④苏轼在贬所黄州，因无具体差遣，居无定所，只得靠借居寺院、暂居官舍，或买地筑屋等措施来解决⑤。《宋会要辑稿》方域四之十七载："自来官司廨宇，皆以所管职事为名，其下便为治所，未有无职事而得廨宇者。"⑥宋代官员拥有廨宇的前提是有"职事"，否则，就只能租赁、借居或自建房屋。苏轼虽为"黄州团练副使"，但"不能签书公事"，没有政府免费提供的官邸，只能靠自己解决住宿问题。这并非特例，而是宋代官僚制度所致。

苏轼在黄州的居所有三处，其中前两个地方是古刹定惠院和临皋亭水驿（含南堂）⑦。雪堂是苏轼在黄州的第三个住处，也是他自筹经费营建的第一个住宅。苏轼元丰四年五月耕耘东坡后，次年正月中旬始在"东坡之胁"建雪堂五间⑧，因古耕道、潘丙与郭遘等当地朋友鼎力相助，二月即落成。至元丰七年四月离开黄州，苏轼全家一直住在此处。关于雪堂营建的时间、命名及功用，《江城子》（梦中了了）序云："元丰壬戌（五年）之春，余躬耕于东坡，筑雪堂居之。"⑨《雪堂记》又云：

---

① 王定保撰：《唐摭言》卷七，《唐五代笔记小说大观》本，上海古籍出版社2000年版，第1641页。

② 《白居易集》，第407页。

③ 《苏轼文集》卷一一《灵璧张氏园亭记》，第369页。

④ 《苏诗补注》卷二○《晓至巴口迎子由》，第604页。

⑤ 按，宋代官舍或称廨舍、廨宇、公署、官廨等，具有办公与供官员及家属居住的双重功能。一般而言，因京城官员多、官邸少，京官多自购或租赁居所；地方官则多住在官邸。

⑥ 徐松编，刘琳等校点：《宋会要辑稿》，上海古籍出版社2014年版，第9338页。

⑦ 临皋系黄州古城南一里许突兀之江嘴，嘴头临江高昂，建石亭曰"临皋"。亭后山瘠地阔亩余，后建水驿馆，遗址在今黄冈中学西门东侧的高阜。水驿馆已多年闲置，原本是州府用来接待南来北往的驿使和官员。

⑧ 按，《与陈季常》第二简云："窃计上元起造"，则知雪堂之兴工在正月中旬。

⑨ 《后赤壁赋》云："是岁十月之望，步自雪堂，将归于临皋。"故王宗稷《东坡先生年谱》认为苏轼"壬戌之冬未迁"。

　　苏子得废圃于东坡之胁,筑而垣之,作堂焉,号其正曰"雪堂"。堂以大雪中为之,因绘雪于四壁之间,无容隙也。起居偃仰,环顾睥睨,无非雪者。苏子居之,真得其所居者也。①

堂成于元丰五年春,适逢降雪,又"绘雪于四壁",遂名屋之正厅曰雪堂。

　　雪堂不仅屋内绘景图形精美,而且屋外环境清幽。王宗稷在《东坡先生年谱》中说:"试以《东坡图》考雪堂之景,堂之前则有细柳,前有浚井,西有微泉。堂之下则有大冶长老桃花茶,巢元修菜,何氏丛橘,种秔稌,蒔枣栗,有松期为可斫,种麦以为奇事,作陂塘、植黄桑,皆足以供先生之岁用。"②苏轼于东坡边侧得废园,建雪堂,堂前栽细柳,挖暗井,西边有微泉,堂后则营建池塘,栽种桃花茶、元修菜、橘、粳稻、糯稻、枣、栗、松、麦及黄桑等,蔬菜、花果、水稻、小麦、树木及井、泉、塘等引水灌溉设备,应有尽有,品种十分丰富,俨然一幅农田景象。

　　苏轼对居所雪堂的功能定位远非简单的栖居场所,而视其为安顿灵魂的精神家园。早在京师时,他就非常重视居所周边环境的营造。他在《与子明九首》其四曰:"轼近迁居宜秋门外,宅子稍□,厅前颇有野趣,可葺作一小园。"③只是觉得不会久居此地,没有付诸行动。惟其如此,他笔下的黄州住所不仅作实体建筑之用,也是诗意的精神空间。雪堂之营建即包括卜居、择居、营居、安居、迁居等自然行为,也关涉卜邻交友、耕稼栽植与诗酒闲居等人文活动。苏轼将家居之地黄州认作自己的故乡,这种通达的乡土观念是他战胜人生困境,免于寂寞的精神武器。他在《与赵晦之四首》其三曰:"某谪居既久,安土忘怀,一如本是黄州人,元不出仕而已。"④《与杨元素》第八简云:"近于城中葺一荒园,手种菜果以自娱。"⑤作者自视为黄州人,以耕稼为生活与精神愉悦之源。苏轼元丰五年与考试失利的王适于雪堂清夜赏月揽胜。在他看来,"雪堂"之雪不仅指堂内壁上所绘之雪,也指自然风雪,更含纳居者纯洁、清淡、无私的精神世界。全文以主客问答的惯常模式,就营造雪堂一事展开讨论。前半部分反客为主,认为"苏子"营造雪堂是系心于物,必为物势所动;后半部分,"苏子"直接陈说,指出营造雪堂的旨趣在"取雪之意",而"非取雪之势","逃世之机",而"非逃世之事",即在清静、冷洁的氛围中洗涤尘俗污垢与人世机心。雪堂的建造与《雪堂记》的写作,实际上是实现由儒者苏轼向居士东坡转变的枢纽与关键,"吾不知五十九年之非而今日

　　① 《苏轼文集》卷一二,第410页。按,题一作《雪堂问潘邠老》《雪堂问答》,该文实就苏轼与潘大临问答之词所撰成。
　　② 《苏轼资料汇编》下编,中华书局1994年版,第1725页。
　　③ 《苏轼文集》佚文卷四,第2518页。
　　④ 《苏轼文集》卷五七,第1711页。
　　⑤ 《苏轼文集》卷五五,第1653页。

之是,又不知五十九年之是而今日之非"①。雪堂不仅是苏轼劳作、休息、待人接客、饮食起居的物理建筑,已然成为涵养心性、吟诗作文的诗意空间。作者由此进入一个无所不适,自由自在,惬意快乐的精神世界。

黄州四年中,官场的挫折,苏轼得以离开尘世间的浮华;辛苦的农事,他体验到下层百姓的生活疾苦。生活空间由朝廷、官场向民间的转移,交游对象的变化及人物身份的下沉,架构了苏轼黄州时期的交际圈与生活圈,较大地改变了苏轼的生活内容,丰富了苏轼的生活艺术。

[作者简介] 王友胜,湖南科技大学中国古代文学与社会文化研究中心教授,著有《苏轼研究史稿》《历代宋诗总集研究》等。

---

① 《苏轼文集》卷一二《雪堂记》,第412页。

磁州窑系瓷枕所书苏轼词及其文学文化意义[*]

高　莹　张天昱

内容提要　枕上书写词曲,在北方磁州窑系瓷枕中最为集中且典型,尤以所书苏轼词最多,包括《如梦令》《念奴娇》《菩萨蛮》等名篇。瓷枕所书苏轼词,犹如浓缩而别致的苏词传播小史。作为一种特殊的传播方式,枕上所书苏词再现了通俗文化视域中经典的传播生态,不仅可以与传世文本相对照,还能够与口头传唱、纸上文献等传播形态形成良性互补,将"苏学北渐"予以图文化,开拓了苏词的传播视域;枕上所书"词寄满庭芳"等调名表述,有助于进一步体认选调填词与词学演进的重要关系;瓷枕所书苏轼词,强化了"东坡文化"品牌,能为当代创造性传承东坡文化提供多元借鉴。

关键词　磁州窑　瓷枕　苏轼词　苏学北渐　东坡文化

　　词的传播,以口头传唱和文本传播为主,兼及题壁、题画等别样方式①。瓷窑器物上书写的诗词曲,历史上长沙窑、磁州窑及吉州窑各有遗存。在唐代长沙窑书写诗歌韵语的基础之上,宋金元时代北方以磁州窑、南方以吉州窑器物为代表,词曲经典通过这种特色媒介形成立体传播。千古风流人物苏东坡,历来是宋词传播接受研究的热点与重点。除去传世文献,学界对于瓷窑器物书写苏轼词亦有所关注②,主要是梳理《如梦令》等单个词作的基本情形,积累了一定文献基础。然而,随着考古发现和文物资料的公布,新见词篇如《昭君怨》等皆有待补

---

　　* 本文为 2024 年海南省哲学社会科学规划重大专项(东坡文化研究)课题"历代寿苏文献辑录与研究"、河北省社会科学发展研究课题"磁州窑系瓷枕所书苏轼词及其文学文化意义"(项目编号202307067)的阶段性成果。

　　① 关于宋词传播,钱锡生《唐宋词传播方式研究》(复旦大学出版社 2009 年版),重点考察歌舞、吟诵、手写、题壁、石刻和书籍等六种唐宋词的传播方式和途径;谭新红《宋词传播方式研究》(武汉大学出版社 2010 年版)在此基础上又提出绘画等艺术媒介。两部论著分析这些传播方式的功能和特点,开拓了宋词传播研究的路径和空间。

　　② 相关论述参见马小青:《磁州窑枕上的苏轼词》,《邯郸职业技术师范学院学报》2003 年第 4期;王雪:《宋金元陶瓷上书写的诗词曲研究》,西南大学 2014 年硕士学位论文;高莹:《磁州窑系瓷枕所书词笺证三题》,《石家庄学院学报》2021 年第 5 期。

充、阐发;已有论述受限于研究主题和寓目文献,还不够专门与充分,尚须由平面介绍、单篇关注进入综合深究,即以金元时期磁州窑系器物为主,专题探究瓷枕所书苏轼词的古今文化传播意义。

一 瓷枕所书苏轼词概述

随着陶瓷业的兴盛,唐代之后器物上书写名言警句或者诗词曲更为常见。作为器物的独特样式,瓷枕烧造始于隋代,流行于唐代,宋代臻于繁盛。瓷枕文化昌盛的表现之一,即除去彩绘纹样图画,枕面开光处往往书写词曲经典,将词曲、书法与瓷艺完美地结合在一起。这一特色显著体现在民窑磁州窑、吉州窑的瓷枕之上。瓷枕无论作为日常消暑纳凉还是明器之用,工匠将人们喜爱的词曲装饰枕上,给人带来无限浸润之思。其中,瓷枕所书苏轼词主要有:

表1 瓷枕所书苏轼词一览表

序号	作者	词调	文辞	出处	收藏
1	苏轼	如梦令	为向东波(坡)传语,人在玉(画)堂深处。别后(有)谁来,雪压小桥无路。归去归去,江(上)一犁春雨。《如梦令》	白地黑花八角形磁州窑瓷枕;张子英《磁州窑烧造的文字枕》,《文物春秋》1993年第4期。	磁县文管所
2	苏轼	菩萨蛮	回文:落花闲院春衫薄,迟日恨依依,梦回莺舌弄,邮便问人羞。《菩萨蛮》	白地黑花八角形磁州窑瓷枕;何伯阳《金代磁州窑书法枕》,《收藏》2003年第11期。	私人收藏
			落花闲院春衫薄,迟日恨依依,梦回莺舌弄,尤(邮)便问人羞。回文《菩萨蛮》	白地黑花椭圆形枕;李林娜《南越藏珍》,中华书局2005年版。	广州南越王博物院
3	苏轼	满庭芳	香瑷雕盘,寒生冰注(箸),□□□□(画堂别是)风光。主人情重,开宴出红妆。□□(腻玉)元(圆)搓素胫(颈),藕丝楸(嫩)、新织仙裳。双歌罢,虚檐转日(月),余韵上幽阳(尚悠扬)。 人间何处有,司公惯见(司空见惯),应为(谓)寻常。坐中有狂客,恼乱愁肠。报道金钗坠也,十指路(露)春笋纤长。亲曾见,全胜宋玉,想象赴(赋)高堂(唐)。词寄《满庭芳》	白地黑花长方形磁州窑瓷枕;邯郸市博物馆、磁县博物馆《磁州窑古瓷》,陕西人民美术出版社2004年版。	磁县峰峰矿区文保所

续表

序号	作者	词调	文辞	出处	收藏
4	苏轼	念奴娇	大江东去,浪淘尽,千古风流人物。故垒西边,人道是、三国周郎赤壁。乱石穿空,惊涛拍岸,卷起千堆雪。江山如画,一时多少豪杰。　遥想公瑾当年,小乔初嫁了,雄姿英发、羽扇纶巾,谈笑间,樯橹灰飞烟灭。故国神游,多情应笑我,早生华发。人间如梦,一尊还酹江月。	白地墨书长方形磁州窑瓷枕;《黑白陶瓷之乐》爱知县;爱知中国古陶瓷研究会2014年版。	私人藏家
5	苏轼	水龙吟	路(露)寒烟冷兼家(蒹葭)老,天外宾雁寥唳。银河秋伴(半),长门灯悄,一声初至。莫厌消(潇)湘,岸要(遥)人净(静),水多孤寐(菰米)。望长天□布(浦),徘徊欲下,依前被、风惊起。　须信行(衡)阳万里,有谁家、锦书遥记(寄)?千重云断,斜行横阵,才疏又缀。仙掌月明,石头成(城)下,影摇寒水。念征衣未倒(捣),佳人拂杵,有婴婴(盈盈)泪。《水龙吟》	白釉珍珠地磁州窑瓷枕;张柏《中国出土瓷器全集》(第12册),科学出版社2008年版。	河南省博物院
6	苏轼	昭君怨	正平调:谁作桓伊三弄,惊破绿窗幽梦?新月与愁烟,满江天。　欲去(又)还不去,明日落花飞絮。飞絮送行舟,水东流。《昭君怨》	绿釉磁州窑瓷枕;胡剑明《从苏词〈昭君怨〉说古人瓷枕》,《收藏快报》2020年8月12日。	私人藏家
			正平调:……作桓伊三弄。惊……窗幽梦。新……	绿釉划花豆形枕残片。	私人藏家

　　与宋代以来的几大名窑相比,枕上书写词曲这一现象在北方民窑磁州窑系瓷枕中最为集中且典型①。磁州窑瓷枕所书苏词最多,包括《如梦令》《菩萨蛮》《满庭芳》《水龙吟》《念奴娇》《昭君怨》等;所书词调较为常见,如《如梦令》《昭君怨》,另有一件虎形枕书《昭君怨》[为(围)院葵指(榴)开遍]②与上表中所录可参;所书苏词重复出现,可见当时瓷枕批量生产,增强了苏词的传播力度。自唐代长沙窑以来,器物上大多书写名言警句,如"己所不欲,勿施于人",或短到"福"

---

① 枕上词曲书写,参见张子英:《磁州窑瓷枕》,人民美术出版社2000年版。
② 姚军英:《河南襄城发现一件宋代瓷枕》,《考古》1995年第5期。

"长寿"等一两个字者；书写名人或者佚名诗作，或全文：如李白的"危楼高百尺，手可摘星辰。不敢高声语，恐惊天上人"，又如民间俗诗"常忆离家日，双亲拂背言。过桥须下马，有路莫行船。未晚先寻宿，鸡鸣再看天。古来冤枉者，尽在路途边"；或摘句："细雨鱼儿出，微风燕子斜"等。而瓷枕所书往往都是整篇词曲，很少见到节选摘句，这应该与金元时代词曲的广为流传有密切关系。吉州窑瓷枕上所书词曲，整体数量不如磁州窑多①，也尚未见到苏轼词的踪影，但同样折射出宋词的传播痕迹，更能反衬金元时期苏词在北方的流播态势。目前所见，保存在南京博物院的元代吉州窑瓷枕，有两首墨书清真词：《相思引》（薄薄纱橱望似空）与《隔浦莲》（新篁摇动翠葆）。在文献记载之外，瓷枕书写作为直观证据，可以补充周邦彦词在民间的传播实况，丰富其传播接受史，推进词曲的考古研究②。在南越王博物院的两件吉州窑褐彩束腰枕，枕面、枕背分别书写柳永词一首：《散水调·倾杯》（鹜落霜洲）与《商调·阳台路》（楚天晚）③。作为参照，磁州窑瓷枕多书写柳永、周邦彦、苏轼等词人的作品，吉州窑瓷枕是否出现苏轼词有待考古新发现。

此外，有的瓷枕所书词曲虽然并非出于苏轼，但内涵题旨与之密切相关。如《如梦令》（曾醉桃源西宴）、《渔樵》（渔得鱼）等：

表 2　瓷枕所书与苏轼相关词作一览表

序号	作者	词调	文辞	出处	收藏
1	佚名	如梦令	曾醉桃源西宴，花落水晶宫殿。一枕梦初惊，人世光阴如电。双燕，双燕，不见当年人面。《如梦令》	白地墨书腰圆形磁州窑瓷枕；马忠理《磁州窑装饰艺术的民俗文化研究》，《中国民窑艺术国际研讨会论文集》2000 年版。	邯郸峰峰矿区文保所
2	佚名	渔樵	渔得鱼，鱼兴阑，得鱼满笼收轮竿。樵得樵，樵心喜，得樵盈担斤斧已。樵父渔夫两悠悠，相见溪边山岸头。绿杨影里说闲话，闲话相投不知罢。渔忘渔，樵忘樵，绿杨影里空惆躅（踌躇）。画工画得渔樵侣，难画渔樵腹中事。话终所以是如何，请君识问苏东坡。	白地黑花长方形磁州窑瓷枕；马小青《一方磁州窑白地黑花民谣枕》，《文物春秋》2000 年第 1 期。	邯郸市博物馆

---

① 所见有周邦彦词 2 首：《相思引》《隔浦莲》；柳永词 2 首：《散水调·倾杯》《商调·阳台路》等。

② 高莹：《元代吉州窑瓷枕所书周邦彦词考释》，《石家庄学院学报》2016 年第 4 期。

③ 应浩：《两件珍罕的吉州窑枕》，《中国文物报》1994 年 10 月 30 日。

《如梦令》用到苏轼醉游龙王"水晶宫殿"而赋诗的典故,何况苏轼填制此调时,不太满意词调名称的艳情色彩,其词序云:"元丰七年十二月十八日,浴泗州雍熙塔下,戏作《如梦令》两阕。此曲本唐庄宗制,名《忆仙姿》,嫌其名不雅,故改为《如梦令》。"①这一词调终由苏轼挥毫定名,并且由于他用以游戏和表达旷达之情后,词调《如梦令》的艺术天地更为开阔了;民谣《渔樵》的词意令人想到古代笔记小说《渔樵闲话录》②,旧题为苏轼所作,故云"请君识问苏东坡"。金元时期的特殊文化背景之下,"渔樵闲话"极为盛行。元曲家胡祗遹《双调·沉醉东风》同样撷取渔樵形象:"渔得鱼心满意足,樵得樵眼笑眉舒。一个罢了钓竿,一个收了斤斧。林泉下偶然相遇,是两个不识字渔樵士大夫,他两个笑加加的谈今论古。"③如此看破红尘、淡泊名利的思想情趣,被体现得淋漓尽致。瓷枕所书和令曲题旨如出一辙,大致可以窥见同一时代的词曲文化气息,以及金元时期人们对苏轼的广泛崇拜。

二　瓷枕所书苏轼词个案特征

(一) 瓷枕上的苏轼词经典

磁州窑瓷枕所书苏轼词,千古绝唱《念奴娇·赤壁怀古》亦在其中④。枕上词曰:"大江东去,浪淘尽,千古风流人物。故垒西边,人道是、三国周郎赤壁。乱石穿空,惊涛拍岸,卷起千堆雪。江山如画,一时多少豪杰。　遥想公瑾当年,小乔初嫁了,雄姿英发、羽扇纶巾,谈笑间,樯橹灰飞烟灭。故国神游,多情应笑

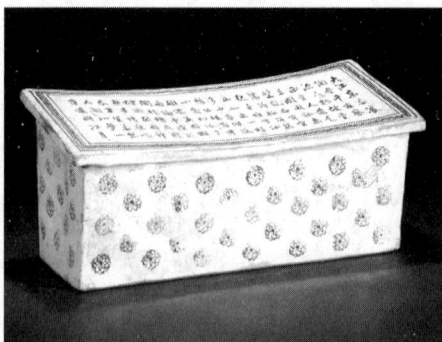

图1　《念奴娇》　北宋　苏轼　瓷枕　长38cm,宽18cm,高17cm　私人收藏

---

① 苏轼著,邹同庆、王宗堂校注:《苏轼词编年校注》,中华书局2002年版,第546页。

② 按,旧题苏轼所撰《渔樵闲话录》,曾枣庄、舒大刚主编《苏东坡全集》作为附编置于第八册。

③ 徐征等主编:《全元曲》,河北教育出版社1998年版,第7177页。

④ 《黑白陶瓷之乐》,爱知中国古陶瓷研究会2014年版。

我,早生华发。人间如梦,一尊还酹江月。"与一般器物书写词调抑或宫调有所区别,瓷枕上所书苏轼词只有正文,未书词调名《念奴娇》,整体上文词与书写相得益彰,具有流畅潇洒的韵味,个别字词"人间如梦"等可以与传世文本校勘对证。

这首词问世后便惊艳四方,传为旷世经典。胡仔《苕溪渔隐丛话》云:"东坡'大江东去'赤壁词,语意高妙,真古今绝唱。"①"子瞻佳词最多,其间杰出者,如'大江东去,浪淘尽、千古风流人物'……凡此十余词,皆绝去笔墨畦径者,直造古人不到处,真可使人一唱而三叹。"②此词还进入书法家的视野,流传过程中出现不同的版本。据记载,黄庭坚曾经书写抄录,"元不伐家有鲁直所书东坡《念奴娇》,与今人歌不同者数处,如'浪淘尽'为'浪声沉','周郎赤壁'为'孙吴赤壁','乱石穿空'为'崩云','惊涛拍岸'为'掠岸','多情应笑我早生华发'为'多情应是笑我生华发','人生如梦'为'如寄'。不知此本今何在也"③。南宋绍兴前后的元不伐与惠洪、周紫芝多有往来,透过唱和文字可知他志趣不俗。元不伐收藏的黄庭坚书法与歌者所唱有别,文字差异暂且不论,当时这首《念奴娇》广受欢迎是毋庸置疑的。金元时期,这首词同样备受关注。元曲家张可久写有一首《百字令》,其小序云:"舟泊小金山下,客有歌'大江东去'词者。"④由此可见,不论口头传唱还是纸上、器物上,都有东坡《念奴娇》(大江东去)的踪影。当我们不断拓展研究视野,知晓更多的瓷枕信息,学界原有的相关质疑:民间工匠何以不选苏词中最为有名、在宋金也同样流行的《念奴娇》(大江东去)或《水调歌头》(明月几时有)?⑤面对瓷枕上所书苏轼《念奴娇》等词,这一疑问也便迎刃而解了。芝庵《唱论》"近出所谓大乐"列有宋金十首名词,苏轼的《念奴娇·赤壁怀古》位列其中。也就是说,瓷枕所书与文献记载有所契合,文士与市井之间的欣赏趣味呈现交集。

唐五代时期,没有留下《念奴娇》的歌词作品,其创作主要是从宋代开始并流行的。检索《全宋词》发现,传世的首篇《念奴娇》出自北宋极具创作个性的词人沈唐。继之者是大词人苏轼,因极力创新而诞生千古名篇。这首咏史怀古词写于被贬黄州期间。凝视滔滔不绝的江水,带着无限想象,苏轼举杯高歌,词风迥异于传统的绮罗香泽之态。即便这首词的句式特色以及是否合律等问题,历史上不断遭受争议,但丝毫不能遮掩词人的追慕赞赏,宋代就有追和词23首,成为后世唱和次韵最多的宋词。即以题材来论,《念奴娇》在恋情、祝寿、咏物以及怀

---

① 胡仔纂集,廖德明校点:《苕溪渔隐丛话·前集》,人民文学出版社1993年版,第411页。

② 《苕溪渔隐丛话·后集》,第204页。

③ 洪迈撰,孔凡礼点校:《容斋随笔》续笔卷八,中华书局2005年版,第320—321页。

④ 唐圭璋:《全金元词》,中华书局1994年版,第929页。

⑤ 杨栋:《元曲起源考古研究》,中国社会科学出版社2014年版,第16页。

古等方面，无不受东坡范式的影响①。可以说，在苏轼的推动下，《念奴娇》日渐成为焦点词调，后世词人纷纷唱和不已②，对于词调史的影响尤为深刻。历代点评也往往针对苏轼词的豪放风格而来，大江东去、天风海雨的超拔气势带来震撼人心的力量，堪称旷古罕有。清人谭莹的论词绝句有云："大江东去亦情多，燕子楼词鬼窃歌。唱竟天涯芳草语，晓风残月较如何"③，意在推崇东坡"大江东去"式的壮观。朱依真的论词绝句也说："天风海雨骇心神，白石清空谒后尘。谁见东坡真面目，纷纷耳食说苏辛。"④"天风海雨"，是指苏轼的豪放词风，揭示他对姜夔的深刻影响。可见，东坡词才情横溢、横空出世，迥别于柳永所代表的莺歌艳词，其影响延续至南宋姜夔等著名词人，展示出文人雅士对东坡词的接受事实。受宋人俞文豹《吹剑续录》所论的影响⑤，"晓风残月""大江东去"凝结为两种独特的词学风格，明代王世贞、卓人月等借助评点选本等方式加以发扬，确实在某种角度上道出词学三昧。瓷枕所书，则能够补充、丰富民间市井传诵《念奴娇》的生动图景，其对于苏轼词的经典化所发挥的作用值得关注。

其次，邯郸市博物馆的一方金元瓷枕上，有篆书苏轼的名篇《满庭芳》。相比之下，磁州窑系器物上用行楷书写诗词曲较多，篆书字体则较为少见。广州南越王博物院藏品中，有件瓷枕开光处以篆书书写《月中仙》；磁县文保所藏一方元代瓷枕，篆书《人月圆》"南朝千古伤心事"等。相较于楷书、行书等，篆书字体更为古雅，依照常理，一般工匠认知更有难度，可能由某位文士或者民间高手写就范本，大致可以体现这首词在民间不同文化阶层的认知和喜爱程度。

《满庭芳》（香暖雕盘），作于宋哲宗元祐二年（1087）六月。这首婉约词，灵动逼真、意趣盎然。文辞上，不免受到柳永词的影响，如"腻玉圆搓素颈"（柳永《昼夜乐》）；格调上，感情纯真自然，又与柳永词的华丽浓艳有所不同；慢词长调《满庭芳》，文字篇幅较长，瓷枕书写所见并不太多。除此之外，湖南省博物院还藏有一方白釉刻花诗文枕，所书《满庭芳》（绿水澄清），为无名氏所作。词中多用唐人诗意，描写女子相思愁绪⑥，和苏轼这首词的意蕴有相通之处。

与瓷枕传播相辉映，这首《满庭芳》对元杂剧创作影响很大。苏轼因讥讽王安石变法而被贬黄州，与《满庭芳》并无任何关系，许多曲家却故意将这首词糅入

---

① 刘尊明、王兆鹏：《唐宋词的定量分析》，北京大学出版社2012年版，第250—256页。

② 刘扬忠：《东坡词传播与接受简史》，《社会科学战线》2012年第10期。

③ 孙克强、裴喆编：《论词绝句二千首》，南开大学出版社2014年版，第452页。

④ 《论词绝句二千首》，第175页。

⑤ 俞文豹《吹剑续录》："东坡在玉堂，有幕士善讴，因问：我词比柳词何如？对曰：柳郎中词，只好十七八女孩儿，执红牙拍板，唱'杨柳外、残风晓月'。学士词，须关东大汉，执铁板，唱'大江东去'。公为之绝倒。"俞文豹，约宋理宗嘉熙前后在世。这一时期是苏轼影响的上升期，皇帝对其诗词文章也喜爱至极。

⑥ 丁送来：《磁州窑白地黑花诗词枕》，《中国文物报》1992年3月15日。

剧情,"应当是捏合了柳永因作词而被贬谪的故事,正体现了元曲家用典的特色与心理"①。关汉卿的《谢天香》第二折里,旦唱《贺新郎》云:"呀,想东坡一曲《满庭芳》,则道一个'香馤雕盘',可又早祸从天降。"②吴昌龄的杂剧《花间四友东坡梦》中的一曲《胜葫芦》、无名氏的《苏子瞻醉写赤壁赋》第一折,几乎完全照搬了《满庭芳》(香馤雕盘)词句的演唱,剧中人物纷纷因此表示对苏轼高才的赞叹。这些足以表明,金元时期,东坡诸多词篇借助各式路径得以广泛传播。后来,《满庭芳》从词调流入曲中,小令、套数与杂剧皆用。周德清《中原音韵》"乐府三百三十五章"将它划入中吕宫(还可入正宫和仙吕宫),元代多位著名曲家留下名篇佳作。苏轼被金元词家推为第一人,其词对于这一时期的词曲发展之影响是显而易见的。

(二) 瓷枕所书苏轼杂体词

见于瓷枕的苏轼杂体词,主要是指苏轼的回文词《菩萨蛮》和隐栝词《水龙吟》。

图 2　《菩萨蛮》　北宋 苏轼 瓷枕 长 29cm,宽 20cm,高 12cm　私人收藏

图 2 所示的这方八角形磁州窑瓷枕面上书有《菩萨蛮》:"落花闲院春衫薄,迟日恨依依。梦回莺舌弄,邮便问人羞。"③整首词是一首回文词:"落花闲院春衫薄,薄衫春院闲花落。迟日恨依依。依依恨日迟。　　梦回莺舌弄。弄舌莺回梦。邮便向人羞。羞人问便邮。"逐句倒读,回环往复,文字水平相当高,对于一般词人而言,难以达到此种境界。南越王博物院藏有一方同时代同样纹饰的椭圆形瓷枕,枕面同样书写一首词。但书写格式及个别字不同。比如,与私人收藏的写于枕面右侧不同,该枕"回文"二字写于词调"菩萨蛮"之上,且"邮"写作"尤"④。可见,回文词的娱乐趣味性,使得它被工匠选中,书写于瓷枕之上以增加销量,同时也可窥见消费者的审美偏好。

---

①　《元曲起源考古研究》,第 54 页。

②　关汉卿著,王学奇等校注:《关汉卿全集校注》,河北教育出版社 1988 年版,第 344 页。

③　何伯阳:《金代磁州窑书法枕》,《收藏》2003 年第 11 期,第 51 页。

④　李林娜:《南越藏珍》,中华书局 2005 年版,第 218 页。

这首回文《菩萨蛮》，是苏轼任杭州通判时所作，生动刻画了一位女子等候心上人音信的焦急心情。词风婉约，颇有柳词韵味，有别于苏轼历经黄州生涯之后的豪放旷达词风。宋代文风浓郁，文字游戏比比皆是，造就了多种杂体词。苏轼天性幽默诙谐，赋诗填词自然打上其性情印记。有学者提出宋代八种杂体词：集句、檃括、联句、回文、嵌字、独木桥体以及集药名体、集词牌体等①。苏轼笔下杂体词颇多，他以诗为词、以词为戏，词作风格与生活境界均带有幽默戏谑的洒脱色彩。

作为创始者，苏轼共作有八首回文词。分别为：《菩萨蛮·回文·春闺怨》（翠鬟斜幓云垂耳）、《菩萨蛮·回文·夏闺怨》（柳庭风静人眠昼）、《菩萨蛮·回文·秋闺怨》（井梧双照新妆冷）、《菩萨蛮·回文·冬闺怨》（雪花飞暖融香颊）、《菩萨蛮·回文》（落花闲院春衫薄）、《菩萨蛮·夏景回文》（火云凝汗挥珠颗）、《菩萨蛮·回文》（峤南江浅红梅小）以及《西江月·咏梅》（马趁香微路远）②。除去一首《西江月》，苏轼都选用了词调《菩萨蛮》。傅本题"四时闺怨回文，效刘十五贡父体"③。苏轼和刘贡父之间有过唱和，苏轼在《与刘贡父七首》其三云："某启。示及回文小阕，律度精致，不失雍容，欲和殆不可及，已授歌者矣。"④其次，苏轼在《与李公择十七首》第十三首说："效刘十五体，作回文《菩萨蛮》四首寄去，为一笑。不知公曾见刘十五词否？刘造此样见寄，今失之矣。得渠消息否？"⑤刘贡父的原唱已经佚失不见，透过苏轼表述得知他是受刘贡父的影响，从而填写回文词，并将其付诸歌者演唱。苏轼与李公择之间的对话，也透露出回文词应歌的双重娱乐化色彩。

《菩萨蛮》之所以便于创制回文，与其特有的句式格律分不开。苏轼不断创新丰富，制造出多样的回文格式。与其《西江月·咏梅》（马趁香微路远）全篇倒读不同，瓷枕所书《菩萨蛮》（落花闲院春衫薄）与同属苏轼的《菩萨蛮》（翠鬟斜幓云垂耳）等词均属于后句倒读前句者⑥。

另一首檃括词《水龙吟》，如图3所示：

路（露）寒烟冷兼家（蒹葭）老，天外宾雁寥唳。银河秋伴（半），长门灯悄，一声初至。莫厌消（潇）湘，岸要（遥）人净（静），水多孤寐（菰米）。望长

---

① 罗忼烈：《两小山斋论文集·宋词杂体》，中华书局1982年版，第134页。

② 《苏轼词编年校注》，第304—309、839—841、750页。

③ 傅幹注，刘尚荣校证：《傅幹注坡词》，巴蜀书社1993年版，第204页。

④ 苏轼撰，茅维编，孔凡礼点校：《苏轼文集》卷五十，中华书局1986年版，第1465页。

⑤ 《苏轼文集》卷五十一，第1501页。

⑥ 苏轼《菩萨蛮·回文·春闺怨》："翠鬟斜幓云垂耳。耳垂云幓斜鬟翠。春晚睡昏昏。昏昏睡春晚。　细花梨雪坠。坠雪梨花细。鞏浅念谁人。人谁念浅鞏。"《苏轼词编年校注》，第304页。

图3 《水龙吟》 北宋 苏轼 瓷枕 长 24cm, 宽 16.5cm, 高 11cm 河南省博物院藏

天□布(浦),徘徊欲下,依前被、风惊起。 须信行(衡)阳万里,有谁家、锦书遥记(寄)？千重云断,斜行横阵,才疏又缀。仙掌月明,石头成(城)下,影摇寒水。念征衣未倒(捣),佳人拂杵,有婴婴(盈盈)泪。

这件白釉珍珠地瓷枕,为椭圆形四曲花瓣式,1986 年于三门峡市出土,属于磁州窑系的鹤壁窑或者当阳峪窑口所产。瓷枕前低后高,枕面开光处书写苏轼《水龙吟》。这首《水龙吟》为宋词杂体中的隐括词。("隐括"原本写作"檃栝",本义指古代工匠用来矫正木材弯曲的器具,由此引申出"矫正"之义,后来指对原有的文章或著作进行剪裁或改写。)苏轼《水龙吟》,主要檃栝晚唐杜牧的《早雁》诗而成,原诗为:"金河秋半虏弦开,云外惊飞四散哀。仙掌月明孤影过,长门灯暗数声来。须知胡骑纷纷在,岂逐春风一一回？莫厌潇湘少人处,水多菰米岸莓苔。"[1]杜牧《早雁》是一首咏物诗。仲秋时节,塞外的胡人张弓射箭,雁群惊飞云外,四散逃命,哀鸣连连。孤雁的身影掠过明月照耀的承露仙掌,几声鸣叫传到烛灯暗淡的长门宫前。大雁应该知道,胡人骑兵仍在北方游荡,如何能随着春风一一回返家园？所以,就莫要嫌弃潇湘一带人烟稀少,那里的水中多生菰米,岸上长满青苔,可以免受伤害,免于饥寒。

苏轼的《水龙吟》,主要以杜牧这首《早雁》诗为檃栝对象,又从唐人郑谷、吴融等人的咏雁诗中汲取意象,刻画出征雁寂寞的形象。因此,明代汲古阁刊本《东坡词》中,就直接标注了"咏雁"的题目。秋月、塞雁、思妇、砧杵,是唐宋诗词中表达思乡念远情绪的经典意象组合,敦煌曲子中就有《捣衣声》,曲中唱道:"良人去,住边庭。三载长征。万家砧杵捣衣声。坐寒更,添玉漏,懒频听。向

---

① 杜牧著,冯集梧注,陈成校点:《杜牧诗集》,上海古籍出版社 2015 年版,第 238 页。

深闺远闻雁悲鸣。"①杜牧原诗着力刻画惊飞的早雁，苏轼的檃栝之作则以相当篇幅的笔墨描写人间情感，这是他在运用檃栝之法的过程中，与原作最显著的差别。

以"檃栝"之法填词，与苏轼同时代的词人晏几道有一首《临江仙》（东野亡来无丽句），上片是对中唐诗人张籍《赠王建》的改写；与苏轼同时参加科举考试的刘几，其所创作的《梅花曲》三首，是把王安石三首咏梅花的七律逐一改编成词，并且标明"以介甫三诗度曲"，当时已经出现将诗歌改编为词的风气。这种"以诗度曲"的作法，初步具有檃栝词的文体形态。从理论到实践，明确使用"檃栝"称谓并有改编行为的词人是苏轼。他往往"稍加檃栝"，便有轻松洒脱之致。苏轼在黄州建起雪堂后，有位朋友董毅夫表示要搬来和他做邻居。苏轼很高兴，就把陶渊明的《归去来兮辞》改编成可以演唱的《哨遍》，送给董毅夫，并在序言中明确说"取《归去来》词，稍加檃栝，使就声律"；苏轼的朋友章质夫家中有位歌女善弹琵琶，请苏轼写一首琵琶词。苏轼把韩愈《听颖师弹琴》改编为《水调歌头》词相赠，序言中也说"特取退之词，稍加檃栝，使就声律"②。苏轼两次明确使用"檃栝"一词，而且说明"檃栝"之目的是合乎声律、便于演唱。历来将苏轼视为宋代开檃栝词风气之先者，是有其道理的。

三　瓷枕所书苏轼词的文学文化意义

枕的历史，最早可追溯至新石器时代，战国时期则最早发现枕的实物，汉代上层贵族以玉石枕随葬。隋唐时期，陶瓷业兴盛，瓷枕走上历史舞台。至宋元时期，瓷枕文化的发展达到了巅峰。作为生活中的纳凉卧具，瓷枕承载着先民对美好生活的寄托，也揭示了不同历史时期的社会风貌、民俗习惯和审美意趣。"苏门四学士"之一的张耒，其诗作《谢黄师是惠碧瓷枕》："巩人作枕坚且青，故人赠我消炎蒸。持之入室凉风生，脑寒发冷泥丸惊。梦入瑶都碧玉城，仙翁支颐饭未成。鹤鸣月高夜三更，报秋不劳桐叶声。我老耽书睡苦轻，绕床惟有书纵横。不如华堂伴玉屏，宝钿欹斜云鬓倾。"③炎炎夏日感觉凉意顿生、梦入仙境，寥寥数语便概括了这一瓷枕消暑明目的功效。同理，磁州窑瓷枕在市井生活中广受喜爱，瓷枕上若书有诗词曲等佳作，岂不更让人意趣横生。

瓷枕所书苏轼词，首先与纸上文献形成互补，开拓了苏词的传播空间。瓷枕所书苏轼词，犹如浓缩而别致的苏词传播小史。从词作数量和完整程度看，南北

---

① 任中敏：《敦煌曲研究》，凤凰出版社2013年版，第86页。
② 《苏轼词编年校注》，第323页。
③ 张耒撰，李逸安等点校：《张耒集》，中华书局1990年版，第207页。

瓷窑瓷枕所书的词人词作，还是以柳永、周邦彦、苏轼三大词人为主。论词调，瓷枕所书东坡词在排名前五的常用词调中就有《水调歌头》《念奴娇》《菩萨蛮》①。而宋词经典名篇综合数据排行榜上，苏轼的《念奴娇》（大江东去）和《水调歌头》（明月几时有）分别高居第一、第四的位置，排行榜数据根据历代选本、评点、唱和以及研究等。瓷枕所书东坡词，不仅包含上述两首，还保留了传世文献所缺乏的图文资料，补充了苏词在民间的传播资料。此外，苏轼的《水龙吟》（似花还似非花），是历史上传播较广、影响较大的名篇佳作，在宋词300首名篇的排行榜中有名列十一名之说②。苏轼笔下多首《水龙吟》具有经典性，如其"楚山修竹""小舟横截春江"等或进入选本，或为后世文人所追和、评点，广受关注。南宋词人管鉴，在唱和东坡词的序言中说"携家游甘泉寺，歌坡仙'小舟横截春江'之词，用韵"③，可见一斑。论词体，回文、檃栝等杂体词，体现出苏轼超拔的学识才气。他将幽默谐趣融入其中，寄托自我的感情意绪。

与纸上文献记载相呼应，瓷枕所书尤以苏轼词作数量最多，这与其诗词作品在北方的盛行相符。苏轼自由出入儒释道，任真自适，逐渐形成了他所说的"万斛泉源"。其词堂庑深广、风格多样，以豪放旷达著称，"一洗绮罗香泽之态，摆脱绸缪宛转之度，使人登高望远，举首高歌，而逸怀浩气，超然乎尘垢之外"④。他尤其注重开拓词境、创新词风，其《念奴娇》等词广受称赞，瓷枕书写如同某种转载，将纸上记载的"苏学北渐"立体化、图像化了。

瓷枕所书苏轼词作的影响，还包含精神境界等层面。《如梦令》"为向东坡传语"，表达了苏轼心向林泉的心境，与金元文士普遍的隐逸心理相契合。那件白地黑绘瓷枕，枕面开光，内书行楷《如梦令》："为向东波（坡）传语，人在玉（画）堂深处，别后（有）谁来，雪压小桥无路。归去，归去，江上一犁春雨。"《全宋词》收录了这首词，题为"又有寄"。苏轼当时为翰林学士，作这首词寄给黄州友人。神宗元丰二年（1079），苏轼遭遇"乌台诗案"，被贬黄州团练副使。故友马正卿请得城东营防废地数十亩，苏轼一家开垦躬耕于此，效仿先贤白居易将其命名"东坡"，并以此为别号。"为向东坡传语"，意为苏轼请友人代为向"东坡"传语。这首词以地写人，词中"玉堂"为翰林院的美称。苏轼身在"玉堂"深处，一心怀念躬耕于"东坡"的恬静生活，体现了他遥想故地、意欲归去的急切心情。小词卒章言志："归去，归去，江上一犁春雨。"春雨潇潇，归去来兮，无限美好晕染开来。"一犁春雨"，将田园林泉之思绘声绘色地抒发了出来，历代读者深味其妙："杜诗'丹霞一

---

① 宋代常用词调相关统计表，参见刘尊明、王兆鹏：《唐宋词的定量分析》，第118页。
② 《唐宋词的定量分析》，第175页。
③ 唐圭璋编纂：《全宋词》，中华书局1999年版，第2024页。
④ 胡寅《酒边集序》，参见施蛰存主编：《词籍序跋萃编》，中国社会科学出版社1994年版，第169页。

缕轻',《渔父词》'茧缕一钩轻',胡少汲诗'隋堤烟雨一帆轻',至若骚人,于渔父则曰'一蓑烟雨',于农夫则曰'一犁春雨',于舟子则曰'一篙春水',皆曲尽形容之妙也。"①可谓一字千金,苏轼锤炼的精微词境也是耐人寻味的。

作为一种特殊的传播方式,瓷枕所书苏轼词再现了通俗文化视域中经典的存在生态。词篇传播过程中,有些文字有讹误、有变异,可与传世文本相对照。作为民窑用品的磁州窑瓷枕所书词作,更多体现出通俗文化视域中的欣赏趣味,可弥补其他传播形态之不足。苏轼现存360多首词,南北瓷枕所见苏词还会不断被发掘。正因为这样,书写诗词曲的瓷枕,虽吉光片羽,但愈发珍贵,其珍贵性是纸上文献所无法替代的。辽宁省博物馆藏有一件绿釉雕诗瓷枕,上书苏轼诗作《佛日山荣长老方丈五绝》其四:"食罢茶瓯未要深,清风一榻抵千金。腹摇鼻息庭花落,还尽平生未足心。"②瓷枕上的苏轼诗词,还有待展开多元对话。因此,从瓷枕书写说开去,东坡词的传播接受存在值得持续开拓的学术空间。

其次,瓷枕所书苏轼词,有助于进一步体认选调填词对词学演进的重要意义。词人填词,第一件事就是选调。词的创作方式大致是"先曲后词""依调填词",词调对于词篇而言,具有重要作用。有的词调被选频率高,成为流行词调,有的则可能转瞬即逝。前者生命力绵绵不绝,应该具有超越一般词调的特色。结合相关文献,学界大致认为《念奴娇》词调高亢激越、响喝行云,与相应伴奏的笛曲十分合拍。"苏轼用此调作赤壁怀古词,首句'大江东去',发调便逸唱入云,与《念奴娇》的调声正是相应的。"③唐宋时代创制的词调命运不一,在宋代,《念奴娇》共有620首词被用于填词歌唱,有幸成为两宋使用频率最高的三大长调"金曲"之一④。由一及多,瓷枕所书东坡词的其他词调,也各具特色和魅力,在经过各种传播后,同样成为宋代及后世常用词调,对于词学发展产生直接影响。

瓷枕所书苏轼词,其调名表述可资深究。如"词寄满庭芳",所谓"词寄",意为把歌词寄托于某一词调之下,即用某一曲子来唱这首词。作为音乐文学,词本来是可以歌唱的,遂有此种原始说法。后来,典籍文献中说"调寄",反而晦涩难通了。河北博物院收藏有一方元代方枕,上书"词寄《西江月》"。这首词重在表达人生短暂,光阴易逝,应该淡泊名利,好好珍惜当下,并采用了当时的曲调《西江月》,可以想见它的流行之广;今藏于日本松冈美术馆的一方三彩束腰金代瓷枕,上书"词寄《喜春来》";藏于首都博物馆的一方三彩束腰枕,上书三首"词寄《庆宣和》";甚至有的瓷枕书写文辞后简写一"寄"字,如"寄《摊破浣溪沙》"等⑤。

---

① 俞成:《萤雪丛说》,中华书局 1985 年版,第 6 页。
② 王文诰辑注,孔凡礼点校:《苏轼诗集》,中华书局 1982 年版,第 478 页。
③ 吴熊和:《唐宋词通论》,浙江古籍出版社 1985 年版,第 127 页。
④ 《唐宋词的定量分析》,第 256 页。
⑤ 《杨永德伉俪捐赠藏枕》,广州西汉南越王墓博物馆、宝法德企业有限公司 1993 年初版。

这些都是金元时期流行的词曲调子,瓷枕所书词作不仅说明相关调名出现之早,还能透过歌词感受这些词曲调子广为流传的内因。

瓷枕书写调名的表述方式,正如文献层面的"倚声"之称。《旧唐书·刘禹锡传》云:"禹锡谓屈原居沅湘间,作《九歌》,使楚人以迎送神。乃倚声作《竹枝词》十篇,武陵人悉歌之。"①也是依照乐调配上歌词的意思,即填词。作为音乐文学,唐宋人倚声填词。除去个别词人如柳永、周邦彦、姜夔等知音识律,能够依照音谱创作新词调,一般词人往往是按照前人词体作词,即依照词谱来填词。通观之下,磁州窑系器物保留下来的金元词曲,"词寄"之痕迹反映了当初传播的原始生态和传唱环境,能够和文献记载形成良好互补。明清词曲常常说"调寄",比如杨慎《廿一史》弹词第三章《说秦汉》开场词"调寄《临江仙》",《临江仙》本是词调,"调寄"不仅偏离了倚声填词的初衷,语意表达也有重复之嫌。而瓷枕所书散曲,有的曲辞落款记作"词寄《山坡羊》""词寄《落梅风》"等,同样保留了元曲发展过程中的原始生态②,反映出词曲源流一脉相承,可视作金元之交词曲共生的有力证据。

此外,瓷枕所书苏轼词,强化了"东坡文化"品牌,为当代创造性地传承东坡文化提供诸多有益借鉴。论及苏轼的影响,时人已有"人传元祐之学,家有眉山之书"的说法。南宋时,"苏文熟,吃羊肉;苏文生,吃菜羹"之说广为流传。金元时期,东坡词呈现多元传播态势,瓷枕所书具有图文并茂的特色。当时的很多文士,从命运坎坷而又旷达超然的苏轼身上获得慰藉,从文豪哲人的诗词文章里产生心灵共鸣,形成"苏学盛于北"的盛况。

瓷枕上的《如梦令》及其"为向东坡传语",将东坡品牌与传播范式结合得水乳交融。东坡文化品牌之所以形成,背后凝结着世人对于苏轼深切的情感脉络。苏轼以"东坡"为号,一心感慨黄州生涯,引得追随者纷纷以此相称。词调《忆东坡》,便是一则实例。其最早出于宣和年间得中进士的词人王之道,《词谱》误以为他是创调者。其《忆东坡》(雪霁柳舒容)序言称"追和黄鲁直",则此调很有可能首创于黄庭坚③。至于《东坡引》,则可与《忆东坡》并称双璧。历代词人唯苏轼享有如此殊荣,这与寿苏会等文化活动交相辉映。可以说,这些瓷枕上的东坡词在丰富词调生态的同时,也成为后人纪念前贤、传承文脉的文化符号。

当瓷与词相遇,瓷枕所书苏轼词就成了流动的词选本、别致的图画书。如何坚守文化自信,运用中国语言文字和民族文化特色讲好东坡故事,是学术研究与

---

① 傅璇琮主编:《唐才子传校笺》第二册,中华书局1987年版,第487页。

② 元杂剧早期传本也记为"词寄",参见关汉卿《谢天香》第二折,提到柳永作了一首词"词寄《定风波》",王学奇:《关汉卿全集校注》,第335页。

③ 田玉琪:《北宋词谱》,中华书局2018年版,第1810页。

当代文化建设应当携手共商的重要议题。如结合瓷枕所书与纸上文献,打造苏轼词传播的图文版数据库,为故事讲述提供学术资源;基于瓷枕文献,利用现代VR技术,实现文化与科技融合,搭建具有沉浸式体验的虚拟仿真平台;等等。让传统文化以更具时代感的方式不断深入人心。

[作者简介]高莹,女,石家庄学院文史学院教授,著有《蒋捷〈竹山词〉接受史》等。张天昱,女,河北经贸大学经济管理学院教师。

身体、时间与家庭:苏轼、苏辙咏老诗比较

庞明启

内容提要 苏轼、苏辙是友于兄弟的典范,诗歌具有天然的关联性和可比性,其中就包括大量的咏老诗。在老年的身体叙事上,苏轼更看重意,更加随性放达;苏辙更看重身,更加自律谨慎。在老年的时间认知上,苏轼倾向于在不可逆转的衰老悲怆中及时行乐,苏辙倾向于认清老少皆悲的悲剧底色并保持如如不动。在关乎家庭的游观意识与天伦之乐上,苏轼对待子孙能够自如转换离合、远近的心态,苏辙对待子孙恋恋不舍却又潜藏着一份深刻的孤寂。三个咏老主题,典型体现于维摩示疾、百岁风狂和曾点气象三个话题之上。

关键词 咏老 身体 时间 家庭

叹老嗟衰是中国古典诗歌悲感审美传统的主要元素之一,老年的身心与生活状态也是中国古典诗歌的重要表现领域,并且逐渐产生了不可胜计的专门吟咏衰老的咏老诗。作为宋代文坛的巨匠,苏轼、苏辙兄弟所创作的大量咏老题材诗歌,在宋代同类作品中具有相当的代表性,亦具有天然的可比性。他们的诗歌在科举成名的青年时代就透露出明显的倦游与归隐情结,并对迅速流转的时光十分敏感,而且两人都有早衰的症状,常常受到疾病的困扰,中年时代就以老人自居。乌台诗案的打击使得两人真正感受到衰老的迫近,仕途的险恶、贬地的艰苦让他们确立了沧桑老人的自我定位。流放岭南的遭遇彻底摧毁了他们的政治前途,如何安顿与养护被饥贫劳顿折磨的老身、如何获得合家团聚的天伦之乐成为他们最为热烈的渴望之一。北归后的苏辙尽管还有十多年的老年安闲生活,但早已成为惊弓之鸟,面对无止无休的党争迫害,只有闭门谢客、面壁向佛,等待大限来临而已。相比而言,苏轼性格外向、奔放,贬谪期间反而比任职期间显得更加乐观,有一种老而弥坚的乐生品格;而苏辙性格内向、收敛,虽然比乃兄长寿,对佛道更加笃信,早年身体素质却不如乃兄,也远比乃兄悲观,他摆脱尘劳、弃绝尘缘的老年衰惫之气更为浓厚。

一　维摩示疾:二苏咏老诗的身体叙事

病痛能够带来身体机能的衰老感,衰老进程又无可避免地伴随着种种病痛症状,所以老与病往往不可分割。苏轼须发早白,但他不像苏辙那样动辄大病不支,不过自我记载的小病种类却比后者多,如眼病、头痛、耳聋、咳嗽、腹泻、痔疮、臂麻等。这些疾病时常让他感到"老守仍多病,壮怀先已灰"①(《谢郡人田贺二生献花》),并自陈"况我早衰人,幽居气如缕"②(《七月五日二首》其一)。他的病症虽多,在诗文中多有涉及,却罕有像苏辙那样长篇大论的疾病专题诗歌,这说明他对自己的疾病并没有过多的担心和关注,比较达观。他甚至认为病痛能带来某些难得的好处,如《次韵秦太虚见戏耳聋》戏言耳聋者可以获得常人享受不到的安静,《病中游祖塔院》则自得于利用病假出游的便利。由海南北归途中,听闻朝廷政策有变,他便把衰病当作逃避动荡政局的绝佳理由,在《与子由》书中写道"兄万一有稍起之命,便具所苦疾状力辞之,与迨、过闭户治田养性而已"③,由此提前获得了致仕。这种策略在宋人求闲退的奏疏中屡见不鲜,十分奏效。

苏轼表示自己的病不过是"维摩病"而已,"年来总作维摩病,堪笑东西二老人"④(《和钱四寄其弟龢》)。维摩示疾的典故出自《维摩诘经》,说毗耶离城中的长者维摩诘以疾病示人,现身说法,阐明"是身无常、无强、无力、无坚,速朽之法不可信也。为苦为恼,众病所集"⑤的道理,认定身体是虚幻不实、变化无常的,会受到疾病、衰老等或灾难的折磨,最终归于死亡。苏轼年轻时在凤翔签判任上曾作《凤翔八观》组诗,其中《维摩像,唐杨惠之塑,在天柱寺》所写维摩诘塑像是一位骨瘦如柴的病叟形象,告诉人们生老病死等身体的变化都是外在的,只要内在的精神完足,外化形状给人带来的印象千载之下不会有丝毫增损。这种思想与庄子的心斋坐忘、吾丧我等说法非常相似,与苏轼的遗形取神的文艺思想也息息相通,这就决定了他不会在衰病的问题上太过纠葛。如其《纵笔三首》其一曰"寂寂东坡一病翁,白须萧散满霜风。小儿误喜朱颜在,一笑那知是酒红"⑥,该诗作于条件极为恶劣的儋州,诗人已经进入风烛残年,却依然不乏欢声笑语。苏轼酒量较小,容易上脸,便很喜欢使用酒红犹如老人回春之类的语言,除这首诗之外,

---

① 苏轼撰,王文诰辑注,孔凡礼点校:《苏轼诗集》卷一三,中华书局1982年版,第624页。
② 《苏轼诗集》卷一四,第691页。
③ 苏轼撰,茅维编,孔凡礼点校:《苏轼文集》卷六〇,中华书局1986年版,第1838页。
④ 《苏轼诗集》卷三一,第1666页。
⑤ 董国柱译:《维摩诘经》,黑龙江人民出版社1998年版,第74页。
⑥ 《苏轼诗集》卷四二,第2327—2328页。

还有"浅斟杯酒红生颊，细琢歌词稳称声"①（《和致仕张郎中春昼》），"强镊霜须簪彩胜，苍颜得酒尚能韶"②（《叶公秉、王仲至见和，次韵答之》），等等。这表明苏轼在对待衰老的问题上富有嘲谑精神，既喜欢自称为老人，又对老病所造成的体貌变化一笑了之，这也是维摩示疾观念的典型显现。

既然老病不过是一种聊且变化示人的身体幻象，那么对于乐观的苏轼来说，他便渴望且相信长寿的可能。熙宁六年除夕，时任杭州通判的苏轼已经 38 岁，滞留在赈济润州、常州的客舟之中，写下《除夜野宿常州城外二首》，其一曰"病眼不眠非守岁，乡音无伴苦思归。重衾脚冷知霜重，新沐头轻感发稀"③，非常明显地感受到了衰病交侵而又漂泊无依的凄凉处境，并且在下一首诗中进一步渲染道"老去怕看新历日，退归拟学旧桃符。烟花已作青春意，霜雪偏寻病客须"④，仿佛带来青春的时光对他毫无眷顾之意。但在结尾处，他却陡然振作起来，呐喊道"但把穷愁博长健，不辞最后饮屠苏"⑤，认为穷愁的磨炼是博取长寿健康的利器，哪怕幸福迟到一些也在所不辞。海南北归途中写给郑侠的《次韵郑介夫二首》其二也表达了相似的思想，即"良医自要经三折，老将何妨败两甄。收取桑榆种梨枣，祝君眉寿似增川"⑥，挫折是获取长寿等成功状态的必由之路。此外，他还曾在多种人生境遇中表达过长寿的信念，如：

> 出处依稀似乐天，敢将衰朽较前贤。便从洛社休官去，犹有闲居二十年。（《予去杭十六年而复来，留二年而去……》其二）⑦
>
> 天有时而定，寿考未易毕。……但愿白发兄，年年作生日。（《子由生日》）⑧
>
> 誉儿虽是两翁癖，积德已自三世种。岂惟万一许生还，尚恐九十烦珍从。（《过于海舶，得迈寄书、酒，作诗，远和之……》）⑨
>
> 无事此静坐，一日似两日。若活七十年，便是百四十。（《司命宫杨道士息轩》）⑩

---

① 《苏轼诗集》卷八，第 400—401 页。
② 《苏轼诗集》卷三〇，第 1622 页。
③ 《苏轼诗集》卷六八，第 2151 页。
④ 《苏轼诗集》卷一一，第 533 页。
⑤ 《苏轼诗集》卷一一，第 534 页。
⑥ 《苏轼诗集》卷四四，第 2406 页。
⑦ 《苏轼诗集》卷三三，第 1762 页。
⑧ 《苏轼诗集》卷四二，第 2319 页。
⑨ 《苏轼诗集》卷四二，第 2305—2306 页。
⑩ 《苏轼诗集》卷四三，第 2352 页。

哪怕在瘴毒肆虐、极度贫病的岭南贬地,苏轼也觉得活到七十岁是理所当然的,偶尔还有活到九十岁的期许。晁说之《和陶引辩》评论道:"东坡先生和陶诗,不见老人衰惫之气,如何?曰:孰敢以血气之盛衰,而论盛德之士耶?"①这是从道德层面对苏轼充盛的内在精神进行评价,而就生理角度而言,苏轼也未必觉得自己会轻易地被衰病击垮。他要做的就是通过种种养生保健之法来抵御衰病的侵蚀,因此长年养生、求医问药,而且处处留心皆学问,积累了大量医药知识,总结出了不少养生法则。早在黄州所作的《养生偈》中,他就悟出了不能一味闲散,要勤奋修道养生的道理。然而,从他的夫子自道中也能看出自相矛盾的地方,如他在《与李公择》书中写道:"口体之欲,何穷之有?每加节俭,亦是惜福延寿之道。此似鄙吝,且出之不得已也。然自谓长策,不敢独用,故献之左右。"②又在《答王定国》书中写道:"鸡猪鱼蒜,遇着便吃,生病老死,符到便奉行,此法差似简要也。"③一方面表示要节制口体之欲,一方面表示在荤腥辛辣美食的诱惑面前毫无节制,所以他的养生经验虽然丰富,但在内心深处他还是更为信奉自由自在、无拘无束的人生态度,并将之视为养生要诀,这也彰显了维摩示疾的观念。黄庭坚即指出:"东坡平生好道术,闻辄行之,但不能久,又弃去。"④(《题东坡书道术后》)不能持之以恒的原因,就在于他的这种自由放达的心态。苏轼开放的养生心态还体现在海南所作的《谪居三适三首》之中,如其一《旦起理发》说听着海潮的声音一觉到天亮,拿出相从已久的老梳子理发,觉得耳目明朗,身体的所有孔窍都被打通。跟嗜睡而必须早起上朝、冠巾束发、不便搔首的青年时代相比,现在是何等自由,就好像服辕驾车的骏马从风尘满头、枷锁被身的束缚中获得了解放。在另一首《次韵子由浴罢》中,他将有通窍功能的理发叫作"干浴",认为胜过"汤沐",而人们所谓的洗澡,也不过就像"老鸡卧粪土,振羽双瞑目。倦马骧风沙,奋鬣一喷玉"⑤一样。动物与人类的清洁标准不一样,但都是为了爽身惬意,所谓"垢净各殊性,快惬聊自沃"⑥。可见他并不是太在意个人卫生,认为常规的洗澡过于麻烦。

与此同时,苏轼对自己的仪表也不甚关注,如曰"对花把酒未甘老,膏面染须聊自欺"⑦(《次韵王廷老和张十七九日见寄二首》其一),"已将镜镊投诸地,喜见苍颜白发新"⑧(《书寄韵》)云云,对老丑的面容毫不介怀。一旦穿上漂亮的新衣

---

① 晁说之撰:《嵩山文集》卷一四,上海书店出版社1985年版,第17a页。
② 《苏轼文集》卷五一,第1499页。
③ 《苏轼文集》卷五二,第1528页。
④ 曾枣庄、刘琳主编:《全宋文》卷二三〇八,上海辞书出版社2006年版,第106册,第167页。
⑤⑥ 《苏轼诗集》卷四二,第2302页。
⑦ 《苏轼诗集》卷一七,第885页。
⑧ 《苏轼诗集》卷四八,第2591页。

服，他就觉得很不自在，即便是在官爵显贵、经济宽裕时也是如此，如《和子由除夜元日省宿致斋三首》其二曰"白发苍颜五十三，家人强遣试春衫。朝回两袖天香满，头上银幡笑阿咸"①，被家人强迫穿上春衫，与老人的"白发苍颜"不相匹配，怕被弟弟笑话。《东川清丝寄鲁冀州戏赠》曰"嗟我虽为老侍从，骨寒只受布与缯。床头锦衾未还客，坐觉芒刺在背膺"②，仅仅是好的丝绸布料就让他如芒在背，宁愿归还赠送者也不肯裁作华丽的衣服。他反对苦行僧似的刻意修持，对正常生理欲望加以肯定；也反对进行体貌的增饰，觉得锦衣玉食也是一种枷锁，不利于真正的养生。这与他的"君子可以寓意于物，而不可以留意于物"③（《宝绘堂记》）的观点不可分割，也符合维摩示疾的观念。

苏辙少年就患有比较严重的脾胃疾病和肺病，苏轼《次韵子由病酒肺疾发》题为肺疾，实则兼写胃病。苏辙《记病》亦曰"我病在脾胃，一病四十年。微伤辄暴下，倾注如流泉"④，稍有不慎就腹泻如注。他不像苏轼只是头发早白而已，真正是疾病导致体质早衰，因此在病症的描写上比乃兄更为详细，这说明他特别在意自己的身体状况。病痛的折磨给苏辙带来巨大的心理阴影，让他养成了悲观的心理，即便在应该欢喜的时节，他也忍不住抒发忧戚之情。如元丰七年，苏轼量移汝州取道筠州见苏辙，苏辙也已经得到了"射近地差遣"⑤的诏令，五年的贬谪生活行将结束，加之兄弟久别重逢，应该非常高兴才是。苏辙因公务繁忙，脱不开身，便让三个儿子陪着兄长出游，苏轼作有《端午游真如，迟、适、远从，子由在酒局》，表现得非常欢快。而苏辙的次韵诗却写得很悲怆，开篇就说"人生逾四十，朝日已过午。一违少壮乐，日迫老病苦。丹心变为灰，白发粲可数"⑥（《次韵子瞻端午日与迟、适、远三子出游》）。其实在筠州的几年中，尽管官卑事繁，苏辙的身体尚可，仅有两首病中诗，即《病中贾大夫相访因游中宫僧舍二首》，而且病情并不严重，不过是寒气侵入肌肤而已，尚能剧谈。

但接下来在绩溪县令任上的一年中，他却卧病五十天，此时有很多长篇、短篇的专题疾病诗，展示了从生病到病中、病后、复发、病退的完整过程。在《病后》一诗中，他十分生动地描写了被病魔摧残的感受，诗曰：

> 一经寒热攻骸骨，正似兵戈过室庐。柱木支撑终未稳，筋皮收拾久犹

---

① 《苏轼诗集》卷三〇，第1564页。

② 《苏轼诗集》卷三一，第1662页。

③ 《苏轼文集》卷一一，第356页。

④ 苏辙著，陈宏天、高秀芳点校：《苏辙集》，中华书局1990年版，第1195页。

⑤ 《苏轼文集》卷五一，第1487页。

⑥ 《苏辙集》卷一三，第245页。

疏。芭蕉张王要须朽,云气浮游毕竟虚。赖有衣中珠尚在,病中点检亦如如。①

诗人感觉寒热交作对人体的摧残如遭受兵燹破坏的房屋,即使收拾好外在的筋皮,也不能长久支撑。又好像外尚茂盛、内将枯朽的芭蕉,漂浮游动、毕竟空虚的云气。好在还有未被病痛摧毁的永恒真如,可以像衣中珠一样被珍藏检视。芭蕉的典故出自《维摩诘经》,比喻虚脆不坚的身体;衣中珠的典故出自《法华经》,比喻最为宝贵却未被发现的东西。此时的苏辙对健康还抱有一定的信心,认为身体中还存有一丝坚韧的生命活力。但是后来疾病复发,愈演愈烈,"寒作埋冰雪,热攻投火汤"②(《复病三首》其二),好不容易才熬到病退。他在《病后白发》诗中表示如同晓霜秋雨对树木的连番打击一样,衰老正在不断侵蚀着自己,从白发的不断增多、脱落,到筋力、肝心的不断衰败,生命开始一步一步地快速进入凄凉的深秋。

经历这场大病之后的苏辙在整个元祐年间只留存下来四首次韵张耒卧病的疾病诗,其中自述经过长年的养生保健,得出了"一悟少年难久恃,不妨多病却长生"③(《次韵张君病起二首》其二)的道理。由于保养得法,在这段时间他身体并无大碍。后来再次贬居筠州与岭南期间,虽一度消瘦,身体还算硬朗。北归途中,他与长子苏迟双双病倒,打算立下遗嘱,被老妻哭泣着拒绝,最终渡过了危机,比乃兄幸运得多。北归后,在长达十二年的闲居生活中,苏辙的肺病和脾胃病都曾反复发作,不过似乎都不甚危急,于是他感慨道"少年少戕败,今日存精坚。假年复除害,非人岂非天"④(《肺病》),可谓天假之年。

苏辙也喜欢使用维摩示疾的典故,尤其是在绩溪县卧病期间使用得最为频繁,在相关的一组诗歌当中更是连用了五次,列举如次:

却问药王求妙剂,惭非摩诘已虚圆。(《病中郭尉见访》)⑤
芭蕉张王要须朽,云气浮游毕竟虚。(《病后》)⑥
旧师摩诘老,把卷静中看。(《复病三首》其三)⑦
空有维摩病,愧无维摩言。(《送琳长老还大明山》)⑧
示疾维摩元自在,放身南岳离思量。(《病退》)⑨

---

① ⑤ ⑥ 《苏辙集》,第 263 页。
② ⑦ ⑧ 《苏辙集》,第 264 页。
③ 《苏辙集》,第 327 页。
④ 《苏辙集》,1159 页。
⑨ 《苏辙集》,第 265 页。

维摩示病给苏辙最大的养生启示，一方面是在病痛难忍、久治不愈的情况下放弃执念、求得心安，即所谓"药乱曾何补，心安当自除"①（《复病三首》其一）、"委顺一无损，力争徒自伤"②（《复病三首》其二），而非对身体与疾病视若无睹。另一方面，是像乃兄一样不在乎外在的老丑以及对老丑的遮饰，但比乃兄更重视身体内部的"精坚"，这就像其《病后》诗中所说的"柱木支撑""衣中珠"一样，对健康长寿起着关键作用。苏轼只是通过"面如红玉"③（《答王定国》其三十二）甚至是酒红来判定他人和自己的健康状况，并夸赞弟弟"颜状如四十岁人"④（《与陈季常十六首》其十六），但苏辙更注重人的气血、精神以及脾胃肝心等身体内部的健康。他不愿做外表繁茂而内在空虚、脆弱的芭蕉，而愿意做外表衰残却有着坚硬质地的枯木。维摩示疾的本质是示疾以说法，并非真的有病，他的真身是坚韧无比的。苏辙《白须》一诗也颇能说明这个问题，自述中年就开始学道的诗人长出白须被质疑闻道而不能行道，但诗人内心知道自己坚持修道并成效显著。他举了老子和佛陀的例子，告诉世人白须的背后未必是衰老。又以主客对亭台的作用作比，主是内在的主体，客是外在的客体，亭台的成毁不在于客人而在于主人。主体之我道成之后就可以向仙人求取仙丹，将肝心化为永恒的黄金，齿发等外在形貌如何变化就无所谓了。苏辙通过示人以白须而论养生，是他对维摩示疾观念的现实演绎。

在和苏轼维摩塑像诗中，苏辙细致描摹了维摩诘形貌："谁人好道塑遗像，鲐皮束骨筋扶咽。兀然隐几心已灭，形如病鹤竦两肩。骨节支离体疏缓，两目视物犹炯然。"⑤（《和子瞻凤翔八观八首·杨惠之塑维摩像》）。当时苏辙并未在凤翔，这个形象明显出自他的想象，是庄子笔下支离疏、畸人一类的人物，比起苏轼的简单勾勒来说，颇能看出他对内在精神外化的体貌特征的重视。此时苏辙年方25岁，他所构造的维摩形象与绍圣四年59岁谪居雷州时自我描绘的形象非常相像。即其《浴罢》诗曰"形骸但癯瘁，气血尚丰足。微阳阅九地，浮彩见双目。枯槁如束薪，坚致比温玉"⑥，表面上癯瘁枯槁，但内在的精气神依然饱满，使得双目炯炯有神，可谓形散神全，这可以归功于苏辙长期坚持不懈的习道坐禅的养生功夫。在二次谪居筠州之时，苏轼就赞叹道"子由在筠，甚自适，养气存神，几于有成，吾侪殆不如也"⑦（《答张文潜四首》其一），"子由在筠，极安……子由近

①② 《苏辙集》，第264页。

③ 《苏轼文集》卷五二，第1528页。

④ 《苏轼文集》卷五三，第1570—1571页。

⑤ 《苏辙集》，第25页。

⑥ 《苏辙集》，第898页。

⑦ 《苏轼文集》卷五二，第1538页。

见人说,颜状如四十岁人,信此事不辜负人也。"①(《与陈季常十六首》其十六)在同一时期,57岁的苏辙所作《次韵子瞻梳头》诗可以作为乃兄此语的佐证,曰:

> 水上有车车自翻,悬溜如线垂前轩。霜蓬已枯不再绿,有客劝我抽其根。枯根一去紫茸苗,珍重已试幽人言。纷纷华发何足道,当返六十过去魂。②

王十朋记其序言曰:

> 子由诗叙云:"辙有白发,近二十年矣,然止百余茎,不增不减。虔州道人王正彦,教令拔去,以真水火养之,当不复更生。从其言,已数月,而白发不出,更年岁不见,岂真不生耶? 子瞻兄示我《月中梳头》诗,戏次来韵,言拔白之验。"③

拔白头发的回春术似乎并不高明,却令苏辙深信不疑,根本原因还在于其时身体素质过硬,延缓了衰老的进程,并由内而外地推迟了容颜的进一步苍老。如果次序颠倒的话就完全没有作用了,这也是"肝心化黄金,齿发何足言"④(《白发》)的应有之义。尽管苏轼的和诗也赞叹道"从来白发有公道,始信丹经非妄言。此身法报本无二,他年妙绝兼形魂"⑤(《和子由月中梳头韵》),但实际上他此时已经"白头萧散满霜风,小阁藤床寄病容"⑥(《纵笔》),体质远远不如乃弟,白发已经拔之不尽了。

苏辙的养生成效对生活条件更为恶劣的苏轼来说,是一种莫大的鼓励。但二者对待养生的态度并不完全相同,弟弟更加自律谨慎,而哥哥相对随性放达。体现在维摩示疾的方面,就是弟弟更看重身,而哥哥更看重意。

二 百岁风狂:二苏咏老诗的时间感受

在衰老的悲慨中,时光是一个绕不开的话题,叹息时光流逝的时候,一般也都伴随着冉冉老矣的凄凉之感。二者相互交织,往往难分彼此。在一年四季当

---

① 《苏轼文集》卷五三,第1570—1571页。
② 《苏辙集》,第892页。
③ 《苏辙诗集》卷三九,第2128—2129页。
④ 《苏辙集》,第912页。
⑤ 《苏辙诗集》卷三九,第2129页。
⑥ 《苏轼诗集》卷四〇,第2203页。

中,总会有一些引发时光伤感与衰老咏叹的固定时间节点,包括日夕岁暮、春去秋来的时节,或者秋天以后的节令如中秋、重阳、冬至、除夕、元旦等。二苏兄弟都有不少写于以上时间节点的诗歌,散发着浓烈的惜时伤老情怀。苏轼就曾明确说过兄弟二人对于秋风的敏感,他在 48 岁作于黄州贬所的《初秋寄子由》诗中,回顾了 23 年前两人寓居汴京怀远驿辛苦准备制科考试之时,忽逢秋风骤起的场景,秋风驱散了酷暑,也让年轻而前途未卜的两兄弟心中激起了少年不可久恃的感慨。"当时已凄断,况此两衰老"①(《初秋寄子由》),思绪回到现实的他更是肝肠寸断,认为是应该践行早年"夜雨对床"约定的时候了。远在筠州贬所的苏辙进行次韵,表示高度认同。不过二苏的时间感受并不完全相同,苏轼倾向于在不可逆转的衰老悲恸中及时行乐,而苏辙倾向于认清老少皆悲的悲剧底色并保持如如不动。

在苏轼的时间感受中,少年时代极为短暂,身体和容颜会被时光迅速剥蚀,刻不容缓,年过三十就可以称作老,但少年的赏心乐事不拘年龄,随时都可以进行,一旦"少年狂"的兴致或时机到来,就绝对不能辜负,因为"行乐当及时,绿发不可恃"②(《和陶饮酒二十首》其十九)。苏轼长于比喻和拟人,当他将这种修辞手法运用到时光的感受上,就诞生了不少优秀的咏老诗。例如嘉祐七年岁末,年方 27 岁的苏轼在凤翔府签判任上,写下了一组关于年岁的诗,题为《岁晚相与馈问为馈岁,酒食相邀呼为别岁,至除夜达旦不眠为守岁,蜀之风俗如是。余官于岐下,岁暮思归而不可得,故为此三诗以寄子由》,其中《别岁》诗通篇将岁月拟人化,认为告别旧岁之悲甚于人间离别之悲,岁月远赴天涯海角,永无归期,而且新岁不断成为旧岁,不断带走青春,只留下衰老。过春节不是为了庆祝,而是岁末的自我宽慰。尽管是有感而发,但某种程度上并不排除年轻的苏轼有哀之过甚、"为赋新词强说愁"③的倾向。

在下一首《守岁》中,苏轼没有继续前诗的一味惆怅,而是在开首就抛出一个想落天外的比喻:"欲知垂尽岁,有似赴壑蛇。修鳞半已没,去意谁能遮。况欲系其尾,虽勤知奈何。"这个比喻十分新鲜,炫技色彩较为明显。诗尾由前诗的衰老无奈转到了少年振奋,"努力尽今夕,少年犹可夸"④。这里的努力并非仅指努力学习、修身而言,还包括努力快乐。清代汪师韩指出:"结句'犹可夸'者非幸词,正以见去日之苦多,而盛年之不再也。"⑤尽管如此,苏轼以老入之、以少出之,终究不肯在悲哀的泥淖中越陷越深,他的很多咏老诗都是这种格调。

---

① 《苏轼诗集》卷二二,第 1169—1170 页。

② 《苏轼诗集》卷三五,第 1891 页。

③ 辛弃疾著,辛更儒笺注:《辛弃疾集编年笺注》卷八,中华书局 2015 年版,第 867 页。

④ 《苏轼诗集》卷四,第 161 页。

⑤ 曾枣庄主编:《苏诗汇评》,四川文艺出版社 2000 年版,第 95 页。

熙宁七年除夕,39岁的苏轼经历了从杭州到密州的长途跋涉,刚上任就遭逢严重的蝗灾,还要与新法进行积极斗争,积劳成疾而作《除夜病中赠段屯田》诗,曰"龙钟三十九,劳生已强半。岁暮日斜时,还为昔人叹。今年一线在,那复堪把玩"①云云,首四句脱化自白居易《隐几》中"行年三十九,岁暮日斜时"②二句,后所谓"还为昔人叹"即指此。但39岁的年纪对于从政者来说正值壮盛,绝对称不上老态龙钟、岁暮日斜,只有"劳生强半"差可称为事实。接下来的比喻很有意思,"今年一线在,那复堪把玩",一线乃指日暮的最后一线阳光,用阳光比喻时间非常常见,但经过"一线"的量化,就很别致。密州是一个荒芜破败的小州,与繁华的杭州相比,不啻天渊,而且远离亲旧、事务繁剧,又逢佳节卧病,所以不堪把玩的不仅仅是黯淡细弱的一线光阴,更是所有的欢愉、热闹。他把自己塑造成一个冷斋孤卧的"衰懦"病守,支离邋遢、毫无生气,如同垂死之人。时光尚余"一线",而故交散尽,生命"暗尽",一点剩余都没有,做官还有什么意义呢? 只有决计归田了。

在后面的两首自次韵诗中,他还在不断强化这种凄楚衰残的感受,《乔太博见和复次韵答之》开首曰"百年三万日,老病常居半。其间互忧乐,歌笑杂悲叹。颠倒不自知,直为神所玩。须臾便堪笑,万事风雨散。自从识此理,久谢少年伴"③;《二公再和亦再答之》开首曰"寒鸡知将晨,饥鹤知夜半。亦如老病客,遇节尝感叹。光阴等敲石,过眼不容玩。亲友如抟沙,放手还复散。羁孤每自笑,寂寞谁肯伴"④。出人意表的比喻层见叠出,令人拍案叫绝,但第一首诗中那种难乎为继的悲哀已逐渐变成一场诗人擅场的文学竞赛。两首次韵诗后面大部分的内容则完全将视线转移到对段屯田与乔太博的赞美上,咏老的主题被大大冲淡。此后,苏轼还有一首《和顿教授见寄》,依旧是前三诗的次韵,却已看不出咏老的痕迹了。到了熙宁八年的五月份,苏轼精神大好,于常山祭祀祷雨归途狩猎,写下了传诵千古的《江城子·密州出猎》,词中他自称老夫,形容自己"鬓微霜",自比为年迈的冯唐,可见40岁的诗人已经完全将自己定位为老人,但这丝毫无损他的"少年狂"。

除了上述行人、长蛇、一线、敲石等光怪陆离的拟人和比喻外,苏轼还有其他的时光比喻,如"寓形宇宙间,佚我方以老。流光安足恃,百岁同过鸟"⑤(《和寄天选长官》)、"百年不易满,寸寸弯强弓。老矣复何言,荣辱今两空"⑥(《次前韵

---

①　《苏轼诗集》卷一二,第607页。
②　白居易撰,谢思炜校注:《白居易诗集校注》卷六,中华书局2006年版,第524页。
③　《苏轼诗集》卷一三,第613页。
④　《苏轼诗集》卷一三,第614—615页。
⑤　《苏轼诗集》卷四八,第2588页。
⑥　《苏轼诗集》卷四一,第2248页。

寄子由》）、"黄金几时成，白发日夜出。开眼三千秋，速如驹过隙"①（《司命宫杨道士息轩》）、"老来日月似车轮，此去知逢几个春"②（《和钱四寄其弟龢》）等。而其中最能够体现苏轼时间感受的比喻转引自他的老师欧阳修，其《陪欧阳公燕西湖》曰"插花起舞为公寿，公言百岁如风狂"③，典出韩愈《此日足可惜赠张籍》中"男儿不再壮，百岁如风狂"④二句，之后他进一步阐释道"赤松共游也不恶，谁能忍饥啖仙药。已将寿夭付天公，彼徒辛苦吾差乐"⑤。此诗作于熙宁四年九月二苏到颍州拜访欧阳修之时，正值深秋，应是见秋风大作而有所感触。同时，"狂"又有狂放之意，和《江城子·密州出猎》中"少年狂"之"狂"意思相当，苏轼就曾多次自称为狂客，并自诩狂直。因而"百岁风狂"的比喻不仅指时光的迅疾与残酷，结合后四句能够看出，其中还透露出一种颓放的感觉，犹如说人生就像一阵狂风，匆匆忙忙、风风火火，根本来不及悲伤，寂寞地修道炼丹企图长生，不如快乐地忘却寿夭，一任自然。苏轼在元丰八年所作《送戴蒙赴成都玉局观将老焉》也使用了该比喻，即"百岁风狂定何有，羡君今作峨眉叟"⑥，又将狂风视为无形无影之物，既虚幻不定，又一扫而过，所以羡慕友人看破人生、及时归隐，这又可以为该比喻作进一步的注脚，并帮助我们更深刻地理解苏轼的时间观念和咏老思想。

苏轼大书特书其时光与衰老悲怀的作品往往是在仕途相对顺遂的任职期间，很多时候不过是一种文人闲愁，而在异常艰苦的黄州以及岭南贬所，他反而不再大篇幅地抒发这类惆怅。即如他在《读孟郊诗二首》其一中所云"人生如朝露，日夜火消膏。何苦将两耳，听此寒虫号"，因为"诗从肺腑出，出辄愁肺腑。有如黄河鱼，出膏以自煮"⑦（其二），人生苦短，何必再自寻烦恼、出膏自煮呢？境遇越是艰辛，越需要乐观自适的精神自救。

苏辙的时间意识比较理性，没有乃兄那样剧烈。他认为时间的流逝是匀速的，而且有着一定的循环性，一年四季是如此，人生老少也是如此。嘉祐六年，两兄弟第一次分别，苏辙《辛丑除日寄子瞻》写道"一岁不复居，一日安足惜。人心畏增年，对酒语终夕"⑧云云，他不像苏轼要抓住或把玩岁末的最后一线光阴，觉得时光是以年为单位在不断流走，除夕一天的光阴只是一个分界线而已，本身的

---

① 《苏轼诗集》卷四三，第 2352 页。

② 《苏轼诗集》卷四七，第 2545 页。

③⑤ 《苏轼诗集》卷六，第 276 页。

④ 韩愈著，方世举编年笺注，郝润华、丁俊丽整理：《韩昌黎诗集编年笺注》卷一，中华书局 2012 年版，第 33 页。

⑥ 《苏轼诗集》卷二六，第 1410 页。

⑦ 《苏轼诗集》卷一六，第 797 页。

⑧ 《苏辙集》，第 12 页。

长度根本不值一提，人们守岁是出于对年岁增长的畏惧，而非对岁末一天的留恋。次年，他在《次韵子瞻记岁莫乡俗三首》中集中表达了他的时间观念，其二《别岁》曰"富贵日月速，贫贱觉岁迟。迟速不须问，俱作不可追"①，迟和速只是主观的心理时间，而客观的时间不会因此而发生丝毫改变。接着他也模仿乃兄将时间比作行人的手法，却无乃兄的衰老之悲，曰"亲旧旦醨饮，送尔天北涯。岁岁虽无情，从我历四时。酌尔一杯酒，留我壮且肥。长作今岁欢，勿起异日悲。掉头不肯顾，曾莫与我辞。酒阑气方横，岂信从尔衰"②云云。旧岁新岁相继离去、不辞而别是无情的，但它们毕竟陪着我们度过了春夏秋冬，有情的我们要通过醨饮与它们告别，即便酒宴结束，也要留住豪气和青春。其三《守岁》诗中，苏辙用了十二生肖的浪漫想象告诉人们理性对待时间的态度，它们在天上被驱兽官鞭打着奔走，无法阻拦，也不会为谁而停歇，即便鲁阳挥戈也没用。诗人开玩笑说除夕的酒是为了劝醉它们、延长寿命，但他又严肃地告诫人们"未去不自闲，将去乃喧哗"③，平时不知道管理好它们，只是在岁末临别时发牢骚留恋是没有用处的。

这种乌兔竞赛似的时间感知，还体现在他直白地运用一连串的年龄数字标示人生阶段。如其《四十一岁岁莫日歌》首尾曰"小儿不知老人意，贺我明年四十二。人生三十百事衰，四十已过良可知。……四十一岁不可言，四十二岁聊自还"④，又有《送杨孟容朝奉西归》开篇曰"三十始去家，四十初南迁。五十复还朝，白发正纷然"⑤，等等。这种数字的排比使用最早见于汉乐府《陌上桑》《孔雀东南飞》等名篇，颇具古风，质朴而不失冲击力，显得大巧若拙。

苏辙诗歌当中固然有着十分促迫的时间悲感，但大体而言由于思想性格较为内敛和冷静，诗文风格平易，他其实很少使用以上类型的时间比喻和排比。中青年时期的他懂得合理分配时间，即使身体早衰，也不会过于伤感时光无情的客观现实，而被贬筠州以后，因为受到佛教的浸染日深，越来越倾向于空虚清静的价值观，他又尽量淡化乃至钝化对时光的感知。元丰六年，苏辙在筠州所作《除夜》诗曰"老去不自觉，岁除空一惊。深知无得丧，久已罢经营。黄卷讥前失，清樽借后生。何年遂疏懒，伏腊任躬耕"⑥，表示年华的老去在不知不觉中发生，除夕的流年惊诧已经毫无意义，得失以及对得失的经营都被经卷中的佛理消解。元祐年间与第二次遭贬期间由于养生有得，苏辙一度认为掌握了回春之法，时间对于他似乎流逝得更慢了，留下的节令诗等感时之作极为稀少。

---

① ② 《苏辙集》，第 17 页。
③ 《苏辙集》，第 18 页。
④ 《苏辙集》，第 169 页。
⑤ 《苏辙集》，第 287 页。
⑥ 《苏辙集》，第 240 页。

这种情况在北归以后发生了变化，进入生命的倒计时，他不再像少年时期那样以年为单位计算时间，而是如数家珍地对待每一天。他闭门谢客，交游面变得非常狭窄，活动范围基本囿于家庭内部，诗歌题材多为读书、坐禅、卧病、出游、儿孙、居室以及节令、气候、生日之类，加之大力学习白居易晚年诗风，时间的标记开始大量出现，仅仅从题目上就能轻易分辨出来，如《十一月十三日雪》《癸未生日》《甲子日雨》《九日三首》《十日二首》《十一月一日作》等，几乎等同于诗体日记。他不断感叹道"黄菊与秋竞，白须随日添"①（《九日三首》其三），"年更六十七，旬满三百六"②（《除夜》），"百岁行来已七分，筋骸转觉不如人"③（《戊子正旦》），如同随时可能熄灭的风中残烛。主观时间虽然在加快，但他的淡泊禅心也修持到了很高的境界，包括时间在内的一切外在因素似乎都不足以对他产生干扰。"禅心澹不起，非人自歌哭。芸芸初莫御，势尽行将复。学道道可成，无心心每足"④（《除夜》），无心之道的力量周而复始、永不枯竭，有效地抵御住了岁月的摧残。"年年最后饮屠酥，不觉年来七十余。……木经霜雪根无蠹，船出风波载本虚"⑤（《除日》），年至古稀，如经霜之木根本不蠹，如出波之船虚空如初，这就是永恒真如的强大力量，即所谓"非三亦非一，了了无形形。迎随俱不见，瞿昙谓无生"⑥（《丁亥生日》）云云。

关于佛道修习对生命长度的影响，苏轼曾引述苏辙所说的一则故事曰："子由言：有一人死而复生，问冥官：'如何修身，可以免罪？'答曰：'子且置一卷历，书日之所为，暮夜必记之。但不可记者，是不可言不可作也。无事静坐，便觉一日似两日，若能处置此生，常似今日，得至七十，便是百四十岁。人世间何药可能有此效？'"⑦此后，苏轼又在《司命宫杨道士息轩》诗中将此语重述了一遍。反省与静坐固然是好事，不过这个故事却荒诞不经，欲以此延年益寿，也很可笑。但就像苏辙相信拔白发能够使之返黑一样，他未必不相信这个故事的真实性。

苏辙晚年经常反躬自省并认为问心无愧，其《岁莫二首》其一曰"点检平生无几恨，浊醪初熟正逢春"⑧。跏趺参禅更是他的日课，他有《夜坐》《早睡》二诗分别曰"老僧劝我习禅定，跏趺正坐推不倒"⑨，"披衣坐跏趺，衰老当自了"⑩。这种清寂的生活他坚持了很多年，未曾懈怠，"十二年来均寂寞，此心南北两冥冥"⑪

---

① 《苏辙集》，第 916 页。

②④⑧ 《苏辙集》，第 931 页。

③ 《苏辙集》，第 1162 页。

⑤ 《苏辙集》，第 1171 页。

⑥ 《苏辙集》，第 1152 页。

⑦ 《苏轼文集》卷七三，第 2377 页。

⑨ 《苏辙集》，第 1184 页。

⑩ 《苏辙集》，第 1192 页。

⑪ 《苏辙集》，第 1182 页。

(《两中秋绝句二首》其二)。他的偶像白居易也是一位虔诚的佛教徒,与之相比,苏辙自认为在禅定方面要更胜一筹,其《除日二首》其二曰"时人莫作乐天看,燕坐端能毕此身",自注道:"乐天居洛阳日,正与予年相若,非斋居道场,辄携酒寻花,游赏泉石,略无暇日。予性拙且懒,杜门养病,已仅十年,乐天未必能尔也。"①白居易性格活泼,比苏辙的烟火气重,同样是笃佛,前者不废娱乐,后者十年不出,修行方式大相径庭。

面对冷酷的世界和无情的时光,苏辙所表现出来的冷静背后其实是一种彻底的绝望,是在大悲哀中获取的大自在。他曾经因为写诗过于悲凉引起张耒的惨然不乐:

> 张文潜病中作七言诗,苏黄门和之云:"长空雁过疑来答,虚幌萤飞坐恐烧。"秦觏云:"文潜读至此不乐。"余曰:"何也?"觏云:"虚幌坐烧近于死,病人所讳。"②

苏辙身上所带有的忧郁气质,一方面是谨重寡言的性格导致,一方面是早衰多病的身体导致。他在和诗中对张耒病中感受的揣测其实是出于自身的卧病体验,经过艺术的渲染之后就变成了一种类似于濒死的心理。若是没有这样痛不欲生的体验,他是不会如此坚定不移地相信并实践佛道的养生养性方法的。

残酷的当然不仅仅是病魔,更有朝廷日甚一日、永无休止的政治风波。苏辙62岁从岭南北归之后,不仅被限制不得入京,还被刻入元祐党人碑,与已故的父兄一起遭到诗文毁版,并被连番削官夺俸,一度仓皇抛弃妻子、谪籍汝南一年有余,生计极为艰难。他不断回顾自己多灾多难的一生,极尽悔恨与自怜之能事。自汝南被儿女接回颍昌之后,他又谈及自己的窘境,《罢提举太平官欲还居颍川》曰"交游忌点染,还往但亲戚。闭门便衰病,杜口谢弹诘"③,俨然成为惊弓之鸟,不敢越雷池一步。甚至连亲侄儿苏迈远道归来,他都表示不便白天迎接,只得晚上登门,"我已闭门还往绝,待乘明月过君庐"④(《次前韵》)。闭门谢客、儿孙满堂的生活最终安顿了他的疲惫之心,但他有时也害怕彻底的孤独,如曰"踟跦默坐闻三鼓,寂寞谁来共一樽"⑤(《上元》),"久恐交亲还往绝,床头犹喜数行书"⑥(《次韵吴厚秀才见寄》),可见他选择的是常人难以忍受的死寂一般的生活。苏

---

① 《苏辙集》,第1195页。
② 伍涵芬编,杨军校注:《说诗乐趣校注》,齐鲁书社1992年版,第88页。
③ 《苏辙集》,第918页。
④ 《苏辙集》,第1199页。
⑤ 《苏辙集》,第1195—1196页。
⑥ 《苏辙集》,第226页。

辙感觉自己被这个世界抛弃了，他甚至把自己比成用过的支床乌龟，被随处丢弃，"迁居汝南复何事，龟老支床随所掷"①（《寄内》），或者把自己比作无用的刍狗被车轮随意碾压，"旧陈刍狗今无用，付与时人藉两轮"②（《戊子正旦》）。因而当地长官来拜访他时，他自嘲道"使君于此虽不俗，挽断髭须谁见怜"③（《戏题三绝》其二），戏言自己无论如何都求不来别人的怜悯，可谓绝望之至。

所以我们在体会苏辙如如不动的时间观念时，应该了解其悲观绝望的心理背景。他虽然也像苏轼那样时称自己为狂夫、狂客，但又认为这种"狂"是不恰当的，应当收敛起来，避免危机，"狂夫猖狂终累人，不返行遭亲党骂"④（《次子瞻夜字韵作中秋对月二篇一以赠王郎二以寄子瞻》其一），"远来狂客应回去，高卧幽人未有双"⑤（《十月二十九日雪四首》其二）。对比乃兄，他评价道"我兄次公狂，我复长康痴"⑥（《偶游大愚，见余杭明雅照师，旧识子瞻，能言西湖旧游，将行，赋诗送之》），兄长的狂是一种游戏人间的潇洒态度，而自己的痴则是一种牢握真如的刻苦修持。他没有乃兄"百年风狂"那样洒脱的时间比喻，因为他要竭力避开这个世界的狂风骤雨，用佛法营造一个安全的个人小天地，用他自己的话说就是"未许狂风催烂熳，故将青幄强安存"⑦（《同陈述古舍人观芍药》）。

三　曾点气象：二苏咏老诗的天伦之乐

曾点气象或曰曾点之志出自《论语·先进篇》，在子路、冉有、公西华各言其建功立业之志后，曾皙向孔子说道："莫春者，春服既成，冠者五六人，童子六七人，浴乎沂，风乎舞雩，咏而归。"孔子大为赞赏，喟然叹曰："吾与点也！"⑧曾点气象讲究的是一种审美的、休闲的、融入自然的生活方式，与"孔颜乐处"一道成为儒家乐活精神的体现。曾点与孔子年龄相仿，彼时皆已老迈，对他的赞赏一定程度上反映了孔子周游列国之后对老年安乐生活的渴望。在曾点所描绘的游春场景中，不仅有游观之乐，也有天伦之乐，成年人与未成年人一起出游，其实就是一幅家庭和乐的图画。所游之处在家乡的郊外，兴尽即可咏而归家，与孔子长年颠沛流离、归而不得的生活形成鲜明对比。二苏兄弟终生未归，饱经宦游与贬谪之

---

①　《苏辙集》，第 915 页。

②　《苏辙集》，第 1162 页。

③　《苏辙集》，第 1184 页。

④　《苏辙集》，第 187 页。

⑤　《苏辙集》，第 1192 页。

⑥　《苏辙集》，第 249 页。

⑦　《苏辙集》，第 67 页。

⑧　程树德撰，程俊英、蒋见元点校：《论语集释》卷二三，中华书局 1990 年版，第 806—811 页。

苦,但满堂的儿孙又能给他们带来莫大的慰藉,让他们能够乐观地把万里漂泊美化成为浴沂舞雩的近郊之旅。我们在读二苏诗歌时,能够明显地感受到这种游观意识与天伦之乐相结合的曾点气象,这是他们的咏老诗所展现的重要主题之一。相比较而言,苏轼的曾点气象较为明显,而苏辙的则较为隐蔽。

苏轼使用曾点气象这一典故的次数并不多,诗歌当中使用 8 次,词当中使用 1 次,文当中使用 5 次,时间从熙宁六年通判杭州一直到元符二年谪居儋州,前后跨越了 27 年。早期的典故意义很简单,就是指游春或游春者,和咏老的关系不大。熙宁十年赴知徐州任途中所作《宿州次韵刘泾》是一首咏老诗,使得该典故的使用有了归隐之意,曰:

> 我欲归休瑟渐希,舞雩何日着春衣。多情白发三千丈,无用苍皮四十围。晚觉文章真小技,早知富贵有危机。为君垂涕君知否? 千古华亭鹤自飞。①

诗人四处游宦,遭受着案牍劳形与羁旅奔波之苦,并不断与新法作斗争,已经感到疲惫不堪,"瑟渐希"既是对《论语》原文"(曾点)鼓瑟希,铿尔,舍瑟而作"②的引用,又暗指减缓生活节奏,获得更多的闲暇时光。彼时又逢唱和的对象刘泾兄长刚刚去世,愈加唤起诗人的归欤之心,语调较为悲凉。在知徐州期间,他还作有《游桓山记》,开篇曰"元丰二年正月己亥晦,春服既成,从二三子游于泗之上。登桓山,入石室,使道士戴日祥鼓雷氏之琴,操《履霜》之遗音"③,虽是写实,但又明显使用了曾点游春与鼓瑟的典故,然后借司马桓魋之墓抒发了命运无常、富贵难凭的感喟:"或曰:'鼓琴于墓,礼欤?'曰:'礼也。季武子之丧,曾点倚其门而歌。……使魋而无知也,余虽鼓琴而歌可也。使魋而有知也,闻余鼓琴而歌,知哀乐之不可常、物化之无日也,其愚岂不少瘳乎?'④因桓魋欲杀孔子,乃是权奸小人,这些话明显是说给在朝的新党诸权贵听的。文末列举了共同游春者的名单,有同辈的友人,也有年轻的儿辈,与"冠者五六人,童子六七人"的身份十分吻合。这种曾点气象中饱含着生命的通达,游春、鼓琴、咏唱都传达了不汲汲于功名富贵、不戚戚于贫贱死亡的深意,而且皆是礼法道德的体现。

元丰三年二月,苏轼刚刚贬到黄州不久,孤身寓居定惠院,眼花耳鸣,倍显老态,作有《次韵乐著作野步》一诗,语调活泼,毫无悲戚之感,中有"植杖偶逢为黍

---

① 《苏轼诗集》卷一五,第 728 页。
② 《论语集释》,第 805 页。
③④ 《苏轼文集》卷一一,第 370 页。

客，披衣闲咏舞雩风"①二句，用舞雩之乐宽慰独游之寂寞，最后以"解组归来成二老，风流他日与君同"作结，希望归乡结伴游览以获得真正的生趣。若干年后，苏轼贬居岭南，大力发扬四海皆可为家的寄寓与游观精神，能够做到随遇而安、落地生根，于是便将曾点与陶渊明结合起来，感觉处处皆可"归园田居"，亦可"咏而归"，他的几首和陶诗便是明证。《和陶归园田居六首》其三曰"风乎悬瀑下，却行咏而归"②，舞雩的高台之上被置换成了"悬瀑下"，兼具"浴乎沂"之舒爽，其时诗人居无定所，却不妨碍"咏而归"。《和陶时运四首》其三曰"我视此邦，如洙如沂。邦人劝我，老矣安归。自我幽独，倚门或挥。岂无亲友，云散莫追"③，他已经将惠州视为孔子和曾点的家乡了，不再思考"老矣安归"的问题；自从贬谪南荒以来，昔日亲友风流云散，但又何处不能重结亲情友情呢？因此，他还可以随处悠游、随时咏归。而将陶、曾融合得更为直白的是元符二年在儋州所写的《和陶游斜川》，诗曰：

> 谪居澹无事，何异老且休。虽过靖节年，未失斜川游。春江渌未波，人卧船自流。我本无所适，泛泛随鸣鸥。中流遇洑洄，舍舟步层丘。有口可与饮，何必逢我俦。过子诗似翁，我唱而辄酬。未知陶彭泽，颇有此乐不。问点尔何如，不与圣同忧。问翁何所笑，不为由与求。④

这首诗的缘起乃因幼子苏过先和陶渊明《游斜川》，苏轼见而再和，故曰"过子诗似翁，我唱而辄酬"。诗人将谪居生活与致仕生活等量齐观，反正都是无所事事。又觉得自己比陶渊明更快乐，因为后者的儿子不是懒惰就是愚笨，而自己的儿子苏过能够继承父业。最后他将自己比作曾点，认为曾点的快乐超过了孔子与子路、冉有。曾点长幼同游，陶渊明"与二三邻曲，同游斜川"⑤（《游斜川》序言），因而诗人与幼子的"斜川游"更似前者，而非后者。后来苏过自号"斜川居士"，不仅仅是表达对陶渊明的仰慕，也包含了父子一脉相承的对曾点的向往。

在早先的绍圣二年，苏轼就曾借陶渊明的斜川之游表达过合家团圆的愿望。其《正月二十四日，与儿子过、赖仙芝、王原秀才、僧昙颖、行全道士、何宗一同游罗浮道院及栖禅精舍，过作诗，和其韵，寄迈、迨一首》一诗曰"斜川二三子，悼叹吾年逝。……寄书阳羡儿，并语长头弟。门户各努力，先期毕租税"⑥云云，通过

---

① 《苏轼诗集》卷二〇，第 1038 页。
② 《苏轼诗集》卷三九，第 2105 页。
③ 《苏轼诗集》卷四〇，第 2219 页。
④ 《苏轼诗集》卷四二，第 2318—2319 页。
⑤ 陶渊明著，逯钦立校注：《陶渊明集》卷二，中华书局 1979 年版，第 44 页。
⑥ 《苏轼诗集》卷三九，第 2099—2100 页。

寄诗增强家人们同心同德、渡过难关的勇气。可以说,诗人在追寻陶渊明的时候,内心深处是渴望能够超越他而臻于曾点之境的,因为曾点气象里包含着浓浓的亲情,是更加圆满的一层境界,体现出诗人对自己老年生活的期许。此外,苏轼元符二年还作有《被酒独行,遍至子云、威、徽、先觉、四黎之舍三首》,其二曰:"总角黎家三四童,口吹葱叶送迎翁。莫作天涯万里意,溪边自有舞雩风。"①这首诗把当地土著人家的敬老好客直接看作曾点气象,诗人由此在"天涯万里"感受到了与儒家伦常无二的家庭温暖。

苏轼在岭南与弟弟、儿侄们的唱和中,时常提到家庭所带来的温暖力量。他是一位慈祥的长者,对分散各处的子侄们的现状非常关心,而且善于发现子侄身上的优点,乐于夸赞和鼓励,罕有批评的言词。他怀念孝敬父母、友于兄弟的儿时岁月,屡屡提及兄弟的夜雨对床之约,对"人有悲欢离合,月有阴晴圆缺,此事古难全"②的现实伤怀不已。他一生都在怀念眉山老家,但他并没有过于忧虑能否回到故乡、朝廷,或者两兄弟置有产业的常州、颍昌等地。他最在乎的是家人的安康与团聚,只要有家人在身旁,无论什么地方都可以安家。在黄州时,他曾在与堂兄苏不危的书信中谈到理想的老年生活:"老兄嫂团坐火炉头,环列儿女,坟墓咫尺,亲眷满目,便是人间第一等好事,更何所羡?"③这个要求不高,而对于晚年的苏轼来说毕竟还是过于奢望,等到贬居儋州时,这个理想已经简化为"庶几门户有八慈,不恨居邻无二仲。……六子晨耕箪瓢出,众妇夜绩灯火共"④(见前引),"坟墓咫尺,亲眷满目"两项就无可奈何地省去了。当然,到儋州之初,苏轼还说过这样的话:"初欲独赴贬所,儿女辈涕泣求行,故与幼子过一人来,余分寓许下、浙中,散就衣食。既不在目前,便与之相忘,如本无有也。"⑤(《与王庠五首》其一)为了不连累子女,身为人父的苏轼可以连"环列儿女"的最基本的期待都抛弃掉,孑然一身地去赴汤蹈火,显得既通达又悲壮,这在舐犊情深的他看来毫不为难。但由此还需探寻一番他所信奉的曾点气象的另一面,即游观思想。

苏轼在入仕之初就曾以"雪泥鸿爪"作比形容人生的漂泊状态,而"如寄"二字在他的诗歌当中也频频出现,共有 16 次,其中 14 次直言"吾(我、人)生如寄",其余意思亦相仿佛,这是他对生命本质的一个基本认识。然而到了贬居儋州,渡越茫茫的雷州海峡时,他才真正感觉到天地之广大、寄寓之无边,于是写下了一首颇有奇幻色彩的诗,题为《行琼、儋间,肩舆坐睡,梦中得句云"千山动鳞甲,万谷酤笙钟",觉而遇清风急雨,戏作此数句》。他惊叹"眇观大瀛海,坐咏谈天翁。

---

① 《苏轼诗集》卷四二,第 2323 页。
② 《苏轼词编年校注》,第 174 页。
③ 《苏轼文集》卷六○,第 1830 页。
④ 《苏轼诗集》卷四二,第 2305—2306 页。
⑤ 《苏轼文集》卷六○,第 1820 页。

茫茫太仓中，一米谁雌雄"①，这是真正的"寄蜉蝣于天地，渺沧海之一粟"②。他听着海风在千岩万壑中回荡的声音，有如仙人在天宫宴饮奏乐，忽而云色骤变，急雨大作，更觉如梦似幻。他兴犹未尽，又作《次前韵寄子由》，自述经历了坎坷多难的大半生之后，他已经达到了荣辱两空的涅槃境界。漂泊的旅途似乎已经穷尽四方，但又突如其来了一场南海之游，他驾驭着九万里积风之上的大鹏，回望兄弟刚刚分别的雷州，就像在一个小小琉璃酒盅里一样。他自诩待到十年之后得道成仙，还乡就不过是一件轻而易举的事情，跨上壶公竹杖化作的飞龙即可瞬间抵达。很显然，这首次韵诗已经变成了浪漫的游仙体，"还乡亦何有，暂假壶公龙"③二句表明诗人已经将整个的世界微缩进了一个神仙的酒壶当中，即便远至天涯海角，都可以像郊游一般随时"咏而归"，昭示着漂泊意识向游观意识的转变。朱弁《曲洧旧闻》卷五记载道："东坡在儋耳，因试笔，尝自书云：'吾始至南海，环视天水无际，凄然伤之，曰：何时得出此岛耶？已而思之，天地在积水中，九州在大瀛海中，中国在少海中，有生孰不在岛者？'"④这种天地一大岛，中国一小岛的地理观念，与壶中天地的想象并无太大分别，都是游观意识的直接反映。

北归再次渡海时，他发出了"九死南荒吾不恨，兹游奇绝冠平生"⑤（《六月二十日夜渡海》）的惊世浩叹，让人称奇。之后他又借佛家的说法表达了万劫一刹、天涯咫尺的时空观念，"我老安能为，万劫付一喘。默坐阅尘界，往来八十反。区区我所寄，蹙缩蚕在茧。适从海上回，蓬莱又清浅"⑥（《乞数珠赠南禅湜老》）。在他看来，生命所寄寓的地方，可以说是无限循环的天地古今，也可以说是循环缠绕的小小蚕茧。蚕茧是桑蚕在蛹期的保护层，是它"佚我以老"的小家，当然也是一方壶中天地。诗人认为自己神阅尘界、瞬息往返，与之相比，身体的位移不过如蚕缩茧中，丝毫没有离开原地。他还经常使用眠蚕的意象，如"此身正似蚕将老，更尽春光一再眠"⑦（《次韵王定国会饮清虚堂》）、"一生忧患萃残年，心似惊蚕未易眠"⑧（《次韵郑介夫二首》其二）等，蚕眠的所在就是这层温暖的茧壳。类似说法，如《与参寥子二十一首》其十七中说："某到贬所半年，凡百粗遣，更不能细说，大略只似灵隐天竺和尚退院后，却住一个小村院子，折足铛中，罨糙米饭吃，便过一生也得。"⑨这种出游如退居、退居亦如出游的辩证思维，是苏轼特有

① 《苏轼诗集》卷四一，第 2247 页。

② 《苏轼文集》卷一，第 6 页。

③ 《苏轼诗集》卷四一，第 2249 页。

④ 朱弁撰，孔凡礼点校：《曲洧旧闻》卷五，中华书局 2002 年版，第 152 页。

⑤ 《苏轼诗集》卷四三，第 2367 页。

⑥ 《苏轼诗集》卷四五，第 2433 页。

⑦ 《苏轼诗集》卷三〇，第 1612 页。

⑧ 《苏轼诗集》卷四四，第 2406 页。

⑨ 《苏轼文集》卷六一，第 1864—1865 页。

的曾点气象的有机组成部分。它将苏轼从家庭的天伦之乐中剥离出来,但又与之相互依存、密不可分。

苏辙在诗歌当中一共使用了11次曾点气象的典故,创作时间从熙宁十年到大观二年,前后跨越三十一年。旅居徐州与任职南都、第一次贬居筠州期间的作品大多是指与同僚或友人游春,不过亦有看重童冠之意者,如元丰元年所作《次韵刘泾见寄》曰"提携童子从冠者,揣摩五帝论三皇"①,前句中"童子"乃指学生,"冠者"乃指老师,其时刘泾为州学教授,故有此言。老年时代的作品愈发有此倾向,如元祐年间在汴京所作《送家安国赴成都教授三绝》其一曰"城西社下老刘君,春服舞雩今几人。白发弟兄惊我在,喜君游宦亦天伦",自注道"微之先生门人,惟仆与子瞻兄,复礼与退翁兄皆仕耳"②,回忆了少年时代在家乡共同师从刘巨的诸位同学,"春服舞雩"即指此,其中亦包含着友于兄弟的天伦之乐。北归闲居许州期间的作品中,该典故的使用基本与家人相关,如崇宁三年所作《上巳日久病不出示儿侄二首》其二曰"春服既成沂可浴,孔门世不乏迂儒"③,自己出门不便,却教导儿孙像曾点一样好好游玩,不要学习子路、冉有、公西华之类的"迂儒"。大观元年所作《谢人惠千叶牡丹》曰"更待游人归去尽,试将童冠浴湖滨"④,畏祸杜门的诗人戏言要等到游人散尽再老少偕出、尽情玩乐;次年所作《上巳》诗曰"春服初成日暖,溵河渐满风凉。欲复孔门故事,略有童冠相将"⑤,这也是要动员全家游春的意思。苏轼晚年远窜海岛,仅有幼子相伴游春,能勉强兴起曾点之乐,而苏辙晚年的出游队伍少长咸集,才真正无愧此乐。

苏辙和乃兄一样喜欢夸奖子侄,元丰七年筠州监税期间所作《次韵子瞻特来高安相别,先寄迟、适、远,却寄迈、迨、过、遯》说道"我兄憔悴我亦穷,门户久长真待尔。但令戢戢见头角,甀倒囊空定何耻"⑥,为香火家业的延续而感到莫大的欣慰。十五年后的元符元年,苏辙在雷州贬所作有《同子瞻次过、远重字韵》,对儿子们的分工协作感到满意,"大男留处事田亩,幼子随行躬釜瓮。低眉语笑接邻父,弹指吁嗟到蛮洞"⑦,大儿子经营家产,铸造坚强的家庭后盾,小儿子随侍左右,照顾老人起居,从而使得穷荒之旅变得不那么艰难,最后诗人说道"颍川筑室久未成,夜来忽作西湖梦"⑧,对田宅所在的颍昌兴起了乡思之情。

苏辙北归后,孤身避祸,迁居汝南一年有余。家人很不放心,首先是三个儿

---

① 《苏辙集》,第145—146页。
② 《苏辙集》,第299页。
③ 《苏辙集》,第921页。
④ 《苏辙集》,第1152页。
⑤ 《苏辙集》,第1204页。
⑥ 《苏辙集》,第245页。
⑦⑧ 《苏辙集》,第901页。

子屡次来访，后来是大女儿带着外孙前来料理家务，这让诗人内心十分温暖。诗人虽然表示在哪里居住都无所谓，不让儿女们如此操心，"道场莫问何方是，舍宅元依毕竟空。且尔不归归亦得，汝曹免复走西东"①（《汝南示三子》），但他其实非常想念儿孙绕膝的颍昌故宅。次年回到颍昌后，苏辙的三个儿子便忙着整修旧宅、营建新宅，为老父母提供舒适的居住环境。几年来，斧斤丁丁之声不绝于耳，苏辙颇觉烦扰，又觉得让儿子们过于劳累，于心不安，但宅成之后，他与老妻入住通风条件最好的南北堂，心情大好，写了多首诗歌进行题咏，同时也不断表扬子女们的孝心。

每逢佳节，禅心淡泊的苏辙总要想方设法进行丰盛的物质备办，十分看重节日的家庭仪式感。他自嘲这是带有孩子气的表现，"我年七十似童儿，逢节欢欣事从厚。廪粟已空豆方实，羔豚虽贵鱼可取"②（《酿重阳酒》），"羲和飞辔留不住，小儿逢节喜欲舞。人言老翁似小儿，烝豚酿酒多为具"③（《冬至日作》）。尽管他知道自己老迈的身体、虚弱的脾胃根本消受不了多少酒食，也没有客人前来，但他要的就是这种其乐融融的节日氛围，"谁令闭户谢往还，寿酒独向儿孙举"④（同上）。如此一来，他才能安心地复归于禅寂，"饮罢跏趺闭双目，寂然自有安心处"⑤（同上）。前面分析过苏辙晚年在隔绝世俗的时候，其内心深处也有被世人彻底抛弃的恐惧，有时他甚至会对儿子说出"但恐少年嫌老丑，眼前无复一时人"⑥（《同迟赋春晚》）这样的话。同辈友人凋零殆尽，他又不愿意打开新的交际圈，如果儿孙们也嫌弃自己，岂不真的会沦为孤家寡人？深居久了，他难免也想出来走动一下，却又感到"欲出老人无伴侣，退归诸子解农桑"⑦（《上巳日久病不出示儿侄二首》），毕竟儿女们都在各忙各的，没有太多工夫陪他闲游解闷。实际上，早在熙宁九年，他因病拒绝友人的酒宴时，就半开玩笑地说过这种落寞的话，"渐老经秋病，独醒何处高。床头添药裹，坐上减牛毛"⑧（《次韵李公择九日见约以疾不赴》），把自己看成是九牛一毛、无足轻重的存在，似乎这个世界没有谁会真的需要他。

可以说，苏辙晚年在看似毫无遗憾的天伦之乐中潜藏着一份深刻的孤寂，他在大多数时候都会固守着这份孤寂，认为它是这个世界的真实底色，是佛法的真谛，但偶尔也会感觉无法忍受。这可能出自与儿孙之间难以弥缝的年龄代沟，也

---

① 《苏辙集》，第 913 页。
② 《苏辙集》，第 1156 页。
③ 《苏辙集》，第 1193 页。
④⑤ 《苏辙集》，第 1194 页。
⑥ 《苏辙集》，第 1164 页。
⑦ 《苏辙集》，第 920 页。
⑧ 《苏辙集》，第 114 页。

可能出自他对整个政局乃至整个世界的深深绝望。所以在苏辙的曾点气象中，天伦之乐是打了折扣的，他无法真正做到有着坚实皈依感的"咏而归"。即便如此，面对凶险动荡的世界，他也一定要归家，因为再也没有比这更安全的避风港了。与乃兄频频为"吾生如寄"的现实百感交集，但最终打破地理界限、视万里为咫尺的游观意识相比，苏辙在元祐以前视漂泊为畏途，不断发出摆脱尘劳、归隐故乡的呼声，但在二次遭贬期间却显得较为达观，北归之后则又重新唤起对家庭的高度依赖之情。在贬所与乃兄高度契合的达观精神，是磨难所激发出来的自我保护机制，一旦回归正常家庭生活，面对绕膝的儿孙，苏辙骨子里的脆弱情感就难免死灰复燃。

苏辙游观意识的转变轨迹，与他思归情感的变化保持高度的一致。苏辙中青年时代一直沉沦下僚，不仅看不到光明的前途而且簿领烦剧、到处转官，再加上身体多病、党争严酷，让他愁肠百结，屡屡在诗歌中表达强烈的归隐愿望。到了二次贬居之时，苏辙已经习禅多年，养生方面也从未懈怠，身体和精神状态都很不错，开始变得和乃兄一样随遇而安、乐天知命。更难能可贵的是，他还在《次韵子瞻〈和陶杂诗十一首〉》其二中写出了与乃兄壶中天地之喻类似的蛮触之喻，即"孜孜苦怀归，何异走逃影。吾观两蛮触，出缩方驰骋"[1]，"归"已经成为一个伪命题，就像庄子笔下装得下两个国家的蛮触一样，一出一缩的瞬间，就完成了天南海北的驰骋。北归后，党争的迫害并没有停止，迫使苏辙"欿区寄汝南，落泊反长社"，让他感到"东西俱畏人，何适可安者"[2]，只有回家安顿下来，才能够获得化解种种磨难的定力，"归休得溟渤，坐受百州泻"[3]（《还颍川》）。因而在苏辙的曾点气象中，通达的游观意识也只是南迁时阶段性的产物，一旦"咏而归"之后，他就要用天伦之乐把自己安全地包裹起来，不愿意再经受漂泊的风雨。

余　论

关于二苏兄弟诗歌风格的差异，黄庭坚《跋子瞻送二俦归眉诗》曰："观东坡二丈诗，想见风骨巉岩，而接人仁气粹温也。观黄门诗，颀然峻整，独立不倚，在人眼前。元祐中，每同朝班，余尝目之为成都两石笋也。"[4]前者有风骨而平易近人，后者有规矩而独立不群。秦观比较二人的行事风格曰："中书之道，如日月星辰，经纬天地，有生之类，皆知仰其高明。补阙则不然，其道如元气行于混沦之

---

① 《苏辙集》，第1418页。
② 《苏辙集》，第919页。
③ 《苏辙集》，第920页。
④ 《全宋文》卷二三〇八，第106册，第181页。

中，万物由之而不知也。"①前者豪放外露，后者收束内敛。这些评价既适用于文格，也适用于人格。苏轼出入于儒释道三教之中，思想较为活络，不主故常，"如行云流水，初无定质，……文理自然，姿态横生"②（《与谢民师推官书》），无论逆境顺境，皆安之若素，并不以老年、少年为意，虽言老而童心未泯。所以无论是养生也好，还是其他应在凶险的老境中采取的种种防守策略也好，他都过于乐观自信而聊复尔耳，不能持之以恒。朱彧就曾指出："余在南海，逢东坡北归，气貌不衰，笑语滑稽无穷。视面多土色，腐耳不润泽。别去数月，仅及阳羡而卒。东坡固有以处忧患，但瘴雾之毒，非所能堪尔。"③又罗大经引魏了翁之语曰："东坡在黄、在惠、在儋，不患不伟，患其伤于太豪，便欠畏威敬怒之意。"④所以无论是对于疾病而言，还是对于困厄而言，苏轼都过于漫不经心了。这一点和苏辙大为不同，后者终身坚持养生术，中晚年又服膺佛禅，对所处的艰难和凶险境遇十分敏感，故而采取了杜门修行、与世隔绝的生活方式，并内化于心，变成一种禅悦功夫。这种区别在他们各自的咏老诗中得到了集中的显现，分别以身体、时间、家庭等为主题进行了多角度的阐述，值得细细品读。

[作者简介]庞明启，四川外国语大学中国语言文化学院副教授，曾发表论文《"剥落"的"老丑"：宋诗衰病书写与身体审美转向》等。

---

① 秦观撰，徐培均笺注：《淮海集笺注》卷三〇，上海古籍出版社 1994 年版，第 981—982 页。

② 《苏轼文集》卷四九，第 1418 页。

③ 朱彧撰，李伟国点校：《萍洲可谈》卷二，中华书局 2007 年版，第 139 页。

④ 罗大经撰，王瑞来点校：《鹤林玉露》卷二，中华书局 1983 年版，第 142 页。

"我顷三章乞越州"——苏轼的越州想象与书写[*]

王华争

内容提要 苏轼在元祐年间至少十三次力辞显要之职而乞去越州外任,但从现有材料看,苏轼终生不曾亲临越州,却在想象中大量书写此地。在苏轼笔下,越州是一座具有清闲安适、胜绝超然、易于为政三大特点的理想外任之地,这亦是其越州书写的特色。苏轼对越州的向往源于他"缓缓而归"的独特致仕思想,作为其"藩镇—小郡—官观"致仕计划中的"小郡"一环,越州被苏轼视作平衡衰病安养、惧祸欲避、退归之愿、报国情怀等矛盾心理的一个合适中转站。这些心理根源于苏轼的思想性格和人生经历,是他进退有据之君子人格魅力的体现。苏轼与越州的这一段梦中情缘,还促成了清代越州蕺山文昌阁供奉苏轼的文学景观。

关键词 苏轼 越州 理想之城 致仕 文学景观

宋之越州,辖"会稽、山阴、嵊、诸暨、余姚、上虞、萧山、新昌八县"[①],其曾以会稽为名,所谓"越州,隋大业置,古会稽郡也"[②],时至当代,除去余姚、萧山二县,余者皆被划分到浙江省绍兴市内。苏轼对此地心驰神往,曾上书乞越,并有近百首作品书写越州,如"我顷三章乞越州,欲寻万壑看交流"[③]"自笑尘劳余一念,明年同泛越溪春"[④]"乞郡三章字半斜,庙堂传笑眼昏花"[⑤]。可惜苏轼未曾如愿到越任职,因此也鲜有学者注意到苏轼多次乞越之事,更未专门探讨其笔下大量的越州书写。探究苏轼的乞越之事与越州书写,不仅是研究其人生经历与思

---

* 本文为 2023 年海南省哲学社会科学规划重大专项(东坡文化研究)课题"东坡题材戏剧影视作品的数字化整理与研究"[项目编号 HNSK(ZDZX)23 - 06]的阶段性成果。

① 脱脱等撰:《宋史》卷八八"两浙路"条,中华书局 2011 年版,第 2174 页。

② 施宿撰:《嘉泰会稽志》卷一"越州"条,成文出版社 1983 年版,第 5 页。

③ 王文诰辑注,孔凡礼点校:《苏轼诗集》卷三七《次韵滕大夫三首·雪浪石·同前》,中华书局 1982 年版,第 1999 页。

④ 《苏轼诗集》卷三六《沐浴启圣僧舍,与赵德麟邂逅》,第 1940 页。

⑤ 《苏轼诗集》卷三六《七年九月,自广陵召还,复馆于浴室东堂。八年六月,乞会稽,将去,汶公乞诗,乃复用前韵三首》(其一),第 1974 页。

想文化不可或缺的一个视角,也对研究越州文学与文化、促进绍兴地方发展有所助益。

一 十三次乞越:苏轼数年追求的执着

苏轼去过诸多地方,越州在其行迹中并不显著,然走进苏海,就会发现他曾数次上书乞越,和越州缔结过不容忽视的情缘。苏轼乞越事在何时?有多少次?对此须首先梳理清楚。

元祐四年(1089)二月,苏轼三上书乞越。此年三月,苏轼言"乞越得杭,又过平生之望"①,可知其在此之前已乞越。《东坡纪年录》又载:"元祐四年己巳,先生五十四岁。二月,……三上章乞越州。三月,得旨以龙图阁学士,左朝奉郎知杭州"②,在印证苏轼所言同时,也说明苏轼确为此事上书三章。

元祐五年,苏轼至少上一书乞越。其《与王庆源十三首》其十三载:"近已乞越,虽未可知,而经营不已,会当得之"③,虽无法得知此时乞越上了几道奏章,但至少是一道。

元祐六年四月至五月,苏轼再上三状乞越。此年四月所作《辞免翰林学士承旨第二状》言:"而况清要之地,……正使缘力辞而获谴,……伏望圣慈察臣诚恳,特赐除臣知扬、越、陈、蔡一郡"④,随后所作《辞免翰林学士承旨第三状》又载:"臣以衰病不才,难居禁近。……仍乞检会前奏,除臣扬、越、陈、蔡一郡"⑤。同年五月十九日,苏轼又上《杭州召还乞郡状》道:"臣已第三次奏乞除臣扬、越、陈、蔡一郡去讫。……所以累章力求补外。"⑥三状书井井有条地载录了苏轼三次请求远离中央禁严之地,而乞外补越州。

元祐七年十一月,苏轼继续上两道札子乞越。其《任兵部尚书乞外郡札子》言:"伏乞检会累次奏状,除臣知越州一次。"⑦随后,其《辞两职并乞郡札子》再次恳请:"故求外补,实欲自便,……仍乞检会前奏,除臣一郡。若越州无阙,乞自朝廷除授"⑧,亦称辞中央要职并乞越外补。

元祐八年六月,苏轼又三上书请求守越。虽苏轼所上原书已佚,然其诗题中

---

① 苏轼撰,茅维编,孔凡礼点校:《苏轼文集》卷二三《杭州谢上表二首》(其一),中华书局1986年版,第674页。

② 苏轼撰,王十朋集注:《集注分类东坡先生诗》附录《东坡纪年录》,《四部丛刊初编》集部,上海书店出版社1989年版。

③ 《苏轼文集》卷五九,第1816页。

④⑤ 《苏轼文集》卷二三,第680页。

⑥ 《苏轼文集》卷三二,第911—913页。

⑦⑧ 《苏轼文集》卷三七,第1041页。

自陈"七年九月，自广陵召还，复馆于浴室东堂。八年六月，乞会稽，将去，汶公乞诗，乃复用前韵三首"①，明言确有此事，且其诗第一首言："乞郡三章字半斜，庙堂传笑眼昏花"②，言明上书又有三章。

元祐八年七月，苏轼坚持乞越之愿，又上一书。此时所作《乞越州札子》言："及近者蒙恩知定州，……今复念，定虽重镇，了无边警，事权雄重，禄赐优厚。……伏望圣慈察臣至情，特赐改差臣越州一次"③，定州虽非中央"禁严""清要"之职，但亦为重要藩镇，苏轼外守此地时仍希望改差越州。

若以一道奏章为一次乞求，从元祐四年二月至元祐八年七月近四年半的时间里，苏轼至少 13 次乞越。如此惊人的次数，可见苏轼求越恰如其所言是"经营不已"，亦在其随遇而安的固定形象上看到了执着的一面。苏轼乞越时，或在中央要位任职，或在地方重镇外守，而如此执着求守越州，俨然将越州当成理想之城。此城面貌，则在其笔下大量的越州书写中具体呈现。

二 理想的外任地：苏轼越州空间书写的特色

越州虽被苏轼执着求守，然遍观苏轼的诗文集，并没有发现他曾亲赴越州的记载；今人著作如孔凡礼《三苏年谱》、李常生《苏轼行踪考》、王兆鹏《唐宋文学编年地图》及"学术地图发布平台"上的《苏轼行迹图》等，也均未把越州纳入苏轼的行迹之中。由于未曾亲见，苏轼写越则基本出于想象。在对苏轼写越的系统考察中，不仅可见其理想之城的面貌，也可知其越州空间书写的特色。

首先，苏轼越州空间书写的特点是清闲安适。元祐三年九月，苏轼已有乞越之愿，而此处却被好友钱穆父所得，苏轼十分羡慕，说道："会稽平日欲乞，岂易得哉。小生奉羡之意，殆不可言，……且夕入文字乞郡。……但恨会稽为君家所夺耳。"④在送钱穆父赴任时，苏轼才表示欲乞会稽的原因是想去清闲之地，其《送钱穆父出守越州绝句二首》⑤言：

> 簿书常苦百忧集，樽酒今应一笑开。京兆从教思广汉，会稽聊喜得方回。
> 若耶溪水云门寺，贺监荷花空自开。我恨今犹在泥滓，劝君莫棹酒船回。

① 《苏轼诗集》卷三六，第 1973 页。
② 《苏轼诗集》卷三六，第 1974 页。
③ 《苏轼文集》卷三七，第 1044 页。
④ 《苏轼文集》佚文汇编卷二《与钱穆父二十九首》（四），第 2464 页。
⑤ 《苏轼诗集》卷三〇，第 1589—1590 页。

"会稽聊喜得方回"化用晋代郗方回得会稽之典,(郗超代其父方回)"自陈老病,甚不堪人间,乞闲地自养",后"为会稽太守"[①],苏轼借此诉说在京任职苦于忧思,而好友今离京守越,则是一件应举杯欢庆的好事,因为他像方回一样得了"闲地"会稽。第二首所言"若耶溪""云门寺"皆在越州[②],杜甫有诗"若耶溪、云门寺,吾独胡为在泥滓?青鞋布袜从此始"[③],苏轼化用此意,表达欲从官场退出,去若耶、云门过闲适生活之愿。贺监指贺知章,其从京城退归家乡越州,被敕赐州中镜湖[④]。贺知章逝后,李白忆道"敕赐镜湖水,为君台沼荣。人亡余故宅,空有荷花生"[⑤],"欲向江东去,定将谁举杯?稽山无贺老,却棹酒船回"[⑥]。苏轼此处反用李诗之意,劝钱穆父即使如李白一样再也见不到贺知章,空见镜湖荷花盛放,也不要棹回酒船,再入京城这"泥滓"之地,而应在越州享受清闲安适的生活。

当苏轼被派到事务烦剧之地为官,与其希望在清闲之地过安适生活产生了矛盾,故往往辞任而求越。如求越得杭时,苏轼言"辞宠而益荣,求闲而得剧"[⑦],又言"杭之烦剧,非抱病守拙者所堪。行丐闲散,以避纷纷耳"[⑧],可知苏轼欲得闲散之越州,故想辞烦剧之杭州。得知要移守郓州时,苏轼也言"某见报移郓,老病岂堪此剧郡。方欲力辞而请越"[⑨],因为此地是剧郡不堪重负,也欲换守闲地越州。当其被遣守重镇定州时,苏轼更是诚惶诚恐,多次辞定乞越,先有"定虽重镇""实非所堪"[⑩],又有"故求散地,以养衰年。……眷此余生,实无他望。老如安国,既倦北平之迁;蠢比方回,终有会稽之请"[⑪],不愿在定州重镇为官,只想求"散地"越州以养衰年。从上文苏轼乞越的梳理中可知,苏轼求越州时,也曾求扬州。元祐七年,其如愿得扬,却又嫌其烦剧,如"到扬吏事清暇,而人事十倍于杭,甚非老拙所堪也"[⑫],扬州人事繁杂,亦不是苏轼所向往的清闲安适之地,后又不免再次乞越。

越州在苏轼笔下清闲安适的特点,在与元稹和范仲淹越州书写的比较中亦

① 房玄龄等撰:《晋书》卷六七《郗鉴传》,中华书局 1974 年版,第 1803 页。

② 按,"若耶溪"又作"若邪溪",在会稽县南二十里。云门寺在会稽县南三十里,淳化五年十一月,改名淳化寺。参见《嘉泰会稽志》卷十"若耶溪"条,第 6319 页,卷七"淳化寺"条,第 6268 页。

③ 杜甫著,钱谦益笺注:《钱注杜诗》卷一《奉先刘少府新画山水障歌》,上海古籍出版社 1958 年版,第 38 页。

④ 欧阳修、宋祁撰:《新唐书》卷一九六《贺知章传》,中华书局 1975 年版,第 5607 页。

⑤ 邹志方:《〈会稽掇英总集〉点校》卷二《对酒忆贺监》,人民出版社 2006 年版,第 37 页。

⑥ 《〈会稽掇英总集〉点校》卷二《重忆》,第 37 页。

⑦ 《苏轼文集》卷二三《谢除龙图阁学士表二首》(二),第 672 页。

⑧ 《苏轼文集》卷五五《与张君子五首》(一),第 1648 页。

⑨ 《苏轼文集》卷五二《与王定国四十一首》(二十三),第 1525 页。

⑩ 《苏诗文集》卷三七《乞越州札子》,第 1044 页。

⑪ 《苏轼文集》卷四六《定州到任谢执政启》,第 1333—1334 页。

⑫ 《苏轼文集》卷五七《与毅父宣德七首》(三),第 1717 页。

可显见。元、范二人有诸多写越作品,是越州文学史上两颗灿烂的明星。元稹谪守越州七年有余,居于此处,元氏有着强烈的不甘,如"由来鹏化便图南,浙右虽雄我未甘。早渡西江好归去,莫抛舟楫滞春潭"①,"马踏红尘古塞平,出门谁不为功名?到头争似栖禅客,林下无言过一生"②。元稹笔下的越州是隐者所居的山林春潭,而不是其想要建功立名的风云良地。越州被苏轼所向往的清闲,在元稹这里却更像是被弃闲地的惩罚;越州在苏轼笔下的安适,在元稹这里也只是欲飞腾而出却埋没被困的哀怨。范仲淹被排挤出朝,贬知越州一年余,即便越州事务不如朝廷繁多,而向来有济世之心的范公,也并不像苏轼那样对越州的清闲充满憧憬,而是在此地兴办府学,翻新贺监祠堂,建造清白堂等,践行其"处江湖之远则忧其君"的人生思想。不同于苏轼认为得进越州便如飞鸟入林般安适,范公在越时言其"夜入翠烟啼,昼寻芳树飞。春山无限好,犹道不如归"③,"林下提壶招客醉,溪边杜宇劝人归。可怜白酒青山在,不醉不归多少非"④,却是思归之情难掩,而安适之感淡薄。

其次,苏轼笔下的越州呈现出胜绝超然的特点。越州自古以来便是公认的人间山水胜地,如"人问会稽山水之状,恺之云:'千岩竞秀,万壑争流'"⑤,"会稽山水,自古胜绝,东晋逸民,多遁世于此"⑥。此处的山水在苏轼心中也是胜绝,以至于其言道:

> 此月十四日迁入新居。江山之观,杭、越胜处,但莫作万里外意,则真是,非独似也。⑦
> 所须修竹林,深处安井白。相将踏胜绝,更裹三日糒。⑧

苏轼在惠州迁入新居时,用越州之胜赞美居处美景,其游武昌寒溪西山寺时,也用越州胜绝的典故形容此地之美。越州的山水在苏轼心中是形容他处美景的胜赞,侧面展现了苏轼对越州山水胜绝的书写。

除了自然胜绝,越州的人文风景更是引人入胜,苏轼对此也有意描绘,其《次

---

① 元稹撰,冀勤点校:《元稹集》卷二二《寄浙西李大夫四首》(其四),中华书局 2010 年版,第 289 页。

② 《〈会稽掇英总集〉点校》卷八《题法华山天衣寺》,第 104—105 页。

③ 《〈会稽掇英总集〉点校》卷一五《越上闻子规》,第 207 页。

④ 《〈会稽掇英总集〉点校》卷一五《诸暨道中作》,第 207 页。

⑤ 《晋书》卷九四《顾恺之传》,第 2404 页。

⑥ 权德舆撰,郭广伟校点:《权德舆诗文集》卷三八《送灵澈上人庐山回归沃州序》,上海古籍出版社 2009 年版,第 574 页。

⑦ 《苏轼文集》卷五七《与王敏仲十八首》(七),第 1691 页。

⑧ 《苏轼诗集》卷二〇《游武昌寒溪西山寺》,第 1050 页。

韵秦少章和钱蒙仲》化用越州的诸多人文名胜,以书写此地:

> 碧畦黄陇稻如京,岁美人和易得情。鉴里移舟天外思,地中鸣角古来声。山围故国城空在,潮打西陵意未平。二子有如双白鹭,隔江相照雪衣明。①

"鉴里移舟天外思"中之"鉴"即鉴湖,也称镜湖,此句融入王羲之"每过山阴道,如明镜中行"②的雅意,"地中鸣角古来声"化用元稹的写越名句"鼓角声从地下回"③,"潮打西陵意未平"暗合李白"西陵拱越台"④之诗。苏轼在一诗之中连缀三典以夸赞越州的人文之胜,甚至认为在人文胜景的映衬下,二位友人也如一双白鹭,清明澄澈。再如《又书王晋卿画四首》的前三首⑤:

> 当年不识此清真,强把先生拟季伦。等是人间一陈迹,聚蚊金谷本何人。(《山阴陈迹》)
>
> 溪山雪月两佳哉,宾主谈锋夜转雷。犹言不见戴安道,为问适从何处来。(《雪溪乘兴》)
>
> 毫端偶集一微尘,何处溪山非此身。狂客思归便归去,更求敕赐枉天真。(《四明狂客》)

三诗本事皆发生在越州,第一首认为王羲之清真绝俗,不应与富豪石崇(字季伦)齐名,因其《兰亭集序》而出名的山阴兰亭也是人间胜迹,不应与石崇的金谷园并论。第二首感慨居住在山阴的王徽之,因下雪时思念好友戴安道,遂连夜去剡县寻访,留下了"乘兴而来,尽兴而归"的千古逸事。第三首追忆求赐镜湖、归隐会稽之狂客贺知章的故事,并反思其有失天真。越州自是人文荟萃,所谓"会稽有佳山水,名士多居之"⑥,留下了数不尽的人文胜景,苏轼更是有心将其聚集,以反复吟咏的方式强化越州的人文之胜。

在苏轼笔下,越州不仅自然与人文名胜双绝,更有着超然的特色。其诗曰:"髯尹超然定逸群,南游端为访云门"⑦,钱穆父走访云门寺,在苏轼眼中也会自

---

① 《苏轼诗集》卷三一,第1643—1644页。
② 《苏轼诗集》卷三一,第1643页。
③ 《〈会稽掇英总集〉点校》卷一《州宅》,第5页。
④ 《〈会稽掇英总集〉点校》卷一〇《送友人寻越中山水》,第146页。
⑤ 《苏轼诗集》卷三三,第1773—1774页。
⑥ 《晋书》卷八〇《王羲之传》,第2098—2099页。
⑦ 《苏轼诗集》卷三一《次韵钱越州》,第1645页。

然而然地多了几分超然逸群之感。因其超逸，当苏轼守颍州时，虽适清闲之愿，仍觉其不如越：

> 某幸于阃中抽头，得此闲郡，虽未能超然远引，亦退老之渐也。思企吴越诸道友及江山之胜，不去心。或更送老请会稽一次。①

文中言颍州的山水与人文之景均不如越州，在此地不能超然远引，而越州的江山之胜，及以诸道友为代表的人文之胜，才能使其有超然之感，为此不去乞越之心，还欲再试请越一次。

苏轼笔下越州超然的空间特点，与陆游越州书写的对比则更明显。作为本土居民，陆游笔下的越州与苏轼的超凡脱俗不一，呈现出世俗的乡土之美。其诗不仅写遍越州的山川风物，还写当地的民风民俗，描绘了乡村生活的方方面面②。如"稽山何巍巍，浙江水汤汤。……村村作蟹椴，处处起鱼梁。……禹庙争奉牲，兰亭共流觞。空巷看竞渡，倒社观戏场。……镜湖潏众水，白汉无旱蝗。重楼与曲槛，潋滟浮湖光。舟行以当车，小伞遮新妆。浅坊小陌间，深夜理丝簧。我老述此诗，妄继古乐章"③。从此诗中可窥知，陆游既写稽山、镜湖之山川景色，也写禹庙供奉、兰亭例会、社戏之民俗，还写伞下新妆、蟹椴鱼梁等民间之人与物。陆游的越州书写，遍录乡土风情；苏轼的越州书写，聚焦佛寺道友。两相比较，一个像烟火人间，一个却像世外仙山。

最后，易于为政是苏轼越州书写的另一特点。三任浙中的经验使苏轼治理越州有得心应手之感，其文曰：

> 臣自去岁蒙恩召还，即时奏乞越州。盖为臣从仕以来，三任浙中，粗知土俗所宜，易于为政。④

苏轼曾两次在浙江杭州任职，一次为浙江湖州太守，对于浙江，确是"粗知土俗所宜"，这样的考虑也促使苏轼求越，以便于他施政淑人。苏轼曾治理杭州之西湖，而越州之镜湖在当时连年水患，使其忧心不已，想以己之经验加以整治。其在《余旧在钱塘，同苏伯固开西湖，今方请越，戏谓伯固，可复来开镜湖耶？伯固有

---

① 《苏轼文集》卷六一《与辩才禅师六首》（五），第 1858 页。

② 参见杨义：《陆游诗魂与越中山水魂》，《文学遗产》2006 年第 3 期；高利华：《陆游乡土诗的文化魅力》，《中国韵文学刊》2006 年第 1 期。

③ 陆游著，钱仲联校注：《剑南诗稿校注》卷六五《稽山行》，上海古籍出版社 2005 年版，第 3660 页。

④ 《苏轼文集》卷三七《乞越州札子》，第 1043 页。

诗,因次韵》中言:"已分江湖送此生,会稽行复得岑成。镜湖席卷八百里,坐啸因君又得名。"①事不如愿时,苏轼惋惜不能用自己的经验在越州施行美政,叹道"哀哉吴越人,久为江湖吞。……近闻海上港,渐出水底村。……会稽入吾手,镜湖小于盆"②,诗中言越州久遭水灾,如果"我"能去修整,万顷镜湖定会"小于盆",不复为患,越地百姓也可不再受害。

易于为政的特点在苏轼眉州、常州书写的对比中显而易见。眉、常二州,一为其故乡,一为其置田欲归之地,苏轼对二者的书写,流露出退隐归休的意愿,鲜见为政之笔墨。如"老去怕看新历日,退归拟学旧桃符"③,"某衰病,不复有功名意,此去且勉岁月,才得个退缩方便,即归常州住也"④,"尽载家书而行,迤逦致仕,筑室种果于眉,以须子由之归而老焉"⑤,"自顷流落江湖,日欲还乡,追陪杖屦,为江路藉草之游,梦想见之"⑥,这些均将二州描写成颐养天年的致仕退归之地,对于在其地是否便于为政,则并不像其书写越州那样多次着笔。

苏轼越州书写的这一特点,在与王羲之和秦观越州书写的对比下更为突出。王、秦二人均有书写越州的名篇,在越州文学史上熠熠生辉。王羲之"雅好服食养性,不乐在京师,初渡浙江,便有终焉之志"⑦,故而在峰峦叠翠的会稽山水中,他尽享此刻欢愉,体悟山水清音,形成了恬淡玄远的山水玄言诗风貌⑧。如其代表作《兰亭集序》言:"会于会稽山阴之兰亭,……此地有崇山峻岭,茂林修竹;又有清流激湍,映带左右。……固知一死生为虚诞,齐彭殇为妄作。"⑨可见王氏的着眼点在于会稽的山水之美以及处于此间而生发的哲理玄言。而其此时为会稽内史,却不见其作品中有在越州为政的相关描述。秦观落第后去越州省亲,游赏越州风景,如同蓬莱一梦,即将离开越州时,他回首这一段光阴道:"多少蓬莱旧事,空回首、烟霭纷纷"⑩,"买舟江上辞公去,回首蓬莱梦寐中"⑪,在其越州旅行中,秦观沉浸于游赏玩乐,作品中亦不见有如苏轼那样的为政色彩。

总之,清闲安适、胜绝超然、易于为政是苏轼越州空间书写的三大特点,共同

① 《苏轼诗集》卷三六,第 1940 页。

② 《苏轼诗集》卷三六《送黄师是赴两浙宪》,第 1963—1964 页。

③ 《苏轼诗集》卷一一《除夜野宿常州城外二首》(其二),第 533 页。

④ 《苏轼文集》卷六一《与辩才禅师六首》(四),第 1858 页。

⑤ 《苏轼文集》卷七一《书请郡》,第 2263 页。

⑥ 《苏轼文集》卷五九《与王庆源十三首》(十),第 1815 页。

⑦ 《晋书》卷八〇《王羲之传》,第 2098 页。

⑧ 参见宋展云:《会稽侨寓士族与山水玄言诗的兴盛》,《浙江学刊》2011 年第 6 期。

⑨ 《晋书》卷八〇《王羲之传》,第 2099 页。

⑩ 秦观著,周义敢等笺注:《秦观集编年笺注》卷三七《满庭芳·山抹微云》,人民文学出版社 2001 年版,第 789 页。

⑪ 《秦观集编年笺注》卷四《别程公辟给事》,第 92 页。

构成了越州在其心中的不可替代性,使越州成为其理想的外任之地。而这理想的外任之地,也正是苏轼越州空间书写的特色。

三 缓缓而归:苏轼的致仕思想与越州中转站

苏轼至少 13 次执着乞越,并把越州塑造成理想的外任之地,将此放入苏轼彼时的处境中考察,则可挖掘其致仕思想,亦可窥见其乞越之原因与写越特点之缘由。

苏轼乞越与致仕相关,其言道:

> 某为郡粗遣,衰病怀归,日欲致仕。既忝侍从,理难骤去,须自藩镇乞小郡,自小郡乞官观,然后可得也。自数年日夜营此,近已乞越,虽未可知,而经营不已,会当得之。①

从中可知,苏轼想要致仕,但又不能骤去,从而拟定了"藩镇—小郡—宫观"的致仕计划,而其乞越,则是其中一环。

不同于定州那样的藩镇,作为苏轼笔下的闲郡,越州明显是其致仕计划中的"小郡",促使苏轼将其作为归田的中转站执着求守。其对越州中转站的定位也在其诗文中显现:

> 又以老病日加,切于归休,旧有薄田在常州宜兴县,久荒不治,欲因赴任,到彼少加完葺,以为归计。②
> 会稽且作须臾意,从此归田策最良。③

表露自己切于归休之意,而欲归休之地常州则久荒不治,若能先赴任越州,则便于修葺完善,如此也好归去。苏轼如此喜爱会稽,却也仅将其作"须臾"停歇之所而非久留之地,经外任越州而致仕归田,才是其心中良策。

苏轼的致仕计划在与他人致仕方式的对比中更显出独特性。历史上辞官归隐的名人不少,如不为五斗米折腰而辞官归田的陶渊明;有莼鲈之思而弃官归乡的张翰;北宋时也有"无颜复立于朝,请致仕"④而归去的大名士范镇。这些名士

---

① 《苏轼文集》卷五九《与王庆源十三首》(十三),第 1816 页。
② 《苏轼文集》卷三七《乞越州札子》,第 1043 页。
③ 《苏轼诗集》卷三六《七年九月,自广陵召还,复馆于浴室东堂。八年六月,乞会稽,将去,汶公乞诗,乃复用前韵三首》(其二),第 1974 页。
④ 《苏轼文集》卷一四《范景仁墓志铭》,第 439 页。

的退归均是弃官骤去,而苏轼却欲一步一步辞去重任,在逐渐清闲的职位上缓缓退去。封建社会有法定的官员致仕年龄,然到此年限,官吏恋位者多,求退者少,对此白居易讽刺道:"七十而致仕,礼法有明文。何乃贪荣者,斯言如不闻?可怜八九十,齿堕双眸昏。朝霞贪名利,夕阳忧子孙"①,苏轼也揭露道:"有其言而无其心,有其心而无其决。愚智共蔽,古今一途。"②然苏轼真切求退,则在官员不愿致仕的时代大环境中别具一格。要之,不同于常见的弃官归隐与恋位不退,苏轼意在致仕而采用乞闲职的方式,形成了"缓缓而归"的独特致仕思想。

苏轼的致仕思想与乞越是多重因素相互作用的结果,这在其乞越期间的言论中可窥一斑。首先,身体衰病。他自称"衰病倦游,久怀归意"③,"又缘臂痛目昏,所以累章力求补外"④,"早衰多难,心力疲耗,实非所堪"⑤,这些均表明苏轼此时身体衰病,不堪重负。其次,惧祸欲避。如"更冒宠荣,必速颠踬。而况清要之地,众所奔趋;兄弟迭居,势难安处。正使缘力辞而获谴,犹贤于忝冒而致灾"⑥,"党人尤加忿疾。……积此数事,恐别致患祸"⑦,"而荣名骤进,两职荐加,……岂徒内愧,必致人言"⑧。元祐年间正是苏氏兄弟在朝担任要职之际,而彼时党争激烈,苏轼畏惧树大招风,忧心人言致灾,故想辞要职以避祸。此外,彼时的苏轼还有退归之愿。其吐露心声道"某衰病,不复有功名意,……更告法师,为祷诸圣,令早得归为幸。此是真切之意,勿令人知将为虚伪"⑨。衰病、避祸与退归之愿,使得苏轼想要闲退安养,反映在致仕计划上,则是必辞要职以求退,而越州本身为闲散小郡,又兼风景胜绝,恰是苏轼所求。此于越州书写上,则使得苏轼将其塑造成清闲安适与胜绝超然的退归佳地。

然苏轼不选择直接辞职退休,则是因其报国情怀。在退归之念兴起时,他又感到"今日国恩深重,忧责殊大,报塞愈难,退归何日"⑩,"惊华发之半空,笑丹心之未折"⑪,"报国之心,死而后已"⑫。因这报国之情,即便是衰病、惧祸与退归之愿共同作用,也难使苏轼辞官退隐。然其毕竟衰病难支、忧灾惧祸,要职之重,实

---

① 白居易著,朱金城笺校:《白居易集笺校》卷二《秦中吟十首·不致仕》,上海古籍出版社1988年版,第88页。

② 《苏轼文集》卷四七《贺欧阳少师致仕启》,第1346页。

③ 《苏轼文集》卷四七《与颍州运使刘昱启》,第1357页。

④⑦ 《苏轼文集》卷三二《杭州召还乞郡状》,第913页。

⑤ 《苏轼文集》卷三七《乞越州札子》,第1044页。

⑥ 《苏轼文集》卷二三《辞免翰林学士承旨第二状》,第680页。

⑧ 《苏轼文集》卷三七《辞两职并乞郡札子》,第1041页。

⑨ 《苏轼文集》卷六一《与辩才禅师六首》(四),第1858页。

⑩ 《苏轼文集》卷五九《与王庆源十三首》(十),第1815页。

⑪ 《苏轼文集》卷二三《谢宣召再入学士院二首》(一),第681页。

⑫ 《苏轼文集》卷三二《杭州召还乞郡状》,第914页。

在难以胜任。如"怀安退缩,岂所当然。盖散材不任于斧斤,而病马空縻于刍粟。故求外补,以尽余年"①,"非不怀恋天地父母之恩,而衰老之余,耻复与群小计较短长曲直","今余年无几,不免有远祸全身之意",所以"反覆计虑,莫若求去"②,准备将爱国之情投于闲地外任。而越州便于苏轼为政,恰合其报国之心。这种报国情怀反映到致仕计划上,则是"缓缓归去";反映到越州书写上,则不免有为政济民之色彩。

苏轼的致仕思想与乞越经历亦发人深思,可资借鉴。苏轼乞越期间自言"公退清闲如致仕,酒余欢适似还乡"③,将退去公事的清闲安适等同于致仕还乡,给人一定的启示。苏辙也言:

> 渊明不肯为五斗米一束带见乡里小人,而子瞻出仕三十余年,为狱吏所折困,终不能悛,以陷于大难,乃欲以桑榆之末景,自托于渊明,其谁肯信之?虽然,子瞻之仕,其出入进退,犹可考也。后之君子其必有以处之矣。④

指出苏轼报国之情不灭,终不能如辞官归隐的陶渊明一样,然其"退"不仅可考,更可供借鉴。其缓缓而"退"的方式,毫无疑问乃是苏辙话中一意,更可视为"后之君子"用以处世的一种范式。对此,清代诗人龙燮也感慨道:"载笔相如已倦游,《甘泉》书上不曾收。挂冠敢道辞神武,抗疏非同乞越州"⑤,宦海漂泊,欲求归隐,不一定要学逢萌解冠挂东都城门而骤然离去,也可如苏轼乞越一般兼顾报国与闲退。

简而言之,苏轼乞越是其"藩镇—小郡—宫观"致仕计划中的一环。衰病、惧祸、退归、报国等因素,不仅是苏轼致仕思想形成的原因,亦是其乞越的主观诉求。它们对苏轼越州空间书写的特点产生影响,并与越州的地缘优势一起,共同促使苏轼选择求守越州。越州于苏轼而言,是一个任职报国与退归安养的平衡点,亦是一个致仕归田的中转站。苏轼的致仕思想当是一笔宝贵的精神财富,为后人留下了可资借鉴的退归方式。

余论:苏轼与越州文学景观的生成

苏轼多次执着求越,并在爱慕之下反复书写越州,既在苏海中留下碎片,也

---

① 《苏轼文集》卷二三《杭州谢上表二首》(一),第674页。
② 《苏轼文集》卷三二《杭州召还乞郡状》,第914页。
③ 《苏轼诗集》卷三四《臂痛谒告,作三绝句示四君子》(其一),第1800页。
④ 苏辙著,曾枣庄、马德富校点:《栾城集》卷二一《子瞻和陶渊明诗集引》,上海古籍出版社1987年版,第1402页。
⑤ 徐世昌编:《晚晴簃诗汇》卷四二《即事》,中华书局2018年版,第1645页。

在越州产生了一个文学景观。清代越州人杜煦记载道：

> 东坡先生诗云："我顷三章乞越州，欲寻万壑看交流。"惜当日不遂所请，
> 乃吾越千古恨事也。奎宿之说，虽出方士，然傅星申岳公载之韩碑，理固有
> 可信者。癸卯冬，同人修蕺山文昌阁，爰肖公像于阁下。以十二月十九日为
> 公诞辰，落成设祀，敬纪以诗，即以第三联作楹语，度风雅名流，瓣香申谒者，
> 咸有同心尔。
>
> 仇仙题不到稽阴，长慨蠡城逊虎林。
> 奎宿光芒天上照，蕺山笠屐望中临。
> 坐看万壑交流水，追慰三章乞越心。
> 拟学紫裘腰玉篆，年年南鹤仿遗音。①

"仇仙""奎宿"皆是苏轼的代称，苏轼的画像有《东坡笠屐图》，十二月十九日为东
坡农历生辰，这些细节皆可佐证此事的真实性。此条记载说明因苏轼数次乞越，
使得清代癸卯(1843)年越州人在城内蕺山修建文昌阁时，将苏轼的肖像置于阁
中，并以杜煦所写"坐看万壑交流水，追慰三章乞越心"作此阁楹联，以这种方式
追慰苏公乞越之心，并聊解其终不遂所请之憾，更纪念着苏轼与越州的过往。

综上所述，苏轼在元祐年间至少13次力辞显要之职而乞去越州外任，且从
现有材料看，苏轼未曾亲临越州，却在想象中大量书写此地，俨然将其当成了理
想之城。清闲安适、胜绝超然、易于为政是苏轼书写越州的三大特点，它们共同
构成了其理想外任之地的面貌。理想的外任之地，则是苏轼越州书写的特色，可
为越州文学史添上一抹与众不同的色彩。苏轼乞越是其"藩镇—小郡—宫观"致
仕计划中的"小郡"一环，此计划具有逐步谋求闲职以求致仕，即"缓缓而归"的独
特思想性，为后人留下了可资借鉴的退归方式。衰病、避祸、退归、报国是苏轼致
仕思想形成的复杂因素，守越是它们的平衡点，亦成为苏轼乞越的主观诉求。苏
轼与越州的因缘，促成了清代在州内蕺山文昌阁供奉苏轼这一文学景观，这一发
现，当为绍兴地方文化添一砖瓦。

[作者简介] 王华争，女，广西大学硕士研究生，曾发表论文《光亮·时光·
荣光——苏轼诗歌的"光"书写》。

---

① 潘衍桐编纂，夏勇、熊湘整理：《两浙辋轩续录》卷二四，浙江古籍出版社 2014 年版，第
1623 页。

论苏轼黄州创作中的主客关系

——以《雪堂记》和《前赤壁赋》为例

倪可可

内容提要 《雪堂记》和《前赤壁赋》均作于元丰五年,二者是苏轼黄州时期作品中仅有的以主客对答形式撰写的文章,写作背景和模式高度相似,但呈现的主客关系却并不相同。苏子与雪堂客的关系疏离,与赤壁客的关系却十分融洽。苏轼有意模糊客人身份,给文本的理解带来更多的可能。在哲学层面,苏轼置换老庄思想的载体,《雪堂记》中客人为老庄化身,而主人拒绝全盘接受;《前赤壁赋》中主人却依托老庄话语来慰藉客人,这体现了苏轼在黄州时期对老庄哲学的复杂性,他对老庄只是部分接受。在现实层面,文本中的主客地位存在差异,雪堂客的地位高于苏子,赤壁客与苏子地位平等,这实际上也是苏轼人际交往关系的映射。

关键词 苏轼 主客 黄州 《雪堂记》《前赤壁赋》

在"乌台诗案"后,苏轼被贬为黄州团练副使。元丰三年(1080)二月一日至元丰七年四月七日,这将近五年的时间,他都在黄州度过。苏轼曾自嘲"问汝平生功业,黄州、惠州、儋州"①,而后世读者则普遍认为,黄州时期既是他痛苦的"逐客"生涯,同时也是思想转变和创作的高峰期。苏轼在黄州时期创作出了一批优秀的作品,其中《前赤壁赋》尤以其说理微妙、情韵深致而受到颇多关注,其"主客对答"的形式亦为人所熟知。但在论及《前赤壁赋》的这一形式时,论者一般都停留和局限在文本的具体语境内,或以为"主与客都是作者一人的化身"②,是苏轼思想斗争的外化,或以为主客对答是赋体文学经典的表现手法,出现在文赋中颇为寻常,未予以特别的关注,似乎都并未对这一形式进行深入的探究。

---

① 张志烈等主编:《苏轼全集校注》诗集卷四八《自题金山画像》,河北人民出版社 2010 年版,第 5573 页。

② 陈振鹏、章培恒主编:《古文鉴赏辞典》,上海辞书出版社 2014 年版,第 1347 页。

苏轼另有一篇形式与《前赤壁赋》有异曲同工之妙的记体文,两者同样以"主客对答"的形式布局结撰,且均作于元丰五年(《雪堂记》作于此年正月,《前赤壁赋》则为此年七月)。相对于《前赤壁赋》,《雪堂记》明显受到冷落,已有研究者指出,"《雪堂记》文本并没有得到应有的关注,后世少有评说。以至于曾枣庄《苏文汇评》中未收此文,《苏轼全集校注》该文后亦没有集评。对文本语句的化用也较为少见"①。笔者目力所及,仅有陈礼生《"客"从何处来?——读苏札记之一》②、杨胜宽《〈雪堂记〉与苏轼黄州"适意"的贬谪生活》③、连国义《论苏轼雪堂符号意义的生成》④寥寥几篇论文谈到了《雪堂记》,学界整体上对此文关注较少。

但在笔者看来,这篇几乎是《前赤壁赋》三倍字数的文章值得引起苏轼研究者的重视。以主客问答形式撰写的《前赤壁赋》原本显得极为"寂寥",但《雪堂记》的参照使得原本孤立于单一文本内的主客关系跳脱出了边界,摆脱了仅有"遗响"的尴尬局面。笔者认为,雪堂内和赤壁下的主客关系表现出了独特的差异性和矛盾性,这正是苏轼谪黄期间复杂心绪的流露。因此,本文拟从《前赤壁赋》与《雪堂记》的主客关系入手,对苏轼黄州时期的心路历程试作探析,其中不妥之处,尚祈方家教正。

一 主客关系的疏离、客人身份的抽象性和模糊性

总的来说,《雪堂记》中的主客是一种论辩关系,双方展开了多轮"剑拔弩张"的对话,客以精微深奥的庄禅道理诘责苏子多达三次,而主人苏子始终保持谦卑的姿态作答,主客双方都是强大而独立的思想个体,长篇大论的说理并没有使二者达成共识,主客关系隔阂而疏离。而《前赤壁赋》则截然不同,其中的主客关系温和而融洽,双方的言语机锋并非辩论,更多呈现为一种即兴和随意的对话。从两篇文章的结构安排亦可管窥作者的一些写作意图:《雪堂记》通篇充满缜密精湛的说理,这部分约有 1600 字,又用了不到 200 字交代缘起和结尾;而《前赤壁赋》的议论部分仅 400 字不到,描写和记叙约有 260 字。两相比较,读者不难察觉出,作者在撰写前者时的写作态度更加严肃认真,而撰写后者时则显然更加轻松。

那么又是什么原因导致了这种差异?笔者认为,这需要我们回到《前赤壁赋》和《雪堂记》的文本中去寻找答案。《前赤壁赋》的结构大致如下:良辰美景,泛舟赤壁,客以一段哀怨缠绵的箫声引致二者共同陷入人间短暂、乐难永驻的

①④　连国义:《论苏轼雪堂符号意义的生成》,《黄冈师范学院学报》2022 年第 1 期。
②　陈礼生:《"客"从何处来?——读苏札记之一》,《黄冈师专学报》1987 年第 1 期。
③　杨胜宽:《〈雪堂记〉与苏轼黄州"适意"的贬谪生活》,《乐山师范学院学报》2011 年第 7 期。

"愀然",苏子发问"何为其然也"①,彼此浸淫于淡淡感伤中,客继而阐明苦涩的原因——"哀吾生之须臾,羡长江之无穷",苏子再借道家思想获得解脱,以自然的永恒解构渺小人生的有限。尽管苏子在《前赤壁赋》的文本中以开解者的面貌出现,但很难说客身上没有苏轼的影子,换言之,客对现实的痛苦体悟亦是苏轼本人的痛苦体悟,从此文中我们可以感受到苏轼对人生存有深深的哀伤和疑惑。

在"乌台诗案"之前,苏轼可谓是少年得志、平步青云,但诗案的发生,终止了他原本风光无限的人生,"兼济"正式迈向"独善"。于苏轼本人而言,此次可怕的风暴几乎意味着政治生涯的终结,他不止一次想自我了断。被贬黄州而免于更严酷的惩罚已是万幸,不敢奢望时日回家归京,前途万分迷茫。神宗皇帝的心思捉摸不透,心机小人防不胜防,因己而起的风波之大,影响了无数亲朋好友。他的心态是矛盾而复杂的,一方面,他始终怀抱儒家士大夫坚毅的节操,"吾侪虽老且穷,而道理贯心肝,忠义填骨髓,直须谈笑于死生之际"②,激励自己从炼狱境地中超脱出来,同时又出入佛老之间,最终"开创了士人在困顿中建立功业之路,提供了于背逆之际注重精神追求、实现人生成功的范式"③。但另一方面,苦闷和困惑依然不断伴随着蜕变过程,反复涌现、交织,直到他离开黄州都未曾消失殆尽,相反,这种负面情绪自始至终都可见于其黄州诗文中,甚至在元丰七年,他仍写下"去年花开我已病,今年对花还草草"④的诗句,声称"东坡先生心已灰"。

所以正如上文业已指出的那样,《前赤壁赋》中感到困顿和悲伤的不只是客,身为"孤鸿"的苏轼,何尝不觉功业虚无、人生短促,"万事到头都是梦,休休。明日黄花蝶也愁"⑤,"小舟从此逝,江海度余生"⑥,这些诗词中充斥的感伤情绪和避世思绪也同样弥漫在《前赤壁赋》的文本中。透过文本,我们可以感受到主客之间的情感是共通互融的,而在经过苏子开解后,主客又同时完成情绪的消散和超脱。总之,在《前赤壁赋》中,主客之间的情感界限暧昧模糊,是你中有我、我中有你的关系,这也正是很多人将此文中的主客对话当作苏轼内心人格交锋的原因。

相比之下,《雪堂记》中的主客则均为具有强烈个性的独立体,思想和情感上的隔阂使得双方互不认同。在笔者看来,《雪堂记》的主客对话中,客之诘难可分为三个层次:

第一层,客开头即以自问自答的形式抛出对苏轼当下人生的判断,"子世之

---

① 《苏轼全集校注》文集卷一《前赤壁赋》,第 27 页。
② 《苏轼全集校注》文集卷五一《与李公择十七首》(其十一),第 5617 页。
③ 梅大圣:《苏轼黄州时期的生活方式及社会意义》,《江汉论坛》1996 年第 7 期。
④ 《苏轼全集校注》诗集卷二二《和秦太虚梅花》,第 2495 页。
⑤ 《苏轼全集校注》词集卷一《南乡子·重九涵辉楼呈徐君猷》,第 322 页。
⑥ 《苏轼全集校注》词集卷一《临江仙·夜归临皋》,第 409 页。

散人耶，拘人耶？散人也而天机浅，拘人也而嗜欲深。今似系马而止也，有得乎而有失乎？""子之欲为散人而未得者也"①。拘人乃为现实功名、机务所系累之人，散人是逍遥任诞、随缘委运之人，客直截了当、一针见血地指出了苏轼的困顿纠结之处境，未能全然去"拘人"而成"散人"。不及得到苏轼的回复，客就直接"告子以散人之道"，评价苏轼"今也如狷之在囊"，依旧嗜欲深重、执着于名。其后，客又主动邀主作超脱世俗的"藩外之游"。

第二层，针对苏子所说的"自以为藩外久矣"，客叹息惊异，"甚矣，子之难晓也"，随即展开猛烈批驳。在客看来，势利、名誉、阴阳、人道皆不足以成为人的束缚，"所以藩予者，特智也尔"，真正阻碍苏轼通往自由境界的恰恰就是他的智慧。因人之智慧，便产生了言行；因有言行，使人"欲嘿不欲嘿，欲息不欲息，如醉者之恚言，如狂者之妄行，虽掩其口执其臂，犹且喑呜局蹙之不已"，这样的怒骂和胡闹成了牢笼和桎梏。而雪堂之建筑和绘画令人五官逸乐、身体安宁，但也造成了"形固不能释""神固不能凝"的恶劣结果，与苏轼的本心背道而驰。客还对自然运行的"势"之机理进行分析，最后对主人发出了"子其殆矣"的警告。

第三层，客又针对苏子"予之所为，适然而已，岂有心哉"的回应，继续坚持己见，表明了自己的不认同，并陈述了反对的理由。客认为，人见雪不能无动，筑堂而绘雪，不可能脱离"心"和"智"，既然如此，就并非真正的适然。

三次攻势全为客主动发难，他的辩难层层推进，具有高度的主动性和独立完善的逻辑理论体系。而苏子在这三次诘难的过程中，主要作为被否定的对象，他在前两次交锋中仅作了略带消极的回应，直到第三次，他才真正和盘托出自己的观点，为筑堂绘雪的行为和雪堂存在的合法性做辩护，认可"意畅情出"的人生态度。但他呈现观点的方式并非针锋相对地批驳客的说法，甚至也并未企图以言语说服对方来取得论辩的胜利，而是与之保持距离地将问题悬置起来，并自甘居于下风，"子之所言者，上也。余之所言者，下也"，"子之所言是也，敢不闻命。然未尽也，予不能默。此正如与人讼者，其理虽已屈，犹未能绝辞者也"。他仅仅只愿取得表达言辞的机会，并不多加争辩，最后以一句简单的"今日之事，姑置之以待后论"收束辩论，作歌以抒己志，也均是极其委婉之词。直到最后，"客顾而额之曰：'有若人哉。'"这也仅仅是主客对话的终止，不能理解为双方观念的统一。可见，此处的关系确是疏离而隔阂的。

在对《前赤壁赋》和《雪堂记》的文本进行基本的梳理、界定主客关系后，让我们再回到对文中客人身份的判定上。关于《前赤壁赋》中的客的身份，或说为杨世昌，如清人赵翼在《陔余丛考》中指出，"东坡《赤壁赋》'客有吹洞箫者'，不著姓字。吴匏庵有诗云：'西飞一鹤去何祥？有客吹箫杨世昌。当日赋成谁与注？数

---

① 《苏轼全集校注》文集卷一二《雪堂记》，第 1309 页。

行石刻旧曾藏.'据此,'客'乃指杨世昌"①;或说为李委,因苏轼《与范子丰书》曾提到,"今日李委秀才来相别,因以小舟载酒饮赤壁下。李善吹笛,酒酣作数弄,风起水涌,大鱼皆出,上有栖鹘"②。杨、李二人皆为曾与苏轼同游赤壁而善吹箫者,均与"客有吹洞箫者"一句相符。至于雪堂之客为谁,则需要从它的文题说起。《雪堂记》又名《雪堂问潘邠老》,据陈礼生所考,公认最早的东坡七集虽不载《雪堂记》,但同书所附宋人王宗稷撰《东坡先生年谱》却曾提及《雪堂问》云云,明人赵开美所刊《东坡志林》则在卷四收录此文,并改题为《雪堂问潘邠老》。陈氏猜想赵开美改题篇名的原因大约是"在当时,只有在黄州的弟子,人称'天下奇才',赫赫有名的江西诗派的重要成员潘邠老了。他最有资格成为'客'出现在苏子的文章中"③,但陈礼生对此说法存在异议,认为从年龄上判断,客应该是潘邠老的祖父潘革。因此,《前赤壁赋》和《雪堂记》中的客究竟为谁,历来聚讼纷纷,难以定谳。

　　然而,比起一味追求精确的考证结果,更耐人寻味的是苏轼的刻意隐藏,他在文中主动赋予客人身份抽象性和模糊性。笔者认为,这与他的畏祸心理和应激创伤有关。在元丰二年的年底,乌台诗案结束之际,他字字泣血地写下"平生文字为吾累,此去声名不厌低"④,原本他是放荡不羁、为人艳羡的天才,何曾想过随性恣肆的诗文创作竟会带来杀身祸患,经此一劫,他变得战战兢兢,万分小心,甚至克制创作欲望,对诗文的撰写和传播均持极其谨慎的态度。当友人傅尧俞向苏轼求索文章时,苏轼在赠予的抄本《前赤壁赋》跋中叮嘱道:"轼去岁作此赋,未尝轻以示人,见者盖一二人而已。钦之有使至,求近文,遂亲书以寄。多难畏事,钦之爱我,必深藏之不出也。"⑤据此可以推测,苏轼实际上是有意识地模糊客之身份,以避免牵扯现实中的人事,给自己和朋友带来不必要的纠葛。

　　除了政治倾轧和现实纠葛的因素,从文学性的角度考量,客人身份抽象性和模糊性也有助于拓展文学虚构的空间,不会轻易令读者陷入对真实性的过度溯求,从而更大程度地赋权作者,让其能够自由地安排主客之间的关系、情感、表现。实际上,真正的苏轼可以任意穿梭在主客之间,而非被限制在其中某个身份上,阅读《前赤壁赋》,细心的读者可以觉察到文中的主客对话其实就是苏轼的内心交锋,而《雪堂记》又何尝不是如此呢?苏轼对两篇作品的主客身份安排,都提升了情感表达和思想阐释的高度,丰富了文本的抽象内涵,使文章的意义并不局

---

① 赵翼著,栾保群、吕宗力校点:《陔余丛考》,河北人民出版社1990年版,第402页。
② 《苏轼全集校注》文集卷五〇《与范子丰书八首》(其七),第5421页。
③ 陈礼生:《客从何处来?——读苏札记之一》,《黄冈师专学报》1987年第1期。
④ 《苏轼全集校注》诗集卷一九《十二月二十八日,蒙恩责授检校水部员外郎黄州团练副使,复用前韵二首》(其二),第2108页。
⑤ 《苏轼全集校注》佚文卷一《与钦之一首》,第8557页。

限在流于浅表的记录层面——记录苏轼和某位朋友带有偶然性的对话交流,而使这两篇文章能够成为具备一定容量的苏轼思想的载体。

客人具体身份的剥离,毋庸置疑地给作者的创作带来了极大的自由。高度抽象的客体,在合理范围内能象征和代表更多的具体客体。譬如雪堂之客,从哲学层面上看他是老庄化身,从现实层面上看他是带有审判意味的世俗之人。抽象的客体也能摆脱单一文本的束缚,联结起多个文本。正如本文所关注的《前赤壁赋》与《雪堂记》,二者共同撰写于苏轼谪居黄州的元丰五年,创作时间前后相隔不过半年,写作模式和思想情感具有高度的相似性,笔下的客体却表现出巨大的差异。这种矛盾来源于作者复杂的心态,也为读者的理解带来更多可能。

二　哲学层面:老庄思想载体的置换

从哲学层面去观察同一场域下的主客,可以发现一个有趣的现象:雪堂里的客人作为道家的化身,从"绝圣弃智"和"心斋"的角度批驳主人的行为和想法,并进行说教和劝诫,主人则是斩钉截铁的拒绝者和逆反者。但赤壁下的主人却反而依托老庄"齐万物""等生死"等观念来慰藉客人,企图遁入其中以求得共同的精神解脱。原本是客体承载老庄,主体坚守己见,而在短短半年后,身份就发生了反转——主体承载老庄而客体接受其思想。这样的置换足以说明苏轼在黄州时期对老庄哲学态度的复杂性,他在思想上对老庄有所亲近,但并非完全虔诚的信众。作为高度独立的个体,他只是部分接受了老庄思想,且于他而言,很大程度上,老庄只是一种工具,他可以随意地选择和抽离合适的内容,进行加工和利用,借此完成自我救赎。

苏轼初来黄州,心如死灰,寻求精神寄托以自我疗愈是一大事。继年少初学佛老后,伴随着兼济天下理想之挫败和中年人生凋敝之痛苦,他又转入其中,希冀从精神上消解现实苦难。他曾与秦观叙及"吾侪渐衰,不可复作少年调度,当速用道书方士之言,厚自养炼。谪居无事,颇窥其一二。已借得本州天庆观道堂三间,冬至后,当入此室,四十九日乃出"①;在《黄州安国寺记》中他也提及五年坚持"间一二日辄往,焚香默坐,深自省察,则物我相忘,身心皆空,求罪垢所以生而不可得"②;《与章子厚》中苏轼也称他"惟佛经以遣日"③。凡此种种表述,均可窥见苏轼在黄州时期对佛老的亲近和依赖。

不过对苏轼而言,从"故我"过渡至"今我"的终点并非皈依佛老之异端,儒家

---

① 《苏轼全集校注》文集卷五二《答秦太虚七首》(其四),第5753页。
② 《苏轼全集校注》文集卷一二《黄州安国寺记》,第1237页。
③ 《苏轼全集校注》文集卷四九《与章子厚参政书二首》(其一),第5271页。

思想始终占有主导地位，支撑着他的生命。从前的苏轼以"致君尧舜"为毕生理想，放言"使我不言，谁当言者"①，犯颜直谏，即便尝尽过刚易折的苦头后，却依然保有忠肝义胆的气性和济世救国的志向，"虽废弃，未忘为国家虑也"②。而在黄州的这五年，释道真正融入了苏轼的心灵，成为他在精神世界对抗外来侵袭的强力结界。不过苏轼终究是一个自幼深受儒家思想熏陶的士大夫，佛老始终只是他在精神上的辅助。当因为政治理想的破灭而一次次心理失衡，困顿和悲哀涌上胸口，他择取一切能够令肉体和精神达到双重"厚自养炼"的事物，以使自己摆脱煎熬。纵观苏轼的黄州时期，这些事物不仅仅只有佛老修炼，实际上涵盖了日常生活的方方面面。譬如他在《节饮食说》中提到的"三养"，以及潜心炼丹、躬耕东坡、游山玩水等手段，究其本质，都是苏轼出于淡化、泯灭外在纷扰的考虑，希望实现心灵的高蹈独立和永恒宁静。在苏轼的内心最深处，他仍然坚定地保有"致君尧舜上，再使风俗淳"的儒家政治理想，从这个角度上看，不论求诸佛还是道，抑或其他手段，于他的意义都是相同的。

所以，比起纯粹的宗教目的，佛老的工具性更显著，并且苏轼往往只会摘取与儒家思想相通的因素而用之、改之、化之。他在《答毕仲举书》中自陈，"学佛老者，本期于静而达；静似懒，达似放；学者或未至其所期，而先得其所似，不为无害。仆常以此自疑。故亦以为献"③。苏轼并未沉溺佛老，他清醒地看到了佛老的弊端，于是主要学其静与达，求其"物我相忘，身心皆空"，借之抚平内心的伤痛，对于懒散和放纵则多有警惕。

比较能体现苏轼对道家的"扬弃"态度的是作于元丰三年的《与秦太虚书》，此信直接记叙了苏轼参加道家修炼的行为和感受，而在信中他又说，"但满此期，根本立矣。此后纵复出从人事，事已则心返，自不能废矣"，他决不能忘为国为民之"人事"，仍然心怀"奋力有当世志"的士大夫进取精神。不过，尽管苏轼自称在黄州"逢人欲觅安心法，到处先为问道庵"④，黄州时期的大部分作品里，读者也都可以体察到其中若隐若现的道家思想，但像《与秦太虚书》一样直接表明立场和态度的作品却是极少数。在这些作品中考察苏轼接受了哪些老庄思想是相对容易的，但若想辨别他是如何对道家思想保持抗拒则较有困难，而依笔者之见，《雪堂记》就是后一方面为数不多的典型文本。

当把模式上具有高度重合性的《雪堂记》与《前赤壁赋》置于同一场域下，聚焦苏子、雪堂客、赤壁客三者的交互关系、思想性质、思想成分，苏轼对道家思想

---

① 朱弁撰，孔凡礼点校：《曲洧旧闻》卷五，中华书局2002年版，第158页。
② 《苏轼全集校注》文集卷五一《与滕达道书六十八首》（其二十），第5530页。
③ 《苏轼全集校注》文集卷五六《答毕仲举二首》（其一），第6184页。
④ 《苏轼全集校注》诗集卷二一《和子由寄题孔平仲草庵次韵》，第2330页。

的扬弃情况就更加明晰了。图 1 所示正是三者之间思想交流的情况,主人对赤壁客输出道家观念,双方达成了共同的认知;而雪堂客对主人输入道家观念,却遭到了拒绝,因为主人对老庄思想仅能做到部分接受。

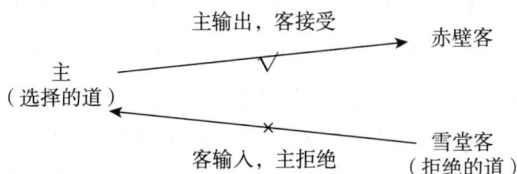

图 1　实际的情况

《前赤壁赋》中苏子所慰客人之言为"盖将自其变者而观之,则天地曾不能以一瞬;自其不变者而观之,则物与我皆无尽也,而又何羡乎?⋯⋯是造物者之无尽藏也,而吾与子之所共适",这显然来源于庄子的思想,"是亦彼也,彼亦是也。彼亦一是非,此亦一是非。⋯⋯是亦一无穷,非亦一无穷也"(《庄子·齐物论》),"自其异者视之,肝胆楚越也;自其同者视之,万物皆一也"(《庄子·德充符》)。世间万物皆存在联系,且处于无限的变化和转化之中,"以道观之,物无贵贱",这一部分是苏轼所认同和接受的道家思想,所以他"齐得丧,忘祸福,混贵贱,等贤愚",并且以此来超脱哀愁的赤壁客,实现了共同的坦荡旷达和物外之游。

雪堂客所提出的观点是:

1. 予今告子以散人之道。夫禹之行水,庖丁之投刀,避众碍而散其智者也。

2. 所以藩予者,特智也尔。智存诸内,发而为言,而言有谓也;形而为行,则行有谓也。

3. 人之为患以有身,身之为患以有心。

4. 五官之为害,惟目为甚。故圣人不为。

客人强调要成为真正的散人,必须做到"弃智""无身""无心""无为",即老庄思想的核心,直指"至人无己,神人无功,圣人无名"的至臻境界,依自然之道,秉天地之性,达到精神上绝对的自由逍遥。至于仁义礼乐等儒家伦理,皆属于羁绊和阻碍,应该予以彻底的摒弃。《庄子·人间世》云,"人皆知有用之用,而莫知无用之用","无用"即不为世所用,求得自身保全,对忧国忧民的儒家士大夫苏轼来说,忘却"兼济天下"的理念,这是他不可能也不愿意去做的。

纵观苏轼黄州五年的事迹和行踪,反而可以说是"有智""有身""有心""有为"。在黄州,苏轼读书、写作、躬耕、出游、交友,生活清贫但有趣充实。据统计,黄州时期的诗、文、词创作数量与总量之比分别为 211/2743、579/4946、78/369①,约为十三分之一、九分之一、五分之一,"无论从数量上看,还是从质量上

---

① 　数据参见郭红欣:《苏轼作品量的时空分布》,《中南民族大学学报》2020 年第 1 期。

看，东坡的诗、词、文、赋、评论、书法、绘画等的创作成就，都以他贬居黄州时期的为最高"①。苏轼同时又潜心学术研究，作《易传》九卷、《论语说》五卷。在这贫瘠偏远的土地上，苏轼怀抱赤诚之心体会劳动人民的生活，感叹"躬耕渔樵，真有余乐"②，在物质条件极其匮乏的情况下，研究各种美食和药膳，创制东坡肉、东坡饼、东坡鱼等，又开荒东坡、建筑雪堂等，努力营造恬淡诗意的生活。凡此种种显然与老子所说的"五色令人目盲，五音令人耳聋，五味令人口爽；驰骋畋猎，令人心发狂；难得之货，令人行妨"相违背。苏轼在《东坡易传》中称，"夫天岂以刚故能健哉？以不息故健耶。流水不腐，用器不蠹。故君子庄敬日强，安肆日偷。强则日长，偷则日消"③，他本人即一位刚健不息的君子，拥有广阔胸襟、哲学智慧、鲜明个性，显然并非道家中的散人。

更与老庄思想相悖的是，苏轼始终无比关心国家百姓，执着于现实世界，无论身处何境，心中所念仍是"戮力上国，流惠下民"。《老子·十三章》云："吾所以有大患者，为吾有身也；及吾无身，吾有何患？"忘记宠辱就不会有得失之患，但对苏轼来说，君子忧道不忧贫，他可以做到在"风雨晦明之间"素履以往，忘却一己穷达贵贱，却不能不以黎民苍生为患，身处卑位仍挥笔写下激情澎湃的爱国主义诗歌《闻捷》《闻洮西捷报》等。他违背与友人巢谷的约定，以圣散子方救助瘟疫下的黄州百姓，"合此药散之，所活不可胜数"④，又曾寄信给太守，请求革除岳鄂间农民因贫穷而溺婴之风。

所以，苏轼作为传统的儒家士大夫，不论个人遭受怎样的外在祸患，仍会坚持以兼济天下为己任，他所接受的道家思想均是不与其根本信念冲突的部分。苏轼借"齐万物"等观念来作形上超越，目的是在困顿艰难之时全性保真、修养性情、清心寡欲，努力摆脱世俗之累，本质上还是为实现儒家理想作更好准备，所以他不会真正去遁世，不会信奉宗教性的厌世悲观主义，换而言之，他必然不会成为雪堂客口中的方外散人。

苏轼在学习、参悟各种事物和思想的过程中，始终保持高度的独立性，不过度依附单一因素，二文里的主客之间身份置换更加证明了苏轼本体的个性和自由。原本主体和客体都各自承担一部分道家思想（如图 1 所示，前者是被选择的道家思想，后者是被拒绝的道家思想）。假若预设一种情况，去除这种主客之间的身份置换，那么全部的道都要归置一处，要么由主体承载，要么由抽象的客体承载。排除前者的可能性，因为主体不可能接受所有的道，所以只剩下后者一种

---

① 饶学刚：《再论苏东坡文艺创作的高峰在黄州》，《乐山师范学院学报》2006 年第 10 期。
② 《苏轼全集校注》文集卷五七《答吴子野七首》（其一），第 6346 页。
③ 苏轼撰：《东坡易传》卷一，上海古籍出版社 1989 年版，第 5 页。
④ 《苏轼全集校注》文集卷一〇《圣散子叙》，第 1036 页。

情况(如图 2 所示),赤壁客承载被选择的道,雪堂客仍然承载被拒绝的道。

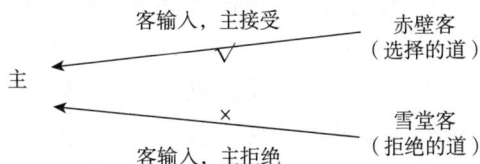

图 2　预设的情况

　　道家身份的迁移导致思想传播和接受发生了改变,原本作为被输出者的赤壁客变为输入者,《前赤壁赋》的内容则表现为主人因产生带有虚无主义色彩的哲学沉思而感到悲哀,客人以超脱物外的旷达胸襟感染主人,苏轼最终接受了道家的随缘自适、物我两忘。尽管这样的写法也达到了同样的效果,表明苏轼对其是有选择性的接受,却无法体现他的独特个性和主动性。反观图 1,主人具有强大的心智和豁达的人生观,积极开导沉浸在悲观中的客人,这更符合苏轼本人的性格和心理特征,通达乐观,泰然自若,正如他在元丰五年写下的《定风波·莫听穿林打叶声》里展现的独立、坚毅、放达的形象,“莫听穿林打叶声,何妨吟啸且徐行。竹杖芒鞋轻胜马,谁怕? 一蓑烟雨任平生”①。并且,相较图 2,图 1 更能体现苏轼对文学创作和思想成长的掌控力。在他的笔下,道家身份可以得当地落在文本塑造的任意一个角色上:当主人象征着老庄之道时,主人借道说服客;当客象征着老庄之道时,主人又拒绝客以道说服自己。在两个有互文关系的文本里,这样的写法是很精妙的。不论是文本中的苏子还是现实的苏轼,都有强势表现,这并非指对话过程中的咄咄逼人和一意孤行,而是指其稳若泰山、岿然不动的精神境界,外表坚硬,内心则流动不息,有选择地不断汲取、化用佛老思想的部分,正如元丰七年,苏轼改汝州安置而将离黄州时,他在《黄州安国寺记》中叙述的那样,“一念清净,染污自落,表里翛然,无所附丽,私窃乐之”②。

　　因此,我们可以说,老庄于苏轼而言只是一种工具,他学习却不全然信奉。王士禛有言:“苏轼有菩萨语,有剑仙语,有英雄语,独不能作佛语、圣语耳。”③《答毕仲举书》里,苏轼宁要“猪肉”不要“龙肉”,也在很大程度上体现了他对老庄的态度。苏轼以意到笔随的书写态度去给主客置换道家身份的行为,正展现了他思想上的“无所附丽”,对老庄思想进行拆解和剥离,择取、安排、化用需要的部分,完成了文本创作和精神建构。

<hr />

① 《苏轼全集校注》词集卷一《定风波·莫听穿林打叶声》,第 351 页。
② 《苏轼全集校注》文集卷一二《黄州安国寺记》,第 1237 页。
③ 王士禛著,张宗柟纂集,夏闳校点:《带经堂诗话》,人民文学出版社 1963 年版,第 42 页。

三　现实层面:主客地位的差异

从现实层面考虑两个文本中的主客关系,并将其落实到苏轼的现实人际交往上,笔者认为,两篇文章呈现的疏离或融洽的不同关系恰好反映主客地位的高低差异。

《前赤壁赋》中的主客优游天地,对话交流皆处在一种其乐融融的氛围之下,尽管苏子是作为思想上的高位者存在,以"齐万物"说服了认为人生充斥虚妄悲观的客人,但是主客之间的地位仍是平等的。而《雪堂记》中,主客始终处在一种剑拔弩张、论辩对峙的状态,作品本身对于两种思想的价值并没有给出高下判断,隐藏在文本背后的作者尽管坚持主体立场,却也没有对雪堂客的观念进行批驳。主客双方势均力敌,甚至客人还有凌驾于主人之势,苏子在文中多少有些唯唯诺诺,称"子之所言是也,敢不闻命"。主动自居其下,从这个角度来说,客人地位反而高于主人。在《雪堂记》中,客人滔滔不绝地发问、批评,进行了三次的推进式诘难,而主人在多数时间沉默寡言,均只作礼貌性的必要应答,最后才阐明观点。据笔者统计,客人言语合计 812 字,苏子则为 510 字,结尾处的歌谣为255 字,字数的多寡也部分反映了主客之间气势的强弱。

进一步考察《雪堂记》中的主客"强弱",我们不难发现,客人俨然一副传道者的姿态,明确认定对方的思想行为是错误的,希冀教化误入"歧途"的苏子,主动告之以"散人之道",邀其作"藩外之游"。在对话过程中,客人不断地进行带有指责意味的审视、判断和批评,具体可见本文第一部分的论述。针对客人的次次进攻,苏子采取的策略实际上正如客口中的"猬之在囊",囊是苏子强大内心的外化,在放低姿态之际,仍能使其免却外来事物的干扰,他表面上承认"子之所言者,上也。余之所言者,下也",称"子之所言是也,敢不闻命。然未尽也,予不能默。此正如与人讼者,其理虽已屈,犹未能绝辞者也",却也仅是为了保留自我阐释的发言权,最后悬置孰是孰非的判断。在对话交往的过程中,苏子主动避开客人锋芒,实则是一种"将欲夺之,必固与之"的智慧。

根据笔者的看法,两个文本中,主客地位的差异实际上是苏轼现实人际交往关系的映射。他在黄州时期的社交模式可以区分为两种,一种是谨小慎微、退避三舍,另一种是真诚坦率、胸无城府。

前者正好对应《雪堂记》中自居低位的行为。当抽象化客人身份后,雪堂客在某种意义上就象征着苏轼仕宦生涯中所遇之人。在历经滔天巨祸乌台诗案后,苏轼亲眼所见其言语是如何被小人精心曲解、安上罪名、亲身所试宦海之波谲云诡、人情之丑陋险恶,如何能不变得战战兢兢、如履薄冰。他在《答李端叔书》有言:"得罪以来,深自闭塞,扁舟草履,放浪山水间,与渔樵杂处,往往为醉人所推骂,自喜渐不为人识。平生亲友,无一字见及。"①在《送沈逵赴广南》中亦指出:"我谪黄州四五年,孤舟出没风波里。故人不复通问讯,疾病饥寒疑死矣。"②翻检黄州时期的创作,不乏关乎世俗人情的悲叹,如"我穷交旧绝"③"酒贱常愁客少"④等。以上诗句都反映了苏轼在贬谪黄州时人际交往上的悲观一面,对于多数生平故交选择明哲保身的做法,他深深体会到凄凉痛苦。政治处境上,周遭依然险象环生,故而他对自己的言行、诗文都持着十分谨慎的态度,"又恐好事君子便加粉饰,云擅去安置所而居于别路,传闻京师,非细事也"⑤,抄录给友人的诗文作品也常要叮嘱不可外传。尽管已经远离东京,但祸患所留创伤数年也难以全然消解,所以他对于世俗官场上的相交之人都心存谨慎,雪堂客在某种抽象意义上可以说是此类心怀不轨之人的象征。

《前赤壁赋》所展现的主客观念,经历了由分歧到统一的变化过程,而在《雪堂记》中苏轼却并不追求统一,他只是主动将姿态放低,耐心平静地接受客人的诘难,尽量降低争辩的激烈程度,在文中歌谣的最后一句还补充了"子不弃兮,我其子归"的敬辞。他在面对雪堂客这样强势的友人时,展现出的社交形象是谨言慎行的,这正是一种黄州时期带有悲观消极情绪的交友模式。

再来观照另一种模式,其实陌生的环境也带来了社交的更多可能,再加上苏轼本身"泛爱天下士,无贤不肖欢如也"⑥的性格,在推心置腹、患难与共的好友和黄州当地淳朴百姓面前,他仍是豪迈磊落、通脱达观、一片赤诚的苏东坡。"子瞻在黄州及岭表,每旦起,不招客相与语,则必出而访客。所与游者亦不尽择,各随其人高下,谈谐放荡,不复为畛畦"⑦。他与田父野老和相知好友皆有来往,"四邻相率助举杵,人人知我囊无钱"⑧,黄州民风淳朴,善良热情的百姓给予他实在的帮助和真切的温暖,协助他开垦东坡、建造南堂和雪堂,在其受尽世态炎凉的苦楚时显得那样难能可贵。另外他还与旧识陈季常等继续往来,结识黄州新友,如潘丙、郭兴宗和古耕道等人,而他们正是《东坡八首》中所描述的"三子","我穷交旧绝,三子独见存。从我于东坡,劳饷同一餐"⑨。苏轼与"三子"朝夕相处,时常游山玩水,谈天说地,元丰四年、五年、六年的正月二十日,他们都相约去离黄州十里的女王城游玩,每次均作诗留念。在《与潘彦明》中,苏轼还专门提到

① 《苏轼全集校注》文集卷四九《答李端叔书》,第 5345 页。
② 《苏轼全集校注》诗集卷二四《送沈逵赴广南》,第 2659 页。
③ 《苏轼全集校注》诗集卷二一《东坡八首》(其七),第 2254 页。
④ 《苏轼全集校注》词集卷一《西江月·世事一场大梦》,第 262 页。
⑤ 《苏轼全集校注》文集卷五三《与陈季常十六首》(其八),第 5878 页。
⑥ 高文虎:《蓼花洲闲录》,中华书局 1985 年版,第 11 页。
⑦ 叶梦得:《石林避暑录话》,上海书店出版社 1990 年版,第 3 页。
⑧ 《苏轼全集校注》诗集卷二一《次韵孔毅父久旱已而甚雨三首》(其二),第 2372 页。
⑨ 《苏轼全集校注》诗集卷二一《东坡八首并叙》(其七),第 2254—2255 页。

"某向者流落，非诸君相伴，何以度日"①，可见他们的友情之深厚和苏轼的感念之深。

苏轼与他们之间的相处轻松自然、无所顾虑，尽管他曾是诗坛巨擘、文化名流，但真挚的友谊无疑能够跨越外在藩篱，他们在交往中的地位是平等的。尽管与苏子相交的赤壁客，其真实身份被苏轼有意抽象化、模糊化，但赤壁客显然就是潘丙、郭兴宗、古耕道等黄州友人，诸君皆为古道热肠、真诚善良之人，在他们的陪伴下，主人苏轼能够尽情倾吐心中所想，无须顾虑世俗羁绊，无须谨言慎行、处处退让，大家一起泛舟赤壁，饮酒作乐，在精神层面取得共鸣。

综上所述，从现实层面看，两个文本中主客地位的差异是苏轼在黄州时两种交友模式的映射。雪堂客的地位高于苏子，这是谨小慎微、退避三舍的体现；赤壁客与苏子地位平等，这是真诚坦率、胸无城府的体现。在遭遇乌台诗案后，为了保全自身，他不得不有所戒备，然而本性纯良的他仍"见天下无一个不好人"②，依然愿意张开臂膀拥抱黄州百姓和旧朋新友。

结　语

乌台诗案后，苏轼责授黄州团练副使，这是他仕途和人生的莫大挫折，然而谪居黄州时期，也是苏轼文学创作的一个高峰期，苏轼作品中许多公认的代表作都出自此时，譬如前后《赤壁赋》《记承天寺夜游》《念奴娇·赤壁怀古》《卜算子·黄州定惠院寓居作》等，历来都得到广泛关注。而学界探究苏轼黄州时期的思想状态和精神世界，也基本上以这些作品为基本的研究材料。但笔者认为，如果总是把目光集中在这些名篇的文本内部，实际上也是对研究视野的一种限制，如果能从更多新的角度，挖掘更多新材料，探究不同文本之间的联系，才能够进行更多新的解读。本文所作的尝试便是如此，笔者聚焦于苏轼黄州时期作品中的主客关系，发现了《雪堂记》和《前赤壁赋》间的关联，二者是其黄州时期作品中仅有的以主客对答形式撰写的文章，写作背景和模式高度相似，但主客关系却表现出异常的复杂性和矛盾性。笔者认为，这样的现象绝非偶然，而恰恰体现了苏轼谪黄时期的心理和思想变化。

依笔者之见，创作时间相隔半年的《雪堂记》和《前赤壁赋》，在主客关系上呈现出相当大的差异，而这样的差异可以从两种层面进行探析：在哲学层面，苏轼有意置换主客身份，道家思想的承载者可以是主体或客体，根据文本主旨的不同要求，老庄思想能够被随意地部分抽离，体现了道家思想的工具性和苏轼高度独

---

① 《苏轼全集校注》文集卷五三《与潘彦明十首》（其三），第5934页。
② 《蓼花洲闲录》，第11页。

立的思想体系。在现实层面,两篇文章中的主客地位存在差异,这实际上是苏轼人际交往关系的映射,也可见他在黄州时期的两种交友模式。

[作者简介] 倪可可,女,北京语言大学硕士研究生,曾发表论文《古人如何演绎〈鹿鸣〉?》。

苏轼诗文中"海南民"身份认同的建构与书写[*]

梁　晖

内容提要　苏轼在离开海南前写下"我本海南民"之诗句,表达了对"海南民"的身份认同。在苏轼居儋期间的诗文中,展现出苏轼克服重重困难建构这一身份的历程:苏轼通过编撰"三书"、投身民生事业化解了理想与现实的矛盾;通过《庄子》的"无何有之乡"和"齐物"思想突破了物质世界的限制,达到精神上的自由;通过造屋、服装、饮食、社交等方面亲近海南人民,拉近与海南人民的外部距离,通过咏海南之物以自况和尚友渊明来拉近与海南人民的内心距离。

关键词　苏轼　海南　身份书写　无何有之乡　齐物

引言:苏轼与海南隔阂的文学表达

北宋哲宗绍圣四年(1097),苏轼由惠州被贬至"要荒"之地儋州。离开惠州后,苏轼在给弟弟苏辙的诗中以"他年谁作舆地志,海南万里真吾乡"[①]之语宽慰彼此。虽是宽慰之语,但以苏轼丰富的被贬经验,想来他心里对自己能克服王朝边陲小岛的艰苦环境,融入海南人民的生活,确立海南民的身份认同,也是抱有几分"自信"的。但情况显然不如苏轼设想的那般顺利,正如他在与友人的信中所说:"海南风气,与治下略相似。至于食物人烟,萧条之甚,去海康远矣。"[②]彼时的海南岛被开发的程度很低,虽与岭南仅一海峡之隔,条件却要艰苦很多,想

＊　本文为海南省哲学社会科学规划重大专项(东坡文化研究)"多语种图文版《海南东坡一百问》"[项目编号 HNSK(ZDZX)22－19]、江苏省研究生科研创新计划"苏轼文学与《庄子》文本的关联性研究"(项目编号 KYCX23－3485)的阶段性成果。

①　张志烈等主编:《苏轼全集校注》诗集卷四一《吾谪海南,子由雷州,被命即行,了不相知,至梧乃闻其尚在藤也,且夕当追及,作此诗示之》,河北人民出版社 2010 年版,第 4835 页。

②　《苏轼全集校注》文集卷五八《与张逢六首》(其二),第 6427 页。

要像在惠州一样建立"元是惠州秀才,累举不第,有何不可"①这样的身份认同并不容易。

已有学者指出,"苏轼三贬,贬地越来越远,生活越来越苦,年龄越来越老。然而这'喜—悲—旷'的三部曲过程却越来越短,导向'旷'的心境越来越快"②。诚然,有过黄州、惠州的贬谪经验,苏轼在海南调整心态的速度是比较快的。此外,苏轼在谪黄、谪惠之前都处在事业上升期,横遭贬谪,身份上的落差较大,自惠谪儋便没有这种身份落差,这一点也加快了苏轼心态调整的速度。但是,尽管苏轼已经以最快的速度使自己调整到"旷"的状态,他还是有意无意地在文字中透露对海南的隔阂之感。试举两例:

　　咨尔汉黎,均是一民。③

劝农是一项重要的官方仪式,古代的地方官通常兼有劝农官的职能,苏轼也曾有诗曰"劝农使者古大夫"④。可见,劝农一事是一种统治阶级自上而下的行为,且苏轼对此是有充分认知的。此处苏轼言"咨尔汉黎,均是一民",意为:你们海南岛上的黎族与汉族都一样,是大宋的子民。苏轼在此没有说"咨吾汉黎",而是使用了一种居高临下的说教式语气,这符合"劝农"作为一官方行为的口吻。可以看出,此时的苏轼正在下意识地把自己与海南人民区别开来。

　　鴂舌倘可学,化为黎母民。⑤

"鴂舌"指海南方言就像伯劳鸟的叫声一样艰涩难懂,对于生长于四川的苏轼来说,不啻于外语。而"倘可学"说明苏轼曾试图学习海南方言,但没有成功。语言不通导致交流上的困难,加大了苏轼融入海南,建构海南身份认同的困难。尽管如此,从苏轼对学习海南方言的尝试,以及"化为黎母民"愿望的表达,已能见出他正在努力亲近海南。

古代文人的身份认同研究是近年来的学术热点之一,有关苏轼身份认同的研究也陆续有成果产出。其中时文静、张洪海《从苏轼自我指称探其身份认

---

① 《苏轼全集校注》文集卷五四《与程正辅七十一首》(其十三),第5965页。
② 王水照:《苏轼的人生思考和文化性格》,《王水照文集》第三卷《苏轼研究》,上海古籍出版社2023年版,第56页。
③ 《苏轼全集校注》诗集卷四一《和陶劝农六首》(其一),第4867页。
④ 《苏轼全集校注》诗集卷一三《送段屯田分得于字》,第1239页。
⑤ 《苏轼全集校注》诗集卷四一《和陶田舍始春怀古二首》(其二),第4936页。

同——以黄州诗词作品为例》①与杨理论、骆晓倩《宋代士大夫的自我意识与身份认同:从苏轼诗歌说开去》②二文都从苏诗中的自我指称作为研究的落脚点,分析苏轼诗中的各种身份意识以及心态变化;台湾学者陈金现《苏轼在儋州的身份认同》③则认为苏轼在居儋期间,通过确立忠义气节的个人认同以及融入海南的社会认同来应对海南岛的困苦生活。然而,身份认同的建立并非易事,彼时身处陌生环境的苏轼想建构起在地身份认同更是困难重重。

苏轼建立"我本海南民"的身份认同所面临的主要困难有三个方面。一是个人理想与现实处境的矛盾;二是海南岛与中原在地理上相距千里,且苏轼作为编管人员没有人身自由,这些因素导致其在客观现实层面对京国、故乡甚至是家眷所在的惠州,都难以到达;三是苏轼与海南人民在风俗习惯方面的外部距离及其内心与海南人民的心理距离。苏轼最终克服了这三重困难,完成了对海南身份认同的建构,而他的种种努力也在其文字中一一体现。

一 著书立言,改善民生

第一方面的矛盾在贬谪黄州、惠州时便已存在,有了前两次的经验,苏轼很快就寻找到了平衡的方式。苏轼主要以两种方式消解此种矛盾,一是著书"立言",二是积极投身于社会民生事业。

《左传·襄公二十四年》:"太上有立德,其次有立功,其次有立言,虽久不废,此之谓不朽。"④孔颖达疏曰:"立德,谓创制垂法,博施济众;……立功,谓拯厄除难,功济于时;立言,谓言得其要,理足可传。"⑤尽管苏轼的思想充分体现了宋学三教合一的特点,但作为北宋"狭义蜀学"⑥的领袖,其思想仍以儒家为底色,他也从未放弃过自己的政治理想。彼时的苏轼已年过六旬,身处帝国边陲,人身自由受到限制,想要立功显然已经不切实际,只能寄希望于立言,庶几能流传后世,若有幸能达到"创制垂法,博施济众"的境界,自是最好,如若不能,也不失为一不朽。因此,苏轼着手完善《东坡易传》,并且开始著述《东坡书传》和《论语说》,并最终完成。每当仕途偃蹇之时,中国知识分子往往会将无法外化成现实的理想

① 时文静、张洪海:《从苏轼自我指称探其身份认同——以黄州诗词作品为例》,《乐山师范学院学报》2018年第1期。

② 杨理论、骆晓倩:《宋代士大夫的自我意识与身份认同:从苏轼诗歌说开去》,《西南大学学报》(社会科学版)2018年第3期。

③ 陈金现:《苏轼在儋州的身份认同》,《国文学报》第49期(2019),第135—160页。

④⑤ 李学勤主编:《十三经注疏·春秋左传正义》卷三十五,北京大学出版社1999年版,第1003页。

⑥ 冷成金:《苏轼的哲学观与文艺观》,学苑出版社2004年版,第20页。

诉诸笔端,希望以著书立说的方式将自己的理想传承下去,以此作为对残酷现实的反抗。苏辙《亡兄子瞻端明墓志铭》记曰:"既成三书,抚之叹曰:'今世要未能信,后有君子当知我矣。'"①如此看来,"三书"的著成基本上达到了苏轼欲以此"立言"的期望。

自从在密州救助弃婴以来,无论是做官还是贬谪,苏轼每到一地,都会积极推动民生事业,"苏轼在军民抗洪斗争中受到了启发,将积极的儒家仁政思想与充沛旺盛的精力化为实际的行动,而且从公益的营建事业和福利事业上找到这种实践行动的最好方式"②。不同之处在于,在地方任职时,他能够调动的资源更多,做民生事业一方面出于其本心,同时也是他作为地方官的责任。但在谪居黄、惠、儋期间,作为一名编管罪臣,苏轼是没有实际行政权力,也不用承担相应职责的,可他却依然坚持用自己的影响力和有限的资源,自觉、主动地去推动当地民生事业的发展,在可做可不做之间,苏轼毅然选择了做,这便是其可贵和伟大之处。此中原因,一方面在于,作为一名儒家士大夫,苏轼将民本思想贯彻终身,在职时,他因法以便民,贬谪时,他依然竭尽自己的精力、资源去为民谋福。另一方面,投身民生事业已然成为苏轼在贬谪期间实现自我价值、对抗理想失落的一种方式。

苏轼谪居海南期间所推动的民生事业主要有两个方面。一是大力推动海南教育事业的发展。早在渡海之前,苏轼就曾豪言"天其以我为箕子,要使此意留要荒"③,已有在海南布道的愿望。到达海南后,苏轼听说城东有一古学舍,便动身前往查看,留下一诗:

> 闻有古学舍,窃怀渊明欣。摄衣造两塾,窥户无一人。邦风方杞夷,庙貌犹殷因。先生馔已缺,弟子散莫臻。忍饥坐谈道,嗟我亦晚闻。永言百世祀,未补平生勤。今此复何国,岂与陈蔡邻。永愧虞仲翔,弦歌沧海滨。④

苏轼视察城东学舍,发现此处学生零散,先生缺酒少食,忍饥挨饿地为这少数学生讲学,这是教育不振的表现。苏轼目睹此情此景,不禁想起三国时的虞翻。虞翻是三国时东吴的著名学者,因性格直率多次触怒吴主孙权,被流放到交州,他

---

① 苏辙著,陈宏天、高秀芳点校:《苏辙集·栾城后集》卷二十二《亡兄子瞻端明墓志铭》,中华书局1990年版,第1127页。

② 谢桃坊:《苏轼诗研究》,巴蜀书社2018年版,第84—85页。

③ 《苏轼全集校注》诗集卷四一《吾谪海南,子由雷州,被命即行,了不相知,至梧乃闻其尚在藤也,旦夕当追及,作此诗示之》,第4835页。

④ 《苏轼全集校注》诗集卷四一《和陶示周掾祖谢》,第4862—4863页。

在交州坚持讲学,推动了岭南地区文化的发展①。苏轼欲以虞翻为榜样,改善海南的文化教育现状。不久后,昌化军使张中、当地百姓黎子云等凑钱在黎子云住处旁边建造房屋供苏轼会客讲学用,苏轼名之为"载酒堂",取扬雄"载酒问字"典故。此后苏轼便在载酒堂中讲学,在他的教导下,海南的文化教育取得了显著进步,海南的第一位举人姜唐佐便曾在苏轼身边学习,苏轼去世的几年之后,另一名学生符确成为海南史上第一位进士。有如此成果,苏轼可以说是"无愧虞仲翔"了。

二是致力于改善海南人民的基本生活条件,主要包括提高农耕水平和医疗水平。由于地处偏远,交通不便,宋代海南的开发程度还处于比较落后的状态,不少反智的迷信思想仍流行于百姓之间。其中最令苏轼痛心的是海南人民生病后不就医不吃药,而是举行杀牛祷告的仪式,如此既不能治愈病人,还损失了作为农业社会最为重要的生产工具的牛,这一行为实是海南农业生产和医疗事业的双重阻碍。为了让海南百姓了解耕作和耕牛的重要性,苏轼手抄了柳宗元的《牛赋》,赠予本地僧人道赟,并在文后附上了自己的忧虑,希望道赟将自己的想法推广给海南民众:

> 岭外俗皆恬杀牛,而海南为甚。客自高化载牛渡海,百尾一舟,遇风不顺,渴饥相倚以死者无数。牛登舟皆哀鸣出涕。既至海南,耕者与屠者常相半。病不饮药,但杀牛以祷,富者至杀十数牛。死者不复云,幸而不死,即归德于巫。以巫为医,以牛为药。间有饮药者,巫辄云:"神怒,病不可复治。"亲戚皆为却药,禁医不得入门,人、牛皆死而后已。地产沉水香,香必以牛易之黎。黎人得牛,皆以祭鬼,无脱者。中国人以沉水香供佛,燎帝求福,此皆烧牛肉也,何福之能得,哀哉!予莫能救,故书柳子厚《牛赋》以遗琼州僧道赟,使以晓喻其乡人之有知者,庶几其少衰乎?庚辰三月十五日记。②

苏轼之所以请本地僧人代为广传其意,或许是考虑到以巫术治病属于一种宗教行为,他作为世俗文化的代表,贸然干涉本地居民的宗教信仰体系,恐怕会适得其反,既不能起到良好的劝导作用,又有加大他与海南隔阂的风险。而道赟作为本土僧人,代表了本地居民不同于巫术的另一种宗教信仰体系,苏轼请他帮忙,可以规避上述风险。由此可以看出苏轼理智而缜密的思考,也体现了苏轼努力亲近海南的决心。

---

① 陈寿撰,裴松之注,卢弼集解,钱剑夫整理:《三国志集解》卷五十七《吴书十二·虞翻传》,上海古籍出版社 2021 年版,第 3395 页。
② 《苏轼全集校注》文集卷六六《书柳子厚牛赋后》,第 7382—7383 页。

二　放心于《庄子》，消解精神距离

对于第二方面的矛盾，苏轼主要以《庄子》思想应对，即借助《庄子》的"无何有之乡"以及"齐物"思想消解海南与中原在地理空间上的距离，以精神自由超越物理上的限制。

有学者认为，很多宋人"在尊重祖籍的同时，移居到其他地方度过一生。也就是说'故乡'变得二元化了"①。具体到苏轼个人，由于他"身行万里半天下"②的人生经历，他的故乡在物质现实层面是多元化的，而从物质现实与精神这两个层面来说，又是二元化的。

"人生如寄"是苏轼人生哲学中的重要部分③，因此在随遇而安这一点上，苏轼一直执行得比较好，养成了在所在地购置房屋的习惯。他在惠州时便曾戏言自己"元是惠州秀才，累举不第，有何不可"④。由于打压旧党的宋哲宗此时十分年轻，六旬的苏轼感觉北归无望，索性定居惠州，于是在惠州白鹤峰上营建新居，绍圣四年年初新居落成，同时让将赴任仁化令的长子苏迈举家自宜兴南行，二月底苏迈等至惠州。眼看就要在帝国南陲享齐人之福的苏轼随即迎来了人生中的新一轮打击，就在这年四月十七日，苏轼接到责授琼州别驾、昌化军安置的诰命。此时距新居落成不到半年，距苏迈带来家眷也仅两月有余（此年闰二月），苏轼便再度面对骨肉分离之苦。这次变故，加深了苏轼对"人生如寄"的体验，也进一步削弱了以实体房屋形式存在的物质的"家"对苏轼的真实感。

"无何有之乡"首见于《庄子·逍遥游》："今子有大树，患其无用，何不树之于无何有之乡，广莫之野，彷徨乎无为其侧，逍遥乎寝卧其下。不夭斤斧，物无害者，无所可用，安所困苦哉！"⑤这是庄子思想中的一个重要概念，在《庄子》一书中多次出现。"无何有之乡"是一个不存在于现实中的，广阔无垠的所在，它没有危险，能让人逍遥于其中。苏轼接受了这一概念，并进一步利用它营建自己的精神家园。对此，苏轼早有表述，元丰六年（1083），苏轼谪居黄州时，曾写道："身外倘来都是梦，醉里无何即是乡。"⑥元丰七年，苏轼离开黄州，在给好友王定国的

---

① ［日］三浦国雄著，李若愚、张博译：《王安石：立于浊流之人》，上海人民出版社2021年版，第25页。

② 《苏轼全集校注》诗集卷六《龟山》，第592页。

③ 王水照、朱刚著：《苏轼评传》，南京大学出版社2004年版，第543—595页。

④ 《苏轼全集校注》文集卷五四《与程正辅七十一首》（其十三），第5965页。

⑤ 郭庆藩撰，王孝鱼点校：《庄子集释》卷一上《逍遥游第一》，中华书局1961年版，第40页。

⑥ 《苏轼全集校注》词集卷二《十拍子·白酒新开九酝》，第448页。

诗中写道:"广陵阳羡何足较？只有无何真我里。"①也就是说,在贬谪黄州期间,苏轼便已有意识地借助《庄子》"无何有之乡"的概念构建精神故乡,以此与现实的苦难对抗。此外,苏轼在惠州新居落成时,曾有"也知卜筑非真宅,聊欲跏趺看此心"②之诗句,以心为真宅,虽未言"无何有之乡"而实有此意。

如前所述,谪居海南期间,由于现实真实感的进一步减弱,因此,相比于营建现实的归宿,苏轼更加倾向于"无何有之乡"这一精神家园的构建。在此过程中,苏轼对梦与觉的认识发生了两次转变,这两次转变体现了他对现实虚幻性的认知不断加深,此消彼长,"无何有之乡"的"存在"则在这一过程中被加强。在苏轼作于海南的诗文中,"无何有"一词凡三见,前两处是:

> 有客叩我门,系马门前柳。庭空鸟雀散,门闭客立久。主人枕书卧,梦我平生友。忽闻剥啄声,惊散一杯酒。倒裳起谢客,梦觉两愧负。坐谈杂今古,不答颜愈厚。问我何处来,我来无何有。③
> 蒲团蟠两膝,竹几阁双肘。此间道路熟,径到无何有。身心两不见,息息安且久。睡蛇本亦无,何用钩与手。神凝疑夜禅,体适剧卯酒。我生有定数,禄尽空余寿。枯杨不飞花,膏泽回衰朽。谓我此为觉,物至了不受。谓我今方梦,此心初不垢。非梦亦非觉,请问希夷叟。④

这两首诗都作于绍圣四年,第一首作于九月,第二首作于年底,苏轼抵达昌化军贬所在此年七月,半年内便两次书写"无何有"入诗,以加快自己适应海南的速度。在前诗中,苏轼梦中会友,被现实中的访客惊醒,客人问他从何处来,苏轼答之以"无何有"。此处当有两层含义,第一层表示自己刚从梦中醒来,也就是说苏轼的"无何有之乡"是存在于其梦境之中的。第二层含义是,苏轼在来海南之前曾到过许多地方,但他最终都离开了它们,这些地方都曾是苏轼的"家乡",却又都不是,过往的一切都如梦幻泡影一般虚幻,故以精神层面的"无何有"答之。第二首诗中,苏轼表达了一种"梦觉两非"的思想,从"梦觉两愧"到"梦觉两非",苏轼对人生虚幻性的体验又深了一层。值得注意的是,苏轼在此诗中将自己入睡的过程称为"径到无何有"。不难看出,这两首诗有一共同点,便是"梦",苏轼通过这两首诗明确将梦境与"无何有之乡"进行关联,盖因"无何有之乡"建构于精神世界,而梦也是精神世界的一种呈现,因此苏轼选择通过做梦进入无何有之

---

① 《苏轼全集校注》诗集卷二四《次韵王定国南迁回见寄》,第2715页。
② 《苏轼全集校注》诗集卷四〇《又次韵二守许过新居》,第4817页。
③ 《苏轼全集校注》诗集卷四一《和陶拟古九首》(其一),第4884页。
④ 《苏轼全集校注》诗集卷四一《谪居三适三首·午窗坐睡》,第4950—4951页。

乡,他已熟谙此道,并通过庄子、陈抟对现实与梦境的质疑,更加明确了这一精神家园的"存在"。

最重要的是第三处,即《和陶归去来兮辞并引》,此篇作于元符元年(1098),集中体现了苏轼得之于《庄子》的"无何有之乡"与"齐物"思想:

> 子瞻谪居昌化,追和渊明《归去来辞》,盖以无何有之乡为家,虽在海外,未尝不归云尔。
>
> 归去来兮,吾方南迁安得归。卧江海之颓洞,吊鼓角之凄悲。迹泥蟠而愈深,时电往而莫追。怀西南之归路,梦良是而觉非。悟此生之何常,犹寒暑之异衣。岂袭裘而念葛,盖得粗而丧微。我归甚易,匪驰匪奔。俯仰还家,下车阖门。藩垣虽缺,堂室故存。把吾天醴,注之洼尊。饮月露以洗心,餐朝霞而眩颜。混客主而为一,俾妇姑之相安。知盗窃之何有,乃掊门而折关。廓圆镜以外照,纳万象而中观。治废井以晨汲,瀚百泉之夜还。守静极以自作,时爵跃而鲵桓。归去来兮,请终老于斯游。我先人之敝庐,复舍此而焉求?均海南与漠北,挈往来而无忧。畸人告予以一言,非八卦与九畴。方饥须粮,已济无舟。忽人牛之皆丧,但乔木与高丘。警六用之无成,自一根之返流。望故家而求息,曷中道之三休。已矣乎!吾生有命归有时,我初无行亦无留。驾言随子听所之,岂以师南华而废从安期?谓汤稼之终枯,遂不溉而不耔。师渊明之雅放,和百篇之新诗。赋《归来》之清引,我其后身盖无疑。[1]

继"只有无何真我里"之后,苏轼在此诗的引言中再次表达了"以无何有之乡为家"。苏轼突破了肉身的束缚,超越了距离的限制,尽管身在海外,依然能通过这一精神家乡而做到"未尝不归"。与此同时,苏轼对梦与觉的认识再次发生了变化,从"梦觉两非"变成"梦是觉非",对现实虚幻性的感触进一步加深,同时也进一步强化了"无何有之乡"的"存在"。

"齐物"是《庄子》一书的主要思想之一,其许多篇目中都对此有所涉及,最集中的表达当属内篇的《齐物论》。此篇的标题,究竟是读作《齐物·论》还是《齐·物论》,近年来也有学者认为是同时包含两者甚至更多层内涵[2],各方皆有道理。

---

① 《苏轼全集校注》诗集卷四三《和陶归去来兮辞并引》,第5092—5093页。此诗《全集》从查慎行、冯应榴编于元符三年(1100),误。当从孔凡礼《苏轼年谱》、林冠群《新编东坡海外集》定为1098年。参见孔凡礼《苏轼年谱》卷三十七,中华书局1998年版,第1291页;林冠群《新编东坡海外集》,中州古籍出版社2015年版,第112页。

② 参见陈少明:《齐物论及其影响》第二章《"齐物"三义》,商务印书馆2019年版,第24—41页。

从古汉语语义的模糊性以及《庄子》文本的含混性来看,一个篇题中包含多层含义是极有可能的,所以,以"齐物"为《庄子》的核心思想之一大体上是合适的。《齐物论》旨在揭露"成心"对人的遮蔽,解构是非与辩论的意义,从辩证的角度指出了看待事物的不同角度对结果的影响,若消泯了成心,不再有是非,则没有了分界,于是"天地与我并生,而万物与我为一"①,在"道通为一"的层面上达到齐同万物的效果。可以说,"齐物"是一种精神层面的实践,苏轼谪居海南期间对"齐物"思想的实践也同样如此。

苏轼少时便倾心《庄子》,其受《齐物论》篇思想的影响是必然之事,这在他的作品中多有体现,如其名篇《赤壁赋》中的"客亦知夫水与月乎?逝者如斯,而未尝往也。盈虚者如彼,而卒莫消长也。盖将自其变者而观之,则天地曾不能以一瞬。自其不变者而观之,则物与我皆无尽也,而又何羡乎?"②这段描述显然受到了《齐物论》中"太山秋毫"③一段的影响。可见苏轼对《庄子》的"齐物"思想相当熟稔,并能在需要的时候将其作为思想武器。

谪居海南期间,苏轼首先在精神层面完成了"无何有之乡"的构筑,"无何有之乡"在此起到类似于"道通为一"的"道"的效果,在"无何有之乡"中,苏轼能够进一步以"齐物"思想消泯、超越地理上的距离。故而在《和陶归去来兮辞并引》中,苏轼能够"均海南与漠北",将"海南"与"漠北"等同,遥远如漠北都能等同,更遑论不如漠北之遥的中原或四川了。

在"无何有之乡"中,不仅是地理上的距离,文明上的距离也可消解:

> 莫作天涯万里意,溪边自有舞雩风。④

"舞雩风"是一个文化内涵非常深厚的语汇,典出《论语·先进》中曾点的名言:"莫春者,春服既成。冠者五六人,童子六七人,浴乎沂,风乎舞雩,咏而归。"⑤可见,这一行为带有浓厚的儒家理想色彩。苏轼此句意谓:不必抱有自己与中原相隔万里的念头,在海南的溪边一样能"风乎舞雩"。这句诗在表达圣人之教四海皆沐的同时,从文化根源上将海南与中原进行了齐同。

前文提到的"人生如寄"的哲学观是苏轼建构"无何有之乡"的思想基础,此一精神家园建构完成后,又反向强化了他"人生如寄"的观念。且看苏轼北归途经虔州留下的诗句:

---

①③ 《庄子集释》卷一下《齐物论第二》,第 79 页。

② 《苏轼全集校注》文集卷一《赤壁赋》,第 27—29 页。

④ 《苏轼全集校注》诗集卷四二《被酒独行,遍至子云、威、徽、先觉四黎之舍三首》(其二),第 5022 页。

⑤ 朱熹撰:《四书章句集注·论语集注》卷六《先进第十一》,中华书局 2012 年版,第 131 页。

> 归路迷千嶂,劳生阅百州。①
> 老景无多日,归心梦几州。②

"劳生阅百州"是苏轼现实的人生经历,这些经历是造成苏轼在物质现实层面的故乡多元化的原因之一,苏轼因此发出"归路迷千嶂""归心梦几州"的喟叹。可见随着苏轼踏上归途,恢复了物理意义上的人身自由,躯壳的唯一与现实层面多元的故乡直接的冲突变得明显,这一冲突更加加深了现实的虚幻之感,由此反衬了"无何有之乡"的"存在"的坚实,现实故乡的迷乱更加凸显精神家园作为归宿的意义。在上文所引的诗句中,苏轼并不是在表达一种疑惑或迷茫,只是单纯地陈述事实,他心中早已有了答案,那就是"以无何有之乡为家",证据就是在写这两首诗之前,苏轼就已有"此生念念随泡影,莫认家山作本元"③的感慨。正因苏轼已确定要"以无何有之乡为家",他才能从容地说出"吾生如寄耳,岭海亦闲游"④。

在苏轼应对塑造"海南民"身份认同的一系列困难的过程中,"无何有之乡"的建构最为艰难也最为关键,此一精神家园建构完成后,苏轼应对其他方面的困难时就有了强大的精神依托。

三 营造房屋、饮食交游与咏物自况、尚友渊明

对于第三方面的矛盾,苏轼通过一系列实际行动拉近自己与海南人民的距离,对此可分为内部与外部的角度分别论述。

从外部角度来看,首先是营建新居。苏轼父子初到海南时,居于破旧的驿站内,新任昌化军使张中到任后即为之修葺。但好景不长,政敌章惇派遣董必察访广南西路,对苏轼、苏辙进行进一步打压,苏轼被赶出馆驿,张中也因友善苏轼被降职。苏轼无奈,只能另择他处卜居,其《与郑靖老书》言:"初赁官屋数间居之,既不可住,又不欲与官员相交涉。近买地起屋五间一灶头,在南污池之侧。茂木之下,亦萧然可以杜门面壁少休也。"⑤即是委婉叙述此事。

绍圣五年(1098)五月,苏轼新居落成,名之为"桄榔庵",并为之作铭:

> 东坡居士谪于儋耳,无地可居,偃息于桄榔林中,摘叶书铭,以记其处。

---

① ④　《苏轼全集校注》诗集卷四五《郁孤台》,第5248页。

②　《苏轼全集校注》诗集卷四五《虔守霍大夫、监郡许朝奉见和,复次前韵》,第5251页。

③　《苏轼全集校注》诗集卷四三《庚辰岁人日作,时闻黄河已复北流,老臣旧数论此,今斯言乃验,二首》(其二),第5054页。

⑤　《苏轼全集校注》文集卷五六《与郑靖老四首》(其一),第6189页。

> 九山一区,帝为方舆。神尻以游,孰非吾居。百柱屃赑,万瓦披敷。上栋下宇,不烦斤铁。日月旋绕,风雨扫除。海氛瘴雾,吞吐吸呼。蝮蛇魑魅,出怒入娱。习若堂奥,杂处童奴。东坡居士,强安四隅。以动寓止,以实托虚。放此四大,还于一如。东坡非名,岷峨非庐。须鬓不改,示现毗卢。无作无止,无欠无余。生谓之宅,死谓之墟。三十六年,吾其舍此,跨汗漫而游鸿蒙之都乎?①

尽管此时的苏轼已完成对"无何有之乡"的建构,达到"神尻以游,孰非吾居""东坡非名,岷峨非庐"这般接近"逍遥游"的境界,但并不意味着物质上的房屋就可以完全抛弃。从最基本的生存角度来说,房屋能够为苏轼父子的肉身提供庇护。但更重要的是,对于安土重迁的中国百姓来说,建宅定居意味着扎根,这座房屋也许对苏轼的意义不甚重大,但对于海南人民来说,这座房屋是一个符号,能够加深他们对苏轼的认同。

第二是饮食与着装。苏轼生长于巴蜀,久宦于江南与河南一带,其饮食结构必大异于岭南。儋州比之惠州,交通更为不便,且彼时海南岛农业未兴,物产匮乏,基本处于一个靠山吃山、靠水吃水的状态,饮食结构较为"原生态"。习惯其饮食是融入新环境的有效途径之一,苏轼在惠州时便对此深有体会,也有"日啖荔支三百颗,不辞长作岭南人"②的成功经验。因此,苏轼刚到海南,便在给苏辙的诗中表达了对海南饮食的惊奇,并努力使自己融入:

> 五日一见花猪肉,十日一遇黄鸡粥。土人顿顿食薯芋,荐以薰鼠烧蝙蝠。旧闻蜜唧尝呕吐,稍近虾蟆缘习俗。十年京国厌肥羜,日日椓花压红玉。从来此腹负将军,今者固宜安脱粟。人言天下无正味,蝍蛆未遽贤麋鹿。海康别驾复何为,帽宽带落惊童仆。相看会作两癯仙,还乡定可骑黄鹄。③

此诗题下有苏轼自注:"儋耳至难得肉食。"当时海南的日常饮食与中原颇不同,常规的牛羊肉难以获得,而以老鼠、蝙蝠、鼠胎、蛤蟆等为食。苏轼作此诗是在到达贬所后不久,便从过去的一听说"蜜唧"便作呕,到稍微能接受海南的习俗以蛤蟆为食,足见这位"老饕"的适应力之强。

随着对海南生活的逐渐适应,苏轼对海南本地特色食物也从勉强接受逐渐

---

① 《苏轼全集校注》文集卷一九《桄榔庵铭并叙》,第2163页。
② 《苏轼全集校注》诗集卷四〇《食荔支二首并引》(其二),第4744页。
③ 《苏轼全集校注》诗集卷四一《闻子由瘦》,第4874—4875页。

变得真心喜爱,如其《食蚝》:

> 己卯冬至前二日,海蛮献蚝,剖之,得数升,肉与浆入水,与酒并煮,食之甚美,未始有也。又取其大者,炙熟,正尔啖嚼,又益□煮者。海国食□蟹□螺八足鱼,岂有献□。每戒过子慎勿说,恐北方君子闻之,争欲为东坡所为,求谪海南,分我此美也。①

此外,苏轼还能利用所在地有限的食材,自创佳肴,他在《菜羹赋》的叙中说:

> 东坡先生卜居南山之下,服食器用,称家之有无。水陆之味,贫不能致,煮蔓菁、芦菔、苦荠而食之。其法不用醯酱,而有自然之味。盖易具而可常享,乃为之赋。②

在父亲的感染下,苏过也在饮食上颇具创造力,用山芋糁米熬羹:

> 香似龙涎仍酽白,味如牛乳更全清。莫将南海金齑脍,轻比东坡玉糁羹。③

从接受到融入,最后创造美食,苏轼父子以其乐观的心态和非凡的创造力,使自己在"海南民"的身份认同上更进一步,同时也为海南的饮食文化添上了浓墨重彩的一笔。

除了饮食,苏轼在着装方面也积极融入海南人民之中,其北归途中曾回忆道:"携儿过岭今七年,晚途更着黎衣冠"④,表明他曾在海南穿过黎族服饰。海南特产的椰子也被苏轼写进诗中:

> 天教日饮欲全丝,美酒生林不待仪。⑤

诗中称赞椰子水是"美酒生林",椰子冠轻便好用。

第三是人际交往。南宋高文虎《蓼花洲闲录》有一则有趣的记载:"苏子瞻泛

---

① 《苏轼全集校注》佚文卷六《食蚝》,第8773页。
② 《苏轼全集校注》文集卷一《菜羹赋并叙》,第85页。
③ 《苏轼全集校注》诗集卷四二《过子忽出新意,以山芋作玉糁羹,色香味皆奇绝。天上酥陀则不可知,人间决无此味也》,第5006页。
④ 《苏轼全集校注》诗集卷四三《欧阳晦夫遗接䍦、琴枕,戏作此诗谢之》,第5147页。
⑤ 《苏轼全集校注》诗集卷四一《次韵子由三首·椰子冠》,第4905页。

爱天下士,无贤不肖欢如也。尝言自上可以陪玉皇大帝,下可以陪悲田院乞儿。子由晦默少许可,尝戒子瞻择交。子瞻曰:'吾眼前见天下无一个不好人。此乃一病。'"①从实际情况来看,苏轼对自己的这一描述是颇为准确的。苏轼来到海南之后,很快就和本地人成为朋友,其中有读书的秀才,有普通的农民,有苏轼的家仆,等等。苏轼用文字记录下与他们的交往,兹举数例:

> 黎山有幽子,形槁神独完。……遗我吉贝布,海南今岁寒。②
> 城东两黎子,室迩人自远。呼我钓其池,人鱼两忘反。③
> 蓬头三獠奴,谁谓愿且端。晨兴洒扫罢,饱食不自安。愿治此圃畦,少资主游观。昼功不自觉,夜气乃潜还。④
> 符老风情奈老何,朱颜减尽鬓丝多。投梭每困东邻女,换扇惟逢春梦婆。⑤

这些诗中处处洋溢着苏轼对海南人民美好品质的赞许,以及与他们过从时的快乐。此外还有表现苏轼与海南人民亲近,但不涉具体人物的诗句:

> 一与蜑叟醉,苍颜两摧颓。⑥
> 久安儋耳陋,日与雕题亲。⑦
> 华夷两樽合,醉笑一欢同。⑧

可以看出苏轼与海南本地友人过从颇密,"日与雕题亲"实为苏轼能够"久安"的关键因素之一。

从内部角度看,一方面,苏轼时时吟咏一些谪居地的名物以自况,如黄州时期的《寓居定惠院之东,杂花满山,有海棠一株,土人不知贵也》⑨和惠州时期的《种茶》⑩。苏轼暮年远谪海南,难免有些牢骚不平,这些情绪有时便以咏物的形

① 高文虎撰,程郁整理:《蓼花洲闲录》,大象出版社2019年版,第14—15页。
② 《苏轼全集校注》诗集卷四一《和陶拟古九首》(其九),第4897页。
③ 《苏轼全集校注》诗集卷四一《和陶田舍始春怀古二首》(其一),第4935页。
④ 《苏轼全集校注》诗集卷四一《和陶西田获早稻并引》,第5001页。
⑤ 《苏轼全集校注》诗集卷四二《被酒独行,遍至子云、威、徽、先觉四黎之舍三首》(其三),第5023—5024页。
⑥ 《苏轼全集校注》诗集卷四二《和陶下潠田舍获》,第5004页。
⑦ 《苏轼全集校注》诗集卷四二《和陶与殷晋安别》,第5018页。
⑧ 《苏轼全集校注》诗集卷四二《用过韵,冬至与诸生饮酒》,第5029页。
⑨ 《苏轼全集校注》文集卷二〇,第2162页。
⑩ 《苏轼全集校注》诗集卷四〇,第4830页。

式发泄出来,与黄、惠时期不同的是,这一阶段的苏轼更倾向于吟咏本土的"低微无用"之物。如《宥老楮》:

> 突兀陁空虚,他山总不如。君看道傍石,尽是补天余。①
>
> 我墙东北隅,张王维老榖。树先樗栎大,叶等桑柘沃。流膏马乳涨,堕子杨梅熟。胡为寻丈地,养此不材木。蹶之得舆薪,规以种松菊。静言求其用,略数得五六。肤为蔡侯纸,子入《桐君录》。黄缯练成素,黝面頳作玉。灌洒蒸生菌,腐余光吐爝。虽无傲霜节,幸免狂醒毒。孤根信微陋,生理有倚伏。投斧为赋诗,德怨聊相赎。②

这两首诗所咏的道旁石与老楮都是较为"低微"的"无用"之物。《儋耳山》中的情绪较为显豁,将路旁的石头说成是女娲补天所剩的材料,"尽"字说明石头不止一个,作为"剩余者",尽管这些石头是补天之材,却也难逃被遗弃在边远之地的命运。苏轼在这些石头上看到的是一个贬谪者的系列,他看到了自己的影子,也看到了李德裕、卢多逊、丁谓等曾被贬海南的前人的影子,他们都是"道旁石"。《宥老楮》中的楮树长得比《庄子》中的大樗③和栎社树④还要大,能够流出汁液,结出果实,但其木质粗劣,仍被视作"不材之木"。本欲伐之,但仔细一想,老楮树还能用以造纸、能入药、洁面、养菌,最后还可用于燃烧照明,也不像《庄子》中的异木一样会让人发狂⑤,故放下斧头,作诗歌颂,以此与之前欲伐之意"德怨相赎"。苏轼此处以老楮自况,此树既能流出汁液,长出如杨梅般的果实,便说明其本质之佳,但却因木质不材而遭弃。这正像苏轼本人的境遇:本为佳人,却因不群于执政者而遭谪。而诗中提到的木质的用途,都是以损伤老楮为前提的,苏轼借此表达自己仍有鞠躬尽瘁、为国为民之心。并且,既然有用,便解构了前文的"不材",正如苏轼不对执政者妥协并不是人格污点一样,老楮的不材也只是外人贴上的标签。纪昀评此诗题目曰:"题不佳,何不直以'老楮'为题?"⑥实是未解苏轼诗意。苏轼宽宥了老楮,便是与自己和解,因此题目中的"宥"应作"自宥"解。而宽宥一个本不该且不需要被宽宥的"佳人",颇具反讽意味。若无此字,则其反讽意味便淡了,故此"宥"字至为关键,必不可少。

苏轼在这些咏物诗中,把个人身世之感投射于所歌咏之物,被歌咏的海南名

---

① 《苏轼全集校注》诗集卷四一《儋耳山》,第 4851 页。
② 《苏轼全集校注》诗集卷四二《宥老楮》,第 4997 页。
③ 《庄子集释》卷一上《逍遥游第一》,第 39—40 页。
④ 《庄子集释》卷二中《人间世第四》,第 170—174 页。
⑤ 《庄子集释》卷二中《人间世第四》,第 176 页。
⑥ 《苏轼全集校注》诗集卷四二《宥老楮》题后集评,第 5001 页。

物因此与苏轼发生关联,这种关联无形之中强化了苏轼与海南的联系。此外,值得注意的是,从黄州的海棠①、梅花②,到惠州的野茶③,再到儋州的老楮,能明显看出苏轼所选择的自况之物越来越"低微"的发展线索。

另一方面则是追和陶渊明诗。苏轼在知扬州时便已开始追和陶渊明诗,至谪居海南时,则将陶诗全部追和完毕,大量追和古人之诗,即始于苏轼和陶。陶渊明退居田园后,躬耕自养,与乡间百姓打成一片,而苏轼也曾在黄州东坡躬耕陇亩,同样擅长与百姓打成一片。这些相似之处当是促成苏轼遍和陶诗的心理动因之一。苏轼在黄州时便已发出"只渊明,是前生"④的感叹,谪居海南期间,苏轼在和陶诗中再次重提自己是陶渊明之后身,如前引的《和陶归去来兮辞》的结尾便以极为肯定的语气说"我其后身盖无疑"!

陶渊明时常在诗中表达对百姓的亲近,表达其自身对农民身份的认同,而苏轼在和诗中有时也表达相似的情感,兹举一例,且看陶渊明的《癸卯岁始春怀古田舍二首》其二及苏轼和诗的后四句:

陶　诗	苏　诗
日入相与归	借我三亩地
壶浆劳近邻	结茅为子邻
长吟掩柴门	鴃舌倘可学
聊为垄亩民⑤	化为黎母民⑥

陶渊明在诗中展现了其与村中邻里相处甚为相得的场景,更重要的是结尾的"聊为垄亩民",表达了他对躬耕垄亩的农民身份的认同(至少表达了这样一种希冀)。而苏轼的同题和诗中包含了对海南百姓的亲近之意,并发出愿与他们同化的愿望,这与陶诗的情感内涵是一致的。通过以上分析,苏轼"遍和陶诗"这一行为便有了这样一条思想理路:苏轼通过和陶诗加强了他作为渊明后身的身份认同,而陶渊明对其邻里农民有着身份认同,如此便使得苏轼在对陶渊明进行认同时加强了对"海南民"的身份认同。

---

　①　《苏轼全集校注》诗集卷二〇《寓居定惠院之东,杂花满山,有海棠一株,土人不知贵也》,第2162—2163页。

　②　《苏轼全集校注》诗集卷二一《红梅三首》,第2326页。

　③　《苏轼全集校注》诗集卷四〇《种茶》,第4830页。

　④　《苏轼全集校注》词集卷一《江城子》,第344页。

　⑤　陶渊明著,袁行霈笺注:《陶渊明集笺注》卷三《癸卯岁始春怀古田舍二首》(其二),中华书局2003年版,第203页。

　⑥　《苏轼全集校注》诗集卷四一《和陶田舍始春怀古二首并引》(其二),第4936页。

对于苏轼来说,这个海南岛,包括岛上的人和物,在一开始对他来说都是异质的,他需要对"海南"这一异质的存在进行整体的认同,而这一异质的存在曾给苏轼留下了不小的心理阴影:

> 子孙恸哭于江边,已为死别;魑魅逢迎于海外,宁许生还?①

也曾给苏轼带来一些负面情绪及健康上的困扰:

> 回望逾远,后会未涯。②
> 某到此,数卧疾,今幸少间。久逃空谷,日就灰槁而已。③

由此可见,这个认同的过程注定是艰难而痛苦的,这便更彰显出苏轼克服困难、超越痛苦并最终完成身份认同之可贵。

结语:"我本海南民"

在苏轼一系列的努力以及与海南人民的双向互动下,苏轼最终成功建构起海南民的身份认同。但苏轼明确将之以文字表达,则是在离别之时:

> 我本海南民,寄生西蜀州。忽然跨海去,譬如事远游。平生生死梦,三者无劣优。知君不再见,欲去且少留。④

苏轼离开后,与海南有关的记忆仍时不时在其诗文中涌现,在离开海南的一年多里,苏轼多次在诗中提及海南⑤,而海南人民也一直怀念着这位谪仙一般的文化巨匠。苏轼在海南生活了三年零九天,在历史的长河里或许不过如雪泥鸿爪般短暂,但对苏轼来说,他在海南完成了三书的著述,和遍了陶诗,思想和创作都达到了一个新的高峰,这不可谓不是海南对他的成就;对海南来说,苏轼的停留更

---

① 《苏轼全集校注》文集卷二四《到昌化军谢表》,第 2786 页。
② 《苏轼全集校注》文集卷五八《与张逢六首》(其一),第 6426 页。
③ 《苏轼全集校注》文集卷五八《与张逢六首》(其三),第 6428 页。
④ 《苏轼全集校注》诗集卷四三《别海南黎民表》,第 5119 页。
⑤ 参见《苏轼全集校注》诗集卷四三《欧阳晦夫遗接䍦、琴枕,戏作此诗谢之》,第 5147 页;卷四四《将至广州,用过韵寄迈、追二子》,第 5170 页;卷四五《过岭二首》(其二),第 5243 页;卷四五《郁孤台》,第 5248 页。

是遗爱千年,海南人民至今仍保留着许多纪念苏轼的习俗。就此意义来说,苏轼这句"我本海南民",实非虚言。

［作者简介］梁晖,男,扬州大学文学院博士研究生,研究方向为宋代文学与文化。

日本所藏苏轼和陶诗文献价值及其传播*

李杰玲

内容提要 贬谪岭海期间,苏轼创作了和陶诗。通过列表整理的苏轼在海南谪居期间写的三十首和陶诗及其系年和释义,可了解苏轼在海南的生活、交游,还有海南的风土人情。这些和陶诗不仅具有文学的价值,也具有史料的价值,推动了海南文化在日本的传播。日本的和陶诗创作高峰出现在江户时代,通过列表整理出来的十八种日藏相关文献,可知从中国流传到日本的苏轼和陶诗明清刊本,是和陶诗传播的主要源泉。从江户时代到现代,日本汉诗人如藤泽南岳、室鸠巢、元政、小柳一藏、前川忠等人的和陶诗创作,还有近藤元粹等人的点评,推动了苏轼和陶诗的传播及日本诗人对其的理解和接受。

关键词 苏轼 和陶诗 海南 日本

为了解决财政危机,增强国力,王安石担任参知政事一职后,实施变法。北宋朝廷围绕王安石的变法,展开了激烈的斗争,形成了新旧两党,新党以王安石为首,旧党以欧阳修为首。宋哲宗绍圣元年(1094),新党执政,把打击元祐旧党作为自己的主要目标,许多在朝任职的旧党官员被贬谪岭南。苏轼便是其中之一。苏轼被贬途中三改谪令,"足见政敌手段之狠、用心之毒"①。苏轼被贬惠州两年多之后,绍圣四年四月十七日,"得琼州别驾、昌化军安置告命"②,苏轼这次被贬到海南儋州。在儿子苏过的陪伴下,苏轼于当年六月十一日从广东雷州递角场渡海抵达琼州,七月二日到达儋州,在海南生活约三年。元符三年(1100),

---

* 本论文是国家社科基金冷门绝学研究专项学者个人项目"日本所藏黎族古籍的整理、翻译与研究"(项目编号 22VJXG032)、海南省哲学社会科学规划项目"日本所藏海南相关文献与海南文化的传播"[项目编号 HNSK(YB)22 - 104]、海南省哲学社会科学规划重大专项(东坡文化研究)"东坡书传笺译"[项目编号 HNSK(ZDZX)22 - 06]的阶段性成果。本成果得到国家留学基金管理委员会2023 年国家公派高级访问学者项目的资助。

① 王水照:《苏轼》,上海古籍出版社 1981 年版,第 106 页。
② 孔凡礼:《苏轼年谱》,中华书局 1998 年版,第 1261 页。

宋哲宗死,徽宗即位,苏轼获赦,得以北归。同年六月十三日,苏轼行至海南澄迈留宿,六月二十日乘船北归。第二年病逝于常州。

苏轼在海南期间笔耕不辍,留下不少诗文作品,其中和陶诗最有特色,因为和陶诗为苏轼首创,居儋期间,和陶诗是苏轼"陶写抑郁的心灵唱和","儋州成了他和陶诗最大的产地"①。可以说,"东坡在岭海时期的诗文进入了一个新的境界,这种境界最显著地体现于他的'和陶诗'"②。因此,本文考察苏轼居儋时期创作的和陶诗,研究和陶诗在日本的传播和接受的情况,并对收藏于日本的和陶诗相关文献略作整理,借此探讨苏轼和陶诗对海南文化在海外传播的具体影响。

一 苏轼和陶诗及其研究情况

苏轼为人豁达乐观,虽几经贬谪,晚年流徙海南,仍不改心性,留下丰富的诗文作品。王水照认为,对于苏轼而言,"惠州、儋州的贬谪生活是黄州生活的继续,苏轼的思想和创作也是黄州时期的继续和发展。佛老思想又成为他思想的主导,而且比前有所滋长"③。笔者曾撰文探讨苏轼的人生态度,并探讨其对生死的看法,发现苏轼有着哲人的智慧,也有着平常人一样的对生活的热爱和享受。即使身处逆境,也不妨碍他感受和享受生活中的快乐。他修身养性,希望延年益寿,但当面对困境、挫折,他有过悲伤、消沉,之后又能坦然面对,重新寻找和感受生活的平静与欢乐。苏轼对困境、挫折和死亡的认识、接受需要一个过程,其间有着痛苦、怀疑和矛盾,但最后他实现了超越,他的超越就是:在生与死之间获得平衡与平静。活着时,可以快乐地享受生命,面对困境、死亡时又可以保持心灵的平静④。这也许是因为他有佛老思想作为他在困境中的精神支撑。

正如有的研究者指出的那样,"那时的海南只是座孤伶伶的海外荒岛,聚居着落后的黎族土人。远不是今天的海南岛,一提来就是蓝天大海、碧绿的椰林、甜蜜的水果,一片迷人的热带风光"⑤。但幸好,苏轼"总有一双发现美的眼睛",经历了迷茫失落和痛苦之后,他"深深地体会到了海南的生态美,发出了'兹游奇绝冠平生'的感慨","发现独特的海南美"⑥。有学者认为,虽然初到海南时,苏

---

① 阮忠:《天涯守望——苏东坡晚年的海南岁月》,海南出版社 2008 年版,第 232、241 页。

② 莫砺锋:《东坡在岭南之五:"细和渊明诗"》,《文史知识》2008 年第 10 期。

③ 《苏轼》,第 106 页。

④ 参见拙文《从〈养生说〉诸篇看苏轼的生死观》,中国宋代文学学会第八届年会暨宋代文学与宋城文化国际学术研讨会,2013 年 9 月。

⑤ 木斋、邱黎:《苏东坡新传》,京华出版社 1998 年版,第 236 页。

⑥ 曾庆生:《兹游奇绝冠平生:苏东坡笔下的大美海南》,《海南日报·海南周刊》2022 年 3 月 28 日第 624 期 B02 版。

轼难以融入当地的生活,但是和陶诗让他找到了心灵的"桃花源"①,因此,和陶诗的创作对于晚年贬谪海南的苏轼来说尤其重要,使他最后顺利融入海南生活并发挥其乐观精神,书写生活的乐趣与美好。

海南三年的生活丰富了苏轼的文学创作。苏轼自己深感自豪的是和陶诗,他希望家族和门人能够继承这一诗歌体式,作为家族传承和苏门传统创作下去。和陶诗不仅在艺术上取得公认的成就,在抒写性情和传播海南文化方面,也起着不可忽视的作用。

顾名思义,和陶诗是指追和陶渊明诗歌而创作的诗歌。是追和其韵,还是追和其义呢?二者都有,但更多的是追和陶渊明诗歌中的情和义。因此,苏轼的和陶诗有着拟古的性质,诚如苏轼自己所言:"古之诗人有拟古之作矣,未有追和古人者也。追和古人,则始于吾。"并坦言自己对陶渊明的喜爱:"吾于诗人,无所甚好,独好渊明之诗。"②苏轼对陶渊明的诗歌给予极高的评价,认为李、杜都比不上陶渊明。

苏轼在海南谪居期间写了不少和陶诗,这些和陶诗反映了他在海南的生活、交游,还有海南的风土人情。这些和陶诗不仅具有文学的价值,也具有史料的价值。比如《和陶田舍始春怀古二首》的引言曰:"儋人黎子云兄弟,居城东南,躬农圃之劳。偶与军使张中同访之。居临大池,水木幽茂。坐客欲为醵钱作屋,予亦欣然许之。名其屋曰载酒堂。"③苏轼到儋州后结庵暂住,结识了当地黎族人黎子云兄弟,并得到了黎子云兄弟的帮助,大家凑钱给苏轼建造了载酒堂,对酌或是讲学,都在载酒堂里。由于海南生活与苏轼和陶诗的密切联系,学术界早有学者整理了苏轼在海南创作的诗文,并加上注释和说明,让读者对苏轼在海南期间的生活、创作,对海南的风土人情有较为完整的把握④。笔者在学界已有研究的基础上,列表将苏轼在海南创作的和陶诗整理出来,并作系年和释义,如表1所示⑤。

---

① Zhiyi Yang, *Return to an Inner Utopia: Su Shi's Transfomation of Tao Qian in His Exile Poetry*, Brill: *T'ung Pao*, Vol. 99, Fasc. 4/5(2013), pp. 329 - 378.

② 苏辙:《东坡先生和陶渊明诗引》,见王运生纂辑:《陶诗及东坡和陶诗评注》,云南教育出版社1991年版,第3页。

③ 《陶诗及东坡和陶诗评注》,第20页。

④ 范会俊、朱逸辉选注:《苏轼海南诗文选注》,北京师范大学出版社1990年版。

⑤ 按,本表根据李之亮笺注《苏轼文集编年笺注》,王运生纂辑《陶诗及东坡和陶诗评注》,范会俊、朱逸辉选注《苏轼海南诗文选注》,杨岚、焦远东撰《苏轼和陶诗系年考辨》和孔凡礼撰《苏轼年谱》整理而成。年谱和诗集中未见明确系年的,则据诗意推测。另,表中序号并不表示时间先后,此表为不完全统计。

表1　苏轼在海南期间创作的和陶诗系年与释义

序号	诗题	诗作系年与释义
1	和陶还旧居	绍圣四年七月，始至儋州，居桃榔林下，作庵暂住，作此诗，道出初到儋州时的悲凉心境"不敢梦故山，恐兴坟墓悲"，又叙梦归惠州白鹤山居。
2	和陶止酒并引	绍圣四年六月，将来儋州时，与弟辙道别时作。诗曰："时来与物逝，路穷非我止。与子各意行，同落百蛮里。萧然两别驾，各携一稚子。"苏轼还向苏辙保证戒酒："从今东坡室，不立杜康祀。"①
3	和陶连雨独饮二首并引	绍圣四年七月，初到海南时作。诗序云："吾谪海南，尽卖酒器，以供衣食。独有一荷叶杯，工制美妙，留以自娱。"诗云："晚景最可惜，分飞海南天。"离别时的惋惜悲凉溢于言表②。
4	和陶示周缘祖谢游城东学舍作	绍圣四年冬作，苏轼到儋州不久。从诗意可知，苏轼有仿效三国虞仲翔之意，虽遭贬谪而不改杏坛之志，有授徒讲学的意思。
5	和陶劝农六首并序	绍圣四年中秋节前，苏轼作和陶劝农诗，劝儋州黎族和汉族和睦共处，耕种以致富。
6	和陶田舍始春怀古诗并引	绍圣四年十一月作，一说为十二月作③。当时，苏轼访黎子云，黎子云等人在家旁边凑钱建载酒堂，为东坡居所，自此对酌、问学皆在载酒堂。
7	和陶赴假还江陵夜行途中	绍圣四年七月作④。写夜行途中所见。
8	和陶九日闲居并引	绍圣四年九月八日作，重阳节前一天作。一说为元符元年九月八日作⑤。
9	和陶拟古九首	绍圣四年重阳节前后作。追忆古人，既来之，则安之，表现儋州生活的平静和淡淡的喜悦："稍喜海南州，自古无战场。"
10	和陶东方有一士	绍圣四年重阳节前后作。因这首诗与《和陶拟古九首》其九用同一韵，故孔凡礼推测二者创作时间相近。
11	和陶怨诗示庞邓	绍圣四年中秋夜，自伤际遇，追怀渊明。
12	和陶杂诗十一首	绍圣四年十一月中旬作。当时吴复古将渡海相访。
13	和陶赠羊长史并引	绍圣四年十一月作。郑嘉会欲于海舶载书千余卷借苏轼，苏轼作此诗道谢，诗云："此书久已熟，救我今荒芜。"⑥

---

① 《苏轼海南诗文选注》，第 4 页。

② 《苏轼海南诗文选注》，第 8 页。

③ 杨岚、焦远东:《苏轼和陶诗系年考辨》,《重庆交通大学学报》2013 年第 4 期。

④ 苏轼著，李之亮笺注:《苏轼文集编年笺注》，巴蜀书社 2011 年版，第 596 页。

⑤ 《苏轼年谱》，第 1296 页。

⑥ 《苏轼海南诗文选注》，第 40 页。

续表

序号	诗题	诗作系年与释义
14	和陶使都经钱溪游城北谢氏废园作	元符元年一、二月间作。抚今追昔,心内悲切,诗云:"谢家堂前燕,对语悲宿昔。仰看桄榔树,玄鹤舞长翻。"①
15	和陶停云四首并引	绍圣四年丁丑立冬后作。据苏轼诗引所言"自立冬以来,风雨无虚日,海道断绝,不得子由书"②,可以推知作诗时间为初到儋州那一年的立冬。诗歌写对兄弟的思念。
16	和陶形赠影	元符元年正月二十三日作,以形与影的问答反映苏轼的人生观,体现了苏轼的佛学思想。
17	和陶影答形	
18	和陶神释	
19	和陶和刘柴桑	元符元年三月作,苏轼买地作屋,为新居作,喜乐之情溢于言表,诗云:"漂流四十年,今乃言卜居。且喜天壤间,一席亦吾庐。"③
20	和陶酬刘柴桑	元符元年岁末作,为白鹤山新居莳植所作④。
21	和陶西田获早稻并引	
22	和陶下潠田舍获	
23	和陶戴主簿	
24	和陶游斜川,正月五日,与儿子过出游作	元符二年正月五日,苏轼六十四岁,此时的心境较为平和,少了初到儋州时的忧伤苍凉,元符元年迁入新居,今正月与儿子出游酬唱,不亦乐乎。
25	和陶与殷晋安别送昌化军使张中	元符二年十一月下旬作,第一次作诗送别张中。
26	和陶王抚军座送客 再送张中	元符二年十一月下旬作,第二次作诗送别张中。张中与苏轼友情深厚,离开时还放心不下苏轼,因此苏轼说:"汝去莫相怜,我生本无依。"张中三次来道别,秉烛夜谈,"悬知冬夜长,不恨晨光迟。梦中无与别,作诗记忘遗"⑤。
27	和陶答庞参军三送张中	元符二年十一月下旬作,第三次作诗送别张中。苏轼称赞张中有武略,可惜与功名无缘:"使军本学武,少诵《十三篇》。颇能口击贼,戈戟亦森然。才智谁不知,功名叹无缘。"⑥诗歌最后劝勉张中及时建功立业。

---

① 《苏轼海南诗文选注》,第49页。
② 《苏轼文集编年笺注》,第582页。
③ 《苏轼年谱》,第1292页。
④ 《苏轼年谱》,第1301页。
⑤ 《苏轼海南诗文选注》,第103页。
⑥ 《苏轼海南诗文选注》,第104页。

续表

序号	诗题	诗作系年与释义
28	和陶郭主簿二首并引	元符三年二月二十四日,苏轼闻儿子苏过诵书,想起父亲苏洵:"诵我先君诗,肝肺如澄澈。"①因作此诗。
29	和陶始经曲阿	元符三年赦天下,苏轼当时六十五岁,正月十三日作,抒发得知赦天下后的心情:"北郊有大赉,南冠解囚拘。眷言罗浮下,白鹤返故庐。"②苏轼心情喜悦,期待着回到惠州白鹤山居,与家人团聚。
30	和陶与殷晋安别送昌化军使张中	元符二年六月下旬作,张中罢职,送别张中。诗中称张中"海国此奇士,官居我东邻",平时对酒畅谈,下棋消闲,"暂聚水上萍,忽散风中云",面对离别,心中忧伤,"恐无再见日,笑谈来生因"③。

苏轼对陶渊明的接受和追慕,更多是因其远谪儋州遭遇的挫折和困境使其一时无法释怀,感叹陶渊明洒脱归耕、豁达处世的胸怀和境界,并以陶渊明为榜样,调整心态,逐渐走出凄凉的心境。苏轼初到儋州那一年的中秋节,作了《和陶怨诗示庞邓》:"当欢有余乐,在戚亦颓然。渊明得此理,安处故有年。嗟我与先生,所赋良奇偏。人间少宜适,惟有归耘田。我昔堕轩冕,毫厘真市鏖。困来卧重裀,忧愧自不眠。如今破茅屋,一夕或三迁。风雨睡不知,黄叶满枕前。宁当出怨句,惨惨如孤烟。但恨不早悟,犹推渊明贤。"④这首诗开篇即感慨自己与陶渊明的差距,因此未能摆脱这俗世毫厘之失,睡在黄叶满枕的茅屋里,写一些怨艾之语,只恨自己不能早点像陶渊明那样放下牵绊,豁达归耕,安居田舍。

苏轼在儋州所作的和陶诗,多有追慕渊明之意,苏轼乐观的天性让他的诗作时不时透露出喜乐之情。如作于绍圣四年九月八日的《和陶九日闲居并引》,因为下大雨而睡不着的苏轼,喝了酒,想起了陶渊明,"栗里怀渊明"⑤,栗里是指江西九江,即陶渊明的故乡。

需要说明的是,苏轼所作和陶诗的数量,学术界有不同的说法,李之亮的《苏轼文集编年笺注》第十一册卷三十一收和陶诗 78 首,卷三十二收和陶诗 57 首,共 135 首和陶诗。据阮忠的统计,苏轼的"和陶诗 124 首,而在儋州的和陶诗有57 首"⑥。金甫暻则认为"苏轼在扬、惠、儋州遍和过陶渊明的诗歌,这是中国文学史上特别引人注目的事件"⑦。只是苏轼和陶诗的数目,学术界一直存在争

---

① 《苏轼海南诗文选注》,第 115 页。

② 《苏轼海南诗文选注》,第 127 页。

③ 《陶诗及东坡和陶诗评注》,第 92 页。

④ 《陶诗及东坡和陶诗评注》,第 195 页。

⑤ 《苏轼海南诗文选注》,第 21 页。

⑥ 《天涯守望——苏东坡晚年的海南岁月》,第 223 页。

⑦ [韩]金甫暻:《论苏轼和陶诗的计数问题》,《古籍研究》第 48 期,安徽大学出版社 2005 年版,第 95 页。

论,金甫暻统计各版本苏轼诗集的和陶诗收录情况,核实"现存苏轼和陶诗的正确总数"为"109 首"①。就笔者目前搜集的资料来看,以金甫暻的统计数据为准。无论如何,"东坡在杭州时,就有和陶渊明诗的意愿,后来被贬惠州,形成了和陶诗的小高潮。而他的和陶诗最终的完成则是在儋州"②。儋州的生活被写入苏轼的和陶诗中,海南文化也随着苏轼的和陶诗如涟漪般一圈圈地扩散传播。

纵观国内学术界对苏轼的和陶诗的研究,已有不少成果,大致归纳起来,有以下三个方面的成果较为引人注目:一是苏轼和陶诗的思想、意义和版本、数量等方面的研究。如闫续瑞、栗瑞彤的《论苏轼和陶诗中的家风传承》③指出苏轼的和陶诗有 81 首与家风传承有关系,这些诗歌寄托了苏轼对兄弟苏辙的手足之情和对子孙后代的教诲,因此和陶诗在家庭教育方面有重要的意义。

二是对苏轼居儋、居惠期间所作和陶诗的综合研究。这一类的研究成果较多,有论文(含硕、博论文)约 20 篇,这一类的研究和海南文化的传播也有许多联系,如莫砺锋的《东坡在岭南之五:"细和渊明诗"》指出苏东坡晚年在岭海的文学创作取得了令人惊叹的成绩:"岭海七年是他生命中的最后一个阶段,也是最为艰难困苦的一个阶段,然而也是其生命之光最为光辉灿烂的一个阶段""岭海时期的东坡已经日暮途穷,竟然也能创造出余霞满天的晚年辉煌,真可谓文化史上的一大奇观"④。充分肯定了苏轼在岭海期间取得的诗歌成就。

三是对日韩的和陶诗文献与创作进行研究。这方面的成果,相对于上述两方面的研究要少。金程宇的《高丽大学所藏〈精刊补注东坡和陶诗话〉及其价值》⑤详述中土久佚的珍贵汉籍、宋代遗民蔡正孙的《精刊补注东坡和陶诗话》的文献特征和文献价值。在日韩的和陶诗研究中,国内学术界又略微侧重于日本的和陶诗研究,如李寅生的《日本和陶诗简论》论述了日本十六世纪后形成的和陶诗的创作高峰,并以人见壹(1599—1670)的汉诗《读〈归去来辞〉》和梁川孟纬(1789—1858)的汉诗《渊明高卧图》等作品为例,证明陶渊明是日本汉诗坛学习的楷模之一⑥。文中并未言及苏轼和陶诗在日本的具体影响。樊昕的《藤泽南岳和他的〈和陶饮酒诗〉》首先肯定了苏轼和陶诗对于陶渊明诗歌的流传起着很大的作用,其次以日本明治、大正时期的著名儒学家藤泽南岳(1842—1920)的和陶诗为例,论述和刻本《和陶饮酒诗》的文献特征和内容,指出陶渊明和苏轼对藤泽南岳的影响。日本学者村山吉广发表的中文论文《关于藤泽南岳其人其文及

① 《论苏轼和陶诗的计数问题》,《古籍研究》第 48 期,第 95、99 页。

② 《天涯守望——苏东坡晚年的海南岁月》,第 214 页。

③ 闫续瑞、栗瑞彤:《论苏轼和陶诗中的家风传承》,《广西社会科学》2020 年第 8 期。

④ 莫砺锋:《东坡在岭南之五:"细和渊明诗"》,《文史知识》2008 年第 10 期。

⑤ 金程宇:《高丽大学所藏〈精刊补注东坡和陶诗话〉及其价值》,《文学遗产》2008 年第 5 期。

⑥ 李寅生:《日本和陶诗简论》,《江西社会科学》2003 年第 1 期。

《和陶诗〉》也介绍了藤泽南岳及其和陶诗创作①。

国内学术界除了上述对日本和陶诗的研究之外，就笔者管见，暂未见日藏苏轼和陶诗相关文献的梳理及其接受研究，下文将以室鸠巢为例，略作整理和论述。

二 日本所藏苏轼和陶诗相关文献

苏轼《和陶诗集》四卷收录了从元祐七年(1092)到建中靖国元年(1101)的作品，并且早在元符三年(1100)就已完成诗集的草稿②，但正如学术界已有研究指出的那样，日本的和陶诗创作的高峰出现在江户时代。这一时期，随着日清海上贸易的发展，从中国流传到日本的苏轼和陶诗明清刊本(单行本)，如明万历刊本《合刻忠武靖节二编》和《宋明名公和陶诗二卷》等，还有从朝鲜流传到日本的和陶诗文献，如朝鲜申钦的《玄轩先生和陶诗》等，是和陶诗传播的主要源泉，这些文献传播到日本后，为日本汉文学界所接受，日本汉诗人的和陶诗创作，加速了苏轼和陶诗的传播。江户时代，创作和陶诗的著名文人，除了已研究过的藤泽南岳之外，本文还想以幕府儒臣、汉诗人室鸠巢(1658—1734)为例略加佐证。

室鸠巢，名直清，字师礼，通称新助，号鸠巢、沧浪。出身于医师家庭，室鸠巢自幼爱读书，宽文十二年(1672)出仕于加贺藩主前田纲纪部下，并就学于京都的木下顺庵。室鸠巢因拥护朱子学并努力推广之，四十岁前后被目为朱子学者，曾任幕府将军德川吉宗的侍讲。《鸠巢文集》收录了他创作的汉诗文，其中就有和陶诗。《室鸠巢读书漫录》收录了他读苏轼的作品时的笔记，从中可见他对苏轼的喜爱。笔记中，室鸠巢抄录了苏轼的"圣人不能为时，亦不失时"这一篇文章③。室鸠巢模仿苏轼的和陶诗，抒写性情，同时，把诗文创作与治世抱负联系起来。关于室鸠巢的和陶诗创作，山本嘉孝④曾作详细论述，此不赘述。

另外，渡海赴日的明清文人与日本汉诗人的唱和、点评，也加快了苏轼和陶诗的传播。例如，明末避乱而归化日本的浙江人陈元赟在日莲宗僧人、汉诗人元政唱和陶渊明而作的《荣木诗》后，也次韵和诗。如此，通过中日诗人反复的唱和，和陶诗在日本被接受并逐渐融入日本的文学史中。这是明治时代之前苏轼和陶诗的传播及接受的大致情形。

---

① ［日］村山吉广：《关于藤泽南岳其人其文及〈和陶诗〉》，《九江学院学报》2016 年第 1 期。

② ［日］原田爱：《苏集源流考》，《中国文学论集》第 42 号，2013 年 12 月，第 51—65 页。

③ ［日］室鸠巢：《室鸠巢读书漫录》，写本，刊写时代不详，国文学研究资料馆藏。

④ ［日］山本嘉孝：《室鸠巢的和陶诗：宋诗对模仿作诗的影响》，《亚细亚游学》第 229 号，2019 年 1 月，第 69—79 页。［日］山本嘉孝：《室鸠巢的和陶诗与拟古性》，出自《诗文与经世：幕府儒臣的十八世纪》，名古屋大学出版会 2021 年版。

　　明治时代，虽然日本脱亚入欧，但是，苏轼的和陶诗仍然以多种方式在日本流传着，和陶诗被分散收录在各种汉诗文学习范本中，借助日本汉诗人的点评而得到进一步的传播。收录东坡和陶诗的诗集有很多，如近藤元粹（1850—1922）编的《苏东坡诗醇》收录了多首苏轼和陶诗与赴儋、居儋时期的诗作。其中，卷六有《和陶饮酒诗二十首》《和陶归园田居六首》《和陶贫士七首》《和陶拟古九首》《和陶杂诗十一首》，另有有关海南的诗作，如《六月二十日夜渡海》《儋耳》《吾谪海南，子由雷州，被命即行，了不相知，至梧乃闻其尚在藤也，旦夕当追及，作此诗示之》《行琼、儋间，肩舆坐睡。梦中得句云：千山动鳞甲，万谷酣笙钟。觉而遇清风急雨，戏作此数句》。近藤元粹出生于爱媛县，字纯叔，号南州、萤雪轩，是日本明治到大正时代的汉学家，明治三十七年（1904），近藤元粹在大阪发起风骚吟社，著有《日本外史讲义》《萤雪轩丛书》等，在近代日本文学界有较大的影响力。近藤元粹还在《苏东坡诗醇》中作了眉批点评。其他点评苏轼和陶诗的也不少，如柴田清熙点评的《续唐宋八大家文读本：增评10》收录了《子瞻和陶渊明诗引》。大正年间，仍有继苏轼遗风、创作和陶诗的汉诗人，如小柳一藏（1868—1923）所撰的《大正纪念》①，诗人遭逢坎坷，有感于苏轼贬谪岭南时期和陶之作，遂仿效而作和陶诗百首："圣世遭逢大正年，微臣何幸此身全。寒窗神旺夜难眠，赋就和陶诗百篇。赋了兰溪太古诗，微衷一片鬼神知。残灯此夜凭书几，血泪潸潸先考思。"②《大正纪念》开篇便是和陶诗，共分5集，每集20首。小柳一藏借和陶诗抒发内心情怀，追慕陶渊明和苏轼的精神。武石贞松写《题和陶诗》称其寄托深远："警世篇篇寄托深，诵来一字当千金。"③陶诗本是发自内心、抒发真性情的，苏轼的和陶诗也是发自心灵深处的唱和，因此很容易引发日本诗人的共鸣，尤其是在人生遭遇挫折的时候，他们能从苏轼的和陶诗里寻找精神寄托。为方便读者了解日本所藏的苏轼和陶诗相关文献，特整理成表2，附于本小节末尾。读者可结合本节论述与该表所列文献，看出苏轼和陶诗在日本传播和接受的大概脉络。

　　明治时代之后，日本对苏轼和陶诗的传播和继承仍在继续，有以单行本并注释的形式传播，如前川忠整理的《和陶诗》④。另外有对苏轼和陶诗的日文翻译和解读，如末葭敏久的《苏轼和陶诗译注：和陶饮酒二十首》（1—5）⑤。进入二十

---

①　[日]小柳一藏：《大正纪念》，瑞柳书院大正四年（1915）本。

②　《大正纪念》，第2页。

③　《大正纪念》，第5页。

④　[日]前川忠：《和陶诗》，一诚社1956年版。

⑤　[日]末葭敏久：《苏轼和陶诗译注：和陶饮酒二十首》，广岛中国文学会编《中国文学研究论集》2001年12月第8号，第36—56；2002年12月第10号，第100—110页；2004年4月第13号，第30—40页；2007年4月第19号，第74—83页；2009年4月第22号，第92—99页。

世纪和二十一世纪,日本对和陶诗的接受,更多的是学术上的研究。相关研究常论及苏轼在海南期间的生活和创作,如中纯子的论文《苏轼诗中的日常之音》①第四节探讨苏轼在海南的诗歌创作中的声音描写和再现,她认为苏轼乐观的性格和博大的胸怀使他虽贬谪海南,仍能凭着诗人敏感温柔的心与乐观的精神,在诗歌中捕捉到拐杖的声音、鞋履的声音、蛙声、雨声等,传达着他对生活的热爱。

值得注意的是,原田爱对苏轼和陶诗的研究可谓二十一世纪日本对苏轼和陶诗接受的典型例子,为了深入地理解苏轼的和陶诗,也为了真实地体验苏轼写诗时的心境和环境,她特意在写关于苏轼和陶诗的博士论文期间,亲自走了一遍苏轼的故乡及其贬谪地海南。因此,她写出了被博士论文审查委员会认为可以"填补中国文学史空白"的博士学位论文②。

总之,苏轼的和陶诗反映了苏轼的人生观,也反映了海南的风土人情,如本文第一节所论《和陶劝农》与《和陶田舍始春怀古诗》等诗作。这些和陶诗蕴含的海南文化和积极乐观、热爱生活的态度长期地影响了日本,通过一部部诗集的传播,通过一位又一位诗人的唱和、点评,构成了苏轼和陶诗在日本传播的链条,无疑也为海南文化的传播起了推进作用,值得继续探索。

表2　日本所藏和陶诗相关文献整理

序号	作者	题名及卷数	版本情况	收藏地
1	(晋)陶渊明、(宋)苏轼等 撰,(明)杨时傅 编	合刻忠武靖节二编	明万历四十七年序刊	公文书馆
2	(晋)陶渊明、(宋)苏轼等	陶靖节诗集四卷附东坡和陶诗一卷	清康熙十一年序刊	东京大学
3	(明)周履靖 撰	宋明名公和陶诗二卷	明万历刊	前田育德会
4	(清)钱陆灿 撰	圆沙和陶诗一卷	清康熙常熟朱茂初等刊乾隆十五年钝闲斋印	东京大学
5	(清)程鸿诏 撰	续苏和陶诗一卷	清同治刊	京都大学,东洋文库
6	(清)舒梦兰 撰	和陶诗一卷	清乾隆道光间刊	京都大学
7	(清)温汝能 撰	陶诗汇评四卷,东坡和陶诗合笺四卷	民国十一年上海扫叶山房石印本	爱媛大学
8	[朝鲜]申纬 撰	和陶诗屋小稿	写本,撰写时间不详	东洋文库

---

① [日]中纯子:《苏轼诗中的日常之音》,《中国文学报》2016年第88号,第26—56页。

② [日]原田爱:《苏轼文学的成立与苏氏一族——以和陶诗为中心》,文学博士论文,文博甲第170号,平成二十五年(1989)八月。

续表

序号	作者	题名及卷数	版本情况	收藏地
9	[朝鲜]申钦 撰,[朝鲜]申翊圣 编	玄轩先生和陶诗	明万历四十五年序刊	国土馆陶轩文库
10	(宋)苏轼 撰,(清)查慎行 原本,(清)纪昀 批阅,(清)赵古农 手择,[日]平田敬 校正	苏文忠公诗集择粹十八卷	浅仓屋久兵卫文久二年(1862)序	京都府立综合图书馆
11	(宋)苏轼 撰	东坡别集二卷	写本,刊写年代和刊写者不详	国会图书馆
12	[日]当归山人 书	和陶公饮酒韵二十首	写本,刊写年代不详	国会图书馆
13	编者不详	古文真宝前集①	京都:三书房,明治三年(1870)庚午岁晚夏校正新刻	国会图书馆
14	[日]元政,(清)陈元赟	元元唱和集②	京都:村上勘兵卫,明治十六年(1883)刊	国会图书馆
15	[日]村濑石庵 编,[日]柴田清熙 评	续唐宋八大家文读本:增评10	东京:佐藤利义出版,明治十三年(1880)刊	国会图书馆
16	[日]松崎慊堂③ 著,[日]松崎健五郎 编	慊堂遗文 下卷④	松尾町(今千叶县):松崎健五郎出版,明治三十四年(1901)刊	国会图书馆
17	(宋)苏轼 撰,[日]近藤元粹 编	苏东坡诗醇	大阪:青木松山堂,明治四十年(1907)刊	国会图书馆
18	[日]小柳一藏 撰	大正纪念(和陶诗百首)	新潟县:瑞柳书院,大正四年(1915)刊	国会图书馆

三　日本诗人对苏轼和陶诗的接受及其价值

日本文人仰慕陶渊明和苏轼的人品和文品,和诗者不乏其人。如上表2所列,日本所藏苏轼和陶诗相关文献不少,有和刻本,有明清刻本,也有写本。既有

---

① 按,集中有黄庭坚的《跋子瞻和陶诗》《和渊明拟古》。

② 按,元政(1623—1668),生于京都,俗姓石井氏,元政为其号,江户前期日莲宗僧侣、汉诗文家、歌人。陈元赟(1587—1671),浙江虎林人,明末避乱,归化日本,在京都、江户等地教授少林寺拳法,与日本多位汉诗人唱和。《元元唱和集》中有元政《和陶渊明荣木诗并序》、陈元赟《奉次草山元政上人和陶元亮年四十荣木诗并序》。

③ 按,松崎慊堂(1771—1884),江户后期儒者,生于肥后(今熊本县),曾在昌平黉学习,精通经义与考证,长于诗文。

④ 按,集中有《题和陶公饮酒诗摘录二首后》。

苏轼和陶诗的复刻本,也有注解和评点本,还有仿效苏轼和陶诗而创作的汉诗。苏轼的和陶诗在日本的价值,首先体现在为日本汉诗的发展提供了新的范式,日本文人的和陶诗呈现出一人带动多人和作或者评点的情况,这对苏轼和陶诗的传播无疑起到积极的推动作用,使日本文坛和学术界对陶渊明、苏轼都有了更深的理解。比如藤泽南岳的《和陶饮酒诗》既有小野湖山的亲笔批点,也有山田永年的批点。文化十一年(1814)正月,小野湖山出生于近江国浅井郡田根村,其父为横山玄笃,从事医业,本姓小野,称是小野篁后裔,湖山名卷,通称仙助,又称士达、舒公等①,是近代日本诗坛著名诗人。明治时期脱亚入欧,欧美诗歌体式传入日本,汉诗受到冷落,甚至出现了汉诗否定论。但小野湖山始终没有停止汉诗创作,并保持着抄选和刊刻清诗的活动,与清代诗人来往也较频繁②。

藤泽南岳在《和陶饮酒诗序》中说:"三蕉叶辄醉,余与坡老同其量。既醉之后题句自娱,又集陶老同其适。顷日,人赠醇酒一壶,酌之不尽,快畅旬余,因有此和,亦言吾志。不遑问气格与陶老何如,而坡老所谓仿佛不可名者在诗,不在醉乎尔。"③诗集中有朱笔和墨笔眉批,有称赞陶渊明的,有称赞苏轼的,也有称赞藤泽南岳的,如第一首《和陶饮酒诗》曰:"大道自分明,彷徨何所之。暮春春服成,咏归雨晴时。养神只在此,忘世亦在兹。荣枯不足惊,来去又何疑。欲求终身安,只当慎所持。"④这首诗不仅在字句上得益于陶渊明和苏轼之韵,也在精神上继承了陶诗与和陶诗的自然淡泊,因此赢得小野湖山朱笔眉批的称赞:"第一首先自大道说起,诗境自广。"山田永年则用墨笔眉批曰:"不唯诗境之广,起句已是陶公。"⑤可见近代日本文人推崇和学习苏轼和陶诗,不仅是学其遣词造句、谋篇布局,更是在学其处世淡泊、崇尚自然,日常之中自见人生真谛的豁达精神。笔者认为,这是苏轼和陶诗在日本传播的第二个重要价值。

正如前文所言,苏轼创作的和陶诗有不少是在其贬谪岭南期间所作,尤其是在谪居海南时。年迈的苏轼甚至是做好了赴死的准备,和儿子苏过到了儋州。仕途波折,生活动荡,在这样的情况下,他以陶渊明的闲适自然的精神和"同物既无虑,化去不复悔"的生死观来勉励逆境中的自己。如果结合明治时期日本的社会风尚和对汉籍、汉诗的否定论兴起的时代背景,就不难理解陶、苏通过汉诗传递的这种精神正是近代日本汉诗人所需要的。所以小野湖山和山田永年读了藤泽南岳的《和陶饮酒诗》,联想到陶渊明与苏轼的为人处事,自然是无限感慨,为藤泽南岳的和陶诗写了眉批。

---

① [日]德田武:《小野湖山年谱稿》(一),《明治大学教养论集》(2012 年 1 月,通卷 478 号),明治大学教养论集刊行会。
② 参见拙文《小野湖山刊刻清诗的活动与闽人林潭的〈晚香园梅诗〉》,《西华大学学报》2015 年第 6 期。
③④⑤ [日]藤泽南岳:《和陶饮酒诗》,明治三十四年稿本,关西大学图书馆藏。

相对于本文第二部分所论的室鸠巢对苏轼和陶诗的理解和创作，小野湖山和山田永年对苏轼和陶诗想必有更深的理解和感慨。明治时期的日本走向脱亚入欧的道路，尤其是 1840 年之后，汉诗创作备受冷落，随着欧美诗歌体式传入日本，文艺界出现汉诗否定论①。但小野湖山始终没有停止汉诗创作，并保持着抄录和刊刻清诗、诗论的活动，与清代诗人的来往也较频繁，他与俞樾、黎庶昌、黄超曾等人均有唱和传世。在汉籍、汉诗否定论高唱的时代潮流下，小野湖山坚持汉诗创作和传播汉诗的行为无疑显得与时代不合流，较为孤单。于是，小野湖山和山田永年等汉诗爱好者聚集在一起，以汉诗唱和，出版汉诗杂志或者汉诗集，比如汉诗文杂志《明治诗文》。明治九年十二月，汉诗文月刊《明治诗文》创刊，每期杂志虽然篇幅不长，只有十五六页，但却打出了日本汉诗人的阵营，第一期就刊登了小野湖山与山田永年的汉诗。为了加大发表汉诗的力度，从明治十三年三月开始，该杂志变成了每月刊发两期。

山田永年除了是一位汉诗人，还是一位书法家。山田永年，原名山田钝，字子静，号永年，他是京都的富商之后。除了书画之外，他和小野湖山一样，在逐渐脱亚入欧的日本明治时期坚持汉诗创作。因此，山田永年对藤泽南岳的和陶诗十分欣赏，并说："前日在大阪读卷首一二首，时称合作，今归京再见之，益觉高妙。所谓绮癯而实腴者乎。"②其中的评语"绮癯而实腴"出自苏东坡所作的《子瞻和陶渊明诗集引》③，可见山田永年对苏轼和陶诗的熟悉。小野湖山称自己想效仿苏轼和陶之作，只可惜未能终篇而就，只好在藤泽南岳的和陶诗上表达自己的看法④。

苏轼和陶诗在日本文坛持续其影响，近代和现代都有一些和陶诗问世，除了本文第二部分提到的小柳一藏的《和陶五集》之外，还有昭和时代的汉诗，藤田仓助的《次韵苔岩先生和陶诗》⑤，还有前川忠创作的《和陶诗》等。前川忠在自序中表达了对陶渊明诗歌和苏轼和陶诗的倾慕之心，并直言自己读陶、和陶之始末："余少而读陶渊明诗，爱其平淡率易，不事藻绘，而山林之气丰，田园之趣深。然未知其人与时。壮而读之，渐得知其人，又详知其时。然犹未会其性情之真。老而读之，始得会其性情之真矣。其质而实绮，癯而实腴者。且夕讽诵，不忍释卷。思有拟之而未得焉。及读苏东坡和陶诗，豁然而悟，油然而会。食指顿动焉。投闲呵笔，逐诗次韵，都一百五十八首。"⑥序中也引用了苏轼对陶渊明诗的

① ［日］合山林太郎：《幕末、明治期日本汉诗文之研究》，和泉书院 2014 年版。

②④ ［日］藤泽南岳：《和陶饮酒诗》，明治三十四年稿本，关西大学图书馆藏。

③ 国会图书馆藏《昌平丛书 苏文忠公文钞（茅坤编）》卷十八，明治四十二年松山堂本，第 16 页。

⑤ 《昭和诗文》第三十一帙第十一集，1941 年 11 月，第 2 页。

⑥ ［日］前川忠：《和陶诗》，一诚社 1956 年版，自序。

评价"其质而实绮，癯而实腴"。前川忠从年轻时到年老时读陶，在人生不同的阶段读陶，感受是不同的。虽然他早就想和陶作诗，但苦于不知如何下笔，直到读了东坡和陶诗，才豁然领悟，下笔如有神，和陶诗作了一百五十八首之多。其所作和陶诗有四言诗和五言诗。可见，对于日本诗人理解陶渊明，苏轼的和陶诗起着不可忽略的作用。

综上所述，可知苏轼和陶诗在日本有多种形态的相关文献留存，从江户时代到现代，都有仿效苏轼和陶诗而作的和陶诗，有的是单篇，有的是诗集，在近代逐渐走向欧化之路的日本，和陶诗不仅为日本诗人的汉诗创作提供了文学上的范式，也提供了精神上的力量和一种自然、淡泊的处世态度。

［作者简介］李杰玲，女，文学博士，博士后，现为海南师范大学副教授，硕士研究生导师，国际日本文化研究中心研究员，著有《富士山汉诗研究》等。

韩国词人对苏轼词的唱和与接受

钱锡生

内容提要　韩国词人对苏轼词的接受,主要采用和韵的方式,但又不限于和韵。其唱和时间长、数量多,有 35 首。唱和数量的前三甲是《念奴娇·赤壁怀古》、《水调歌头》(明月几时有)、《望江南·超然台作》。韩国词人主要是唱和苏轼的怀古词、纪游词、咏物词等,在艺术方面撷取其语言、学习其句法、借鉴其构思。韩国词人接受苏轼词的动因,一是服膺其词中丰富深厚的意蕴,二是欣赏其豪迈横放的风格,三是效仿其摆脱词须协律的束缚。通过唱和苏轼词,韩国词人取得了丰富的实践经验,达到也能用词这一文体来自如地写景抒情、咏怀言志的效果。

关键词　韩国词　苏轼词　唱和　接受

苏轼在文学方面堪称全才,词开豪放一派,对后世很有影响。不仅影响中国,而且辐射到东亚诸国。本文将对韩国词人在创作中唱和苏轼词的情况进行统计并分析,探寻韩国词人对苏轼词意蕴和艺术的接受,并对他们接受苏轼词的动因进行分析。

一

韩国词人特别喜欢苏轼的词,对苏轼词的接受主要采用唱和的方式,据笔者对柳己洙编《全高丽朝鲜词》①的统计,有 35 首之多,在韩国词人唱和中国词人的作品中居于首位。

和韵苏词最多的是白晦纯(1828—1888)、何谦慎(1870—1946)两人,分别有六首。其中白晦纯词全是和韵苏词,《临江仙·次东坡韵》(二气流行形万品),依韵苏轼《临江仙·送钱穆父》(一别都门三改火)韵;《临江仙》(淡对晴窗探众妙),

---

①　[韩]柳己洙编:《全高丽朝鲜词》,华东师范大学出版社 2019 年版。本文所引韩国词均出自该书,不再一一出注。

依韵苏轼《临江仙》(忘却成都来十载)韵;《西江月》(欹枕桑麻夜雨),依韵苏轼《西江月·梅花》(玉骨那愁瘴雾)韵;《西江月》(会值亲朋萃至),依韵苏轼《西江月·杭州交代林子中席上作》(昨夜扁舟京口)韵;《满庭芳》(王谢风流,金张富贵),依韵苏轼《满庭芳》(三十三年,漂流江海)韵;《满庭芳》(秫酒三杯,竹部一经),依韵苏轼《满庭芳》(蜗角虚名,蝇头微利)韵。何谦慎有四首《西江月》,"效苏长公体,仍用其韵",既是效体,又是次韵。他还有《满庭芳》(归去来兮,家山何在),次韵苏轼《满庭芳》(归去来兮,吾归何处)韵;《清平乐》(潭潭云壁),次韵苏轼《清平乐·送述古赴南部》(清淮浊汴)韵。

其次是赵冕镐(1803—1887),和韵苏词有四首:《八声甘州·看书》《八声甘州·雨中怀,用坡韵》,次韵苏轼《八声甘州·寄参寥子》;《水调歌头·白牡丹》,次韵苏轼《水调歌头》(明月几时有);《南乡子·感事》(池绿遗痕收),次韵苏轼《南乡子·重九涵辉楼呈徐君猷》(霜降水痕收)。

再次是李齐贤(1287—1367)、李衡祥(1653—1733)两人,各和韵苏词三首。其中李齐贤《大江东去·过华阴》、李衡祥《大江东去·城皋,次过华阴》,次韵苏轼《念奴娇·赤壁怀古》;李齐贤《水调歌头·望华山》、李衡祥《水调歌头·望采药山,次望华山》,依韵苏轼《水调歌头》(安石在东海);李齐贤的《沁园春·将之成都》、李衡祥的《沁园春·留滞周南,次将之成都》,依韵苏轼《沁园春》(情若连环)。李衡祥的词主要是对李齐贤的和韵,但因为李齐贤的词是和韵苏轼词,故李衡祥的词也可以看作是对苏词的和韵。

另有姜玮(1820—1884)和高圣谦(1810—1886)两人,各和韵苏词二首。姜玮《水龙吟》(谢家飞絮漫空),次韵苏轼《水龙吟》(似花还似非花);《水龙吟》(惯曾晨夕相过),次韵苏轼《水龙吟》(楚山修竹如云)。高圣谦《大江东去·和赠黄声汝》,依韵苏轼《念奴娇·赤壁怀古》;《水调歌头·咏月,和赠黄声汝》,次韵苏轼《水调歌头》(明月几时有)。

其他和韵苏词一首的,共有九人。郑奎汉(1757—1824)《酹江月·七夕词》,依韵苏轼《念奴娇·赤壁怀古》;李万敷(1664—1732)《水龙吟·用东坡韵,美公隐遁寿考》,次韵苏轼《水龙吟》(古来云海茫茫);李瀷(1681—1763)《水调歌头·寄洪古阜叙一相朝》,次韵东坡《水调歌头》(明月几时有);吴瑗(1700—1740)《望江南·用东坡小令韵,共赋梅花》,南有常(1696—1728)《望江南·酒阑,出,东坡古词读之,次其韵,赋梅花》,南有容(1698—1773)《望江南·同伯氏会伯玉亭,赋梅花小令》,均次韵苏轼《望江南·超然台作》;黄胤锡(1729—1791)的《水调歌头》(离别已经岁),依韵苏轼《水调歌头》(安石在东海);朴泰淳(1653—1704)《满庭芳·戏作〈满庭芳〉一阕,咏菊》,次韵苏轼《满庭芳》(蜗角虚名);许筠(1569—1618)《江城子》(绣窗春怯五更风),次韵苏轼《江城子·别徐州》(天涯流落思无穷)。

　　苏轼词被韩国词人唱和最多的前三甲是《念奴娇·赤壁怀古》《水调歌头》（明月几时有）、《望江南·超然台作》。唱和《念奴娇·赤壁怀古》《水调歌头》（明月几时有）的，分别有四首：前者为李齐贤的《大江东去·过华阴》、李衡祥的《大江东去·城皋，次过华阴》、高圣谦的《大江东去·和赠黄声汝》、郑奎汉的《酹江月·七夕词》等；后者有李瀷《水调歌头·寄洪古阜叙一相朝，次东坡〈水调歌头〉》、丁若镛《水调歌头·思乡》、赵冕镐《水调歌头·白牡丹》、高圣谦《水调歌头·咏月，和赠黄声汝》。唱和《望江南·超然台作》的有三首：吴瑗《望江南·用东坡小令韵，共赋梅花》、南有常《望江南·酒阑，出，东坡古词读之，次其韵，赋梅花》、南有容《望江南·同伯氏会伯玉亭，赋梅花小令》。

　　苏轼词被和韵二首的，有三个词调。一是苏轼《水调歌头》（安石在东海），有李衡祥的《水调歌头》（采药山当户）、黄胤锡的《水调歌头》（离别已经岁）；二是苏轼《沁园春》（情若连环），有李齐贤的《沁园春·将之成都》，李衡祥的《沁园春·留滞周南，次将之成都》；三是苏轼《满庭芳》（蜗角虚名），有朴泰淳《满庭芳·戏作〈满庭芳〉一阕，咏菊》、白晦纯《满庭芳》（秋酒三杯）。其他苏轼词，则被分别和韵一首。

　　通过以上的统计，可以看到苏轼词被唱和的词调有二十四个，其中长调有二十一首，小令有十四首。这与韩国文人对中国词一般的唱和接受有别，韩国文人由于语音和音乐的隔阂，他们喜欢用小令的方式唱和，小令字少调短，模仿起来难度相对小一点①。但他们在唱和苏轼词时却热衷于采用长调，这说明他们在接受苏轼词的时候，用小令的方式不足以容纳他们的思考，选择长调可以更好地接受苏轼词中丰富复杂的思想。

　　韩国文人对苏轼词的唱和，时间跨度很长，最早始于李齐贤，最晚是何谦慎，在各个时期都有和韵。他们的唱和主要采用次韵和依韵的方式。明徐师曾在《文体明辨序说》中对和韵诗作出阐释："和韵诗有三体：一曰依韵，谓同在一韵中而不必用其字也；二曰次韵，谓和其原韵而先后次第皆因之也；三曰用韵，谓用其韵而先后不必次也。"②这说明和韵有"依韵""次韵""用韵"的三种区别，但韩国词人则主要采用两种方式，即要么和苏词的韵脚和次序一模一样；要么和苏词的用韵不同，但在同一韵部的范围之内。

二

　　韩国词人在唱和苏轼词时，对苏词的接受主要采用仿意的方式，在创作中借

---

① 参见拙文《论唐宋词在韩国的传播和接受》，《江海学刊》2013 年第 3 期。

② 吴讷、徐师曾：《文章辨体序说·文体明辨序说》，人民文学出版社 1982 年版，第 109 页。

鉴苏轼词中的题材和立意。对他们而言,写词不光是为了模仿,而是要表达心中的忧愤,是要乐而忘忧。因为在现实人生中,他们和苏轼一样,也遇到了各种各样的人生问题,有话想说、有话要说。如申琓在《水调歌头》中云:"一阕短长词,无限忧时语。……忠愤比楚三闾,慷慨拟汉贾傅,字皆肺腑。"黄胤锡在《水调歌头·寄师道丁师燃,庚午》中云:"但认六经要领,便掣百家铃辖,聊且乐忘忧。"

苏轼一生在仕途上大起大落,历经坎坷,但他善处逆境,能用宏观的眼光来消解人生的种种不如意。他在词的创作中进行开拓和创新,使之从"应歌"的狭窄圈子中拉回广阔的社会人生。韩国词人追慕其人格魅力,欣赏其笑对人生的态度和豪迈词风,仿意就是他们继轨苏轼的最好方式。

首先是效仿苏轼词中的怀古伤今。在韩国步韵苏轼的词人中,最著名的就是李齐贤,他是韩国最优秀的词人,特别推崇苏轼。试看其《大江东去·过华阴》:

> 三峰奇绝,尽披露、一掬天悭风物。闻说翰林曾过此,长啸苍松翠壁。八表游神,三杯通道,驴背须如雪。尘埃俗眼,岂知天上人杰。　犹想居士胸中,倚天千丈气,星虹间发。缥缈仙踪何处问,箭笴天光明灭。安得联翩,云裾霞佩,共散麒麟发。花间玉井,一樽麦醉秋月。

此词韵脚完全同于苏词,词的风格超逸放旷,也与苏词相近。李氏在28岁时,曾应居留元朝的高丽逊位忠宣王王璋之邀,来到大都,结识了一大批中国著名文人,游历了中国许多地方。此词是他对苏轼的致敬之作,苏轼曾来过华阴,在《华阴寄子由》诗中写道:"三峰已过天浮翠,四扇行看日照扉。"李齐贤来到此地,自然而然地想起苏轼。而苏轼最著名的词作是《念奴娇·赤壁怀古》,在这首怀古词中,苏轼描绘黄州赤壁的奇丽风光,追怀三国时期的历史人物,表现了自己对建功立业的渴望。李齐贤在词中追怀苏轼,称其为"尘埃俗眼"所不识的"天上人杰",想象他的流风遗韵,在这里曾"长啸苍松翠壁",其胸中之气可以直冲云霄,"犹想居士胸中,倚天千丈气,星虹间发",慨叹其"缥缈仙踪何处问",希望自己有机会能与苏轼在天上相逢把酒,一醉方休。此词以苏轼为怀念对象,也具有苏词的豪迈气势。所以夏承焘在《域外词选》中认为:"益斋翘企苏轼,其词虽动荡开阖,尚有不足。……在朝鲜词人中,亦推巨擘矣。"[1]

赵冕镐也在词中怀古伤今,他在《八声甘州·看书》中云:"古人无万里卷中来,还向卷中归。问来时归路,池窗夜雨,山阁斜晖?谈说千年往事,和我笑还悲。可意谁谁在,最上忘机。"和苏轼《八声甘州·寄参寥子》"问钱塘江上,西兴

---

① 夏承焘:《域外词选》前言,书目文献出版社1981年版,第4页。

浦口,几度斜晖？不用思量今古,俯仰昔人非。谁似东坡老,白首忘机"一样,有异曲同工之妙。赵冕镐以"看书"为由头,在书中穿越古今,和古人对话,悲喜交集,希望能够和苏轼一样,忘却尘世机心。

何谦慎的《满庭芳》,也是回首往事、慨叹人生。他在词中云:"可惜人生如水,嘻吁戏、击节长歌。……思量能几许,世间万事,朝暮奔梭。……五湖里,行寻烟月,短棹又长蓑。"和苏轼《满庭芳》之"百年强半,来日苦无多。……人生底事,来往如梭。……仍传语,江南父老,时与晒渔蓑"一样,苏轼此词作于即将离开黄州时,他感慨自己年将半百,一事无成,而人生漂泊,有如穿梭。何谦慎则希望人生应该像水一样自由自在,在水中击节长歌,笑看人生万事。他在《西江月》"效苏长公体,仍用其韵"中,也怀念古人,"阮籍岂真狂者,楚人能作悲辞",对他们予以深切的理解和同情。

其次是效仿苏轼词中的写景纪游。这集中表现在对苏轼赤壁词和中秋明月词的唱和与接受方面。

韩国文人效仿苏轼《念奴娇·赤壁怀古》词,除李齐贤外,还有李衡祥的《大江东去·城皋,次过华阴》,词中云"邂逅道人于此驻,不羡坡翁赤壁。万翠朝冈,双碧耸桧,子猷时棹雪"。其写景也很有气势,将城皋和东坡赤壁相提并论。韩国文人常将赤壁词和《前赤壁赋》混在一起描写,如金万基《忆秦娥·赤壁望美人词,效〈忆秦娥〉体》,化用苏轼《前赤壁赋》中的意境:"沧波渺。秋光极目离心悄。离心悄。琼楼玉宇,梦魂长绕。   美人遥望音容杳,空江夜寂箫声嫋。箫声嫋。孤舟归去,楚天清晓。"赵镛宪的《浪淘沙令·壬戌秋,续赤壁游》,则表明是继苏轼《前赤壁赋》的续篇:"壬戌几回秋,赤壁扁舟。苏仙孟德水同流。白浪千堆霜雪卷,淘尽尘愁。   往事问江鸥,泛彼中流。几人过此几人游。但恐文章名不振,俾我心忧。"前词想象东坡和朋友夜游赤壁的情景,化用赋中的景象,写得有声有色,意境清幽。后词写扁舟赤壁,看见的是"白浪千堆霜雪卷",与《前赤壁赋》中的风平浪静不同,更像是赤壁词中的"乱石穿空,惊涛拍岸,卷起千堆雪",苏轼在词中担忧自己功业未就,赵镛宪担忧的则是自己文名不振。

韩国文人也喜欢写月亮,李齐贤在《玉漏迟·蜀中中秋值雨》中写道:"一年唯一日,游人共惜,今宵明月。露洗霜磨,无限金波洋溢。"描写了中秋月夜的美好。其"圆又缺,空使早生华发",化用苏轼的《水调歌头》词中"月有阴晴圆缺"和《念奴娇》中的"多情应笑我,早生华发",将其巧妙地融合在一起。李衡祥的《玉漏迟》"停杯为问纤阿,何年月、创此琼宫金阙",就像苏轼《水调歌头》中的"明月几时有,把酒问青天"一样,是把酒问天,对月亮的起源设问,这也是人类永恒的谜。高圣谦的《水调歌头·咏月》"若使明光长照,更有情亲同赏,胜似月楼寒",则和苏轼词中的"起舞弄清影,何似在人间"一样,希望月亮能够长照大地,人们可以和亲人在一起,一直欣赏月亮的皎洁美好。郑奎汉的《酹江月·七夕词》,则描写了织女牵牛相会的七夕之夜："月帐排空，银河弄影，净霁三天色。流云如画，一阵乌鹊横截。"这是一个温馨的月夜，词人描写的景色是如诗如画，在这个美好的夜晚，分离已久的人们可以相会重逢。

再次是效仿苏轼词中的咏物寓意。这集中体现在苏轼的两首词上，一是《水龙吟·次韵章质夫杨花词》，二是《望江南·超然台作》。

姜玮《水龙吟》："金松年在玉诗屋夜话，遇雪，同成次兰蕙永、白小香之珩，用东坡《杨花词》韵，即景书怀"，这说明次韵苏轼杨花词韵的有好几首，可惜其他的词失传，只留下此词。姜玮在词中云："谢家飞絮漫空，无风庭院纷纷坠。揽衣中夜，眼前清景，天涯情思"，仿苏轼《水龙吟》之"似花还似非花，也无人惜从教坠。抛家傍路，思量却是，无情有思"。苏轼此词借咏杨花，抒写自己漂泊沉沦的身世之感，将杨花的特征和思妇的情态巧妙融合，即物即人。姜玮的词即景书怀，写雪似杨花，用了《世说新语》中的典故，但少了苏词的寓意和神韵。

吴瑗《望江南·用东坡小令韵，共赋梅花》、南有常《望江南·酒阑，出，东坡古词读之，次其韵，赋梅花》、南有容《望江南·同伯氏会伯玉亭，赋梅花小令》，三首词均次韵苏轼《望江南·超然台作》。苏轼《望江南·超然台作》云："春未老，风细柳斜斜。试上超然台上看，半壕春水一城花。烟雨暗千家。　寒食后，酒醒却咨嗟。休对故人思故国，且将新火试新茶。诗酒趁年华。"此词写于密州，表现登台远望中所见的春景，春风春柳、春花春水，一切是那样的惬意美好，却引起了苏轼浓重的故国乡思。这并不是一首专门的咏物词，但韩国词人却唱和此调来专门吟咏梅花。试看这三首词：

> 山月白，栏外影欹斜。冰霰未回桃杏梦，东风开遍北枝花。幽意在山家。　花正好，花落更堪嗟。春意乍添樽泛醑，暗香时滴雪烹茶。惆怅览余华。（吴瑗）
>
> 山夜永，烟静月西斜。不道东风无厚薄，一枝花落一枝花。花下坐君家。　花已老，花老莫须嗟。风暖渐闻幽鸟语，雪消旋试小龙茶。留醉看春华。（南有常）
>
> 梅已发，帘卷翠梢斜。万里春风惟此树，一天冰雪看孤花。樽酒坐君家。　花下饮，花落使人嗟。春后岂无花似雾，兴来还有酒如茶。独惜此芳华。（南有容）

这三首词和苏轼词一样，都是上片写景，下片抒情，前两首词是写月下静观梅花，后一首词写白日卷帘看花，是一边品茶赏酒，一边感慨吟词，写得洒脱流畅、清丽自然，即使置之中国词人中，也是好词。

三

韩国词人唱和苏轼词,对其艺术上的接受,主要是采用其语词、模仿其句式、借鉴其构思。

采用语词,即借用苏轼词中的一些经典语言和句子。如李齐贤《鹧鸪天·扬州平山堂,今为八哈师所居》词中"堂前杨柳经摇落,壁上龙蛇逸杳茫",化用苏轼《西江月·平山堂》词中"十年不见老仙翁。壁上龙蛇飞动。欲吊文章太守,仍歌杨柳春风"中的语言。他的《玉漏迟·蜀中中秋值雨》"圆又缺,空使早生华发",化用了苏轼《水调歌头》中的"月有阴晴圆缺"和《念奴娇》中的"多情应笑我,早生华发"的语言。白晦纯《满庭芳》"柴门迥,无人来往,春草满庭芳",化用苏轼《满庭芳》(蜗角虚名)中的"江南好,千钟美酒,一曲满庭芳"的语言。郑誧《失调名·辛水原席上赠妓》"酒阑携手起彷徨,一曲满庭芳",则直用苏轼此句。金万基《忆秦娥·赤壁望美人词,效〈忆秦娥〉体》,直用苏轼《水调歌头》中的"琼楼玉宇"。赵冕镐《百字令·题老》"药炉丹就,经卷维摩摄",采用苏轼《朝云》诗"经卷药炉新活计,舞衫歌扇旧姻缘"中的语言。这样的例子很多,此不赘述。

模仿句式,即对苏轼词中具有鲜明特征的经典句法进行效法。主要有以下句式:一是苏轼《水调歌头》(明月几时有)词中"我欲乘风归去,又恐琼楼玉宇,高处不胜寒"的句式。有李齐贤的《水调歌头·望华山》"我欲乘风归去,只恐烟霞深处,幽绝使人愁",还有孟钦尧的《水调歌头·登华山》"我欲乘风下去,只恐紫霞深处,幽绝不堪居";丁若镛的《水调歌头·思乡》"欲与云鸿高举,怪有重峦叠嶂,不许尔同还";曹兢燮的《水调歌头》"我欲丹青写了,奈乏龙眠妙手,谁尽此时情"。苏轼此句是想乘风归到天上的宫阙中去,又怕受不了极高处的清冷。李齐贤和孟钦尧则想乘风归到山中,但又担心山中的幽绝让人受不了。丁若镛和曹兢燮的句子也写出了这种矛盾的心情,一是担心去了山中回不来,一是担心画了丹青难尽其情。

二是苏轼《念奴娇·赤壁怀古》词中"遥想公瑾当年,小乔初嫁了,雄姿英发"中的句式。有李齐贤的《大江东去·过华阴》"犹想居士胸中,倚天千丈气,星虹间发",苏轼为了突出周瑜的少年得志,故意将"小乔初嫁"的时间和赤壁大战的时间压缩在一起。李齐贤则从空间上想象苏轼才气冲天,可在天上的星宿间看到。他还用"花间玉井,一樽轰醉秋月",化用苏词中"人生如梦,一樽还酹江月"句式,都是要借酒浇愁。郑奎汉的《酹江月·七夕词》"遥想灵匹今朝,画眉犹未了,精灵飘合",也化用此词句式,灵匹指牵牛织女这对神仙眷侣,鹊桥还未搭好,他们的精灵就飘合在一起,从时间上写出了他们对相逢的迫不及待。郑词中的"玉佩仙裙,谈笑间,丹桂花飞烟灭",还化用了苏词中的"羽扇纶巾,谈笑间,樯橹灰飞烟灭"的句式,都是对时间的压缩。

三是苏轼《八声甘州·寄参寥子》中"有情风万里卷潮来,无情送潮归"的句式。有赵冕镐《八声甘州·看书》:"古人无万里卷中来,还向卷中归";《八声甘州·雨中怀,用坡韵》:"雨何心漠漠锁烟来,无心放烟归。"苏轼用拟人的手法从空间上写所见钱塘江潮水的起落气势,赵冕镐的这两句效仿,前者借古人"读万卷书,行万里路",从时间上着眼,强调只有读书才能"谈说千年往事";后者写雨中烟雨蒙蒙、无边无际的样子,也表现了空间的辽阔。

其他化用苏词句式的,还有何谦慎《满庭芳》之"归去来兮,家山何在,宛转欲蹑嵯峨",化用苏轼《满庭芳》之"归去来兮,吾归何处,万里家在岷峨"的句式。李齐贤《沁园春·将之成都》之"顾去日无多来日多",仿苏轼《沁园春》(情若连环)中的"谩惹起新愁压旧愁"。赵冕镐的《南乡子·感事》"池绿遗痕收,烟雨蒙蒙起远洲",化用苏轼的《南乡子》"霜降水痕收,浅碧鳞鳞露远洲"的句式,其尾句"都休,修到荷花定有愁",化用苏词尾句"休休,明日黄花蝶也愁"的句式。

借鉴构思,则是在词的构思方面受到苏词的启迪。

上文引的三首咏物词,在篇章结构、写景抒情方面都受到了苏词的影响。又如李齐贤《浣溪沙》之"人世几时能少壮,宦游何处计东西,起来聊欲舞荒鸡",仿苏轼《浣溪沙》之"谁道人生无再少,门前流水尚能西,休将白发唱黄鸡"。其构思、用语几乎和苏轼完全一致。只是苏轼的词表现了对待生活的乐观态度,李齐贤的词则带有一种悲观色彩。许筠《江城子》之"遥想雪波,应与镜湖通。寄我思君千点流,泪不到、草堂东",仿苏轼《江城子》"回首彭城,清泗与淮通。欲寄相思千点泪,流不到、楚江东"。苏词写别后的思念,虽然泗水和淮水相通,但要将相思的眼泪寄来,也流不到楚江之东了。许筠也吸纳了这种构思方式和比喻手法。何谦慎的《西江月·效苏长公体,仍用其韵》四首,既是效体,模仿苏词的结构和构思,又有多处效仿苏词的句子,如其中"故人谁与玩孤光,对此自然怅望",仿苏轼《西江月》"中秋谁与共孤光,把盏凄然北望";"高吟弄月过霜桥,不觉鸡声报晓",仿苏轼《西江月》"解鞍欹枕绿杨桥,杜宇一声春晓"。他的《清平乐》"落照倚山疏影乱,秋入荒凉旧苑",仿苏轼《清平乐》"红旆到时黄叶乱,霜入梁王故苑"。

四

韩国词人之所以喜欢唱和苏轼词,有不同层面的动因。

首先是苏轼的人生观和价值观,深得韩国词人的赞许,他们企慕苏轼的人格魅力。如苏轼的《满庭芳》词:

蜗角虚名,蝇头微利,算来著甚干忙?事皆前定,谁弱又谁强。且趁闲身未老,尽放我、些子疏狂。百年里,浑教是醉,三万六千场。　思量。能几许,忧愁风雨,一半相妨。又何须,抵死说短论长。幸对清风皓月,苔茵展、云幕高张。江南好,千钟美酒,一曲满庭芳。①

此词写于黄州时期,表现了苏轼在贬谪中内心的矛盾痛苦和寻求解脱的思考。一开始否定功名,认为不值得为之忙碌。然后用老庄思想开导自己,人生的许多事都是由上天决定的。何况人生短暂,在短暂的人生里,还有一半是风雨忧愁。那么人生如何才能摆脱这种愁态,就要在大自然的怀抱中,尽情地欣赏风景、饮酒听歌,以此自娱。元陈秀民《东坡诗话录》引《燕石斋补》:"《玉林词选》云:东坡《满庭芳》词一阕,碑刻遍传海内,使功名竞进之徒读之,可以解体;达观恬淡之士歌之,可以娱生。"②韩国词人特别欣赏苏轼词中的这种思想,如赵冕镐的《水龙吟·叹老》:"英雄豪杰,古今谁是,景钟名业云台绣。……百年无尽千年又";《满江红·题浩叹》:"二十年间,回头是,云消雨歇。且休矣,何堪说,终古恨,皆豪杰"等,也是慨叹人生短暂,在对英雄豪杰的追怀中寓含了深沉的人生感慨。

其次是苏轼词中的豪放风格,特别契合韩国词人的胃口。他们普遍崇尚苏轼的豪迈词风,这种风格既具有阳刚之美,又可以放笔直书,摆脱束缚。如崔滋在《补闲集》中云:"近世尚东坡,盖爱其气韵豪迈、意深言富、用事恢博。"③徐居正在《东人诗话》中云:"高丽文士专尚东坡,每及第榜出,则人曰:'三十三东坡出矣。'高元间,宋使求诗,学士权适赠诗曰:'苏子文章海外闻,宋朝天子火其文。文章可使为灰烬,千古芳名不可焚。'宋使叹服。其尚东坡可知也已。"④他们在创作中追慕这种风格,如李齐贤的一些词,取法苏词。其《木兰花慢·长安怀古》:"骚人多感慨,况故国、遇秋风。望千里金城,一区天府,气势清雄。繁华事,无处问,但山川景物古今同。"此词也像苏轼的词一样,行云流水,有一泻千里的豪放气势。

再次是苏轼的词主文不主声,也受到了韩国词人的青睐。苏词不协音律,晁补之云:"东坡词,人谓多不谐音律,然居士词横放杰出,自是曲中缚不住者。"⑤词本是音乐文学,要付之歌喉,被之管弦,以求歌唱的谐婉动人。但这对韩国词人来讲难度太大了,而苏轼的词主要不是以应歌为填词目的,而是把词作为与诗一样的抒情手段,这使韩国词人似乎找到了知音。如李衡祥在《巫山一段云·次

①　苏轼撰,邹同庆、王宗堂校注:《苏轼词编年校注》,中华书局2002年版,第458页。
②　施蛰存、陈如江辑录:《宋元词话》,上海书店出版社1999年版,第707页。
③　崔滋:《补闲集》卷中,蔡美花、赵季主编:《韩国诗话全编校注》,人民文学出版社2012年版,第1册,第112页。
④　徐居正:《东人诗话》卷上,《韩国诗话全编校注》,第1册,第185页。
⑤　胡仔纂集:《苕溪渔隐丛话》后集卷三十三,人民文学出版社1981年版,第253页。

益斋杂咏》中云:"客曰:'乐府非人人可能,况东方自古无雅乐,子之为乐府,不亦滥乎?'余曰:'凡所谓乐府,必得中气然后可也。东坡生长于蜀,所偏只颚音,欲谐而未谐者,气颓然也。吾东声音,已偏于齿,何能普也? 只依方音之平调、羽调、界面调,要不失五音,则何不可之有?'客曰:'诺。'"①徐寅命在《忆秦娥》中云:"南隐曰,《遁斋闲览》:'苏轼词,虽工,多不入腔,正以不能唱曲。'姑就工处看,留待知音择。"②既然苏轼的词可以不协音律,那么韩国词人也可以不从音律的角度来考虑填词,而是放开手脚,从文字的角度来遣词造句、表情达意。

总之,苏轼用词这一文体来咏叹人生、咏怀言志、写景抒情、议论说理,对韩国词坛起过重要的作用,产生了深远的影响。最早由李齐贤开风气之先,作为韩国词史上最优秀的词人,他特别青睐苏轼的词,多次模仿和化用。在他的带动和影响下,韩国词坛代不乏人,先后有近二十位词人唱和苏轼词,他们前后相继、乐此不疲,从苏轼词中汲取营养和精华,然后融会贯通,创作出一批成功的作品。苏轼的词作在异国的土地上开出了绚丽之花,成为东亚文化的共同财富。

[作者简介]钱锡生,苏州大学文学院教授,苏州城市学院客座教授,著有《唐宋词传播方式研究》等。

---

① 《全高丽朝鲜词》,第 406 页。
② 《全高丽朝鲜词》,第 536 页。

从乾嘉常州诗群的"东坡情结"看
苏轼对常州诗学的促动[*]

伏　涛

内容提要　乾嘉常州诗群诗作中多见东坡印记,如东坡生日时的祭祀、东坡祠堂活动的记述、供奉东坡画像、诗写东坡遗物遗迹,又如作诗中和东坡韵、叠东坡韵、用东坡韵,以及题跋、诗中写及东坡。乾嘉常州诗群的种种"东坡情结",缘于东坡晚年寓居常州且终老此邦,从而感染了当地的文士俊彦,促进当地文化与文学的兴盛。由此可见,"千古第一文人"苏轼平生每到一处都会对该地产生一定的影响,玉局流风泽被后世,畛域甚广。

关键词　苏轼　常州诗群　东坡情结　文化促动

被贬、被流放对于文人来说本是一件很不幸的事,但受其惠泽者却不在少数,且不限一时。他们在空间上的位移使之成为文化文学上的播种机,一路布道,一路发光发热。文化传播、文学流播有时是主动的行为,有时则是被动的结果,有时是有心栽花花不活,有时却是无意插柳柳成荫。对于文人自身而言,有时怀揣理想、充满希望,有时却满是失落、不幸与遗憾。"士不遇"使之满腹牢骚,一肚子的不合时宜,他们不平则鸣,发愤著书,其人生的不幸与遗憾有的成了感人的文字、精美的文章、不朽的著作。他们被贬、被流放的不幸,换来流放之地受其泽被的大幸。苏轼便是一个典型,他历尽磨难,一贬再贬,所到之处均留下不可磨灭的印记,让很多地方因为他的到来甚至路过而出名,常州便是其泽被之地。时至清代乾嘉年间,苏轼仍然影响着常州文脉,萦绕常人心魂。赵怀玉诗云:"吾乡号诗国,湘灵倡于前。公起振兴之,壁垒成新鲜。随园与藏园,世多愿执鞭。公揖让其中,鼎足而比肩。"①乾嘉年间,常州诗群中的赵怀玉、洪亮吉、徐

　＊　本文为国家社会科学基金重点项目"宋诗汇评与考证"(项目编号 19AZW009)的阶段性成果。

　①　赵怀玉:《亦有生斋诗集》卷三〇《哭家观察翼》,《续修四库全书》第 1469 册,上海古籍出版社 2002 年版,第 615 页。

书受、孙渊如、杨伦、钱维乔、赵翼、管世铭等人都有显著的"东坡情结"，在其诗作中心心念念地想着苏轼，其诗中的"苏轼书写"根据呈现方式的不同分为以下几类：

一　生日祭祀

生日是一个特殊的时间节点，苏轼的生日被常州人牢记在心，每当其生日时，他们结社吟诗，举行祭祀活动，表达对这位大文豪的深深怀念之情。

徐书受《教经堂谈薮》卷一"东坡忌辰"中记载："宋建中靖国辛巳七月二十八日，东坡先生殁于常州孙氏寓馆。距康熙辛巳已六百年，故迹尚有存者。其地去予居不数武，先荼坪公尝集同学诸子于是日肇祀先生，赋洗砚池，追悼香海棠歌，装作长卷。……忆客岁，予祀先生于生日，今荼坪祀先生于忌辰。二事并堪不朽，然则先贤遗迹待后人而益彰者，往往如是耶。"[①]这里能看出徐书受将流寓文人苏轼与乡贤同等尊重，也能看出他们对常州一地文化文学兴盛的促进。徐书受还有《腊月十九为苏文忠公生辰，邀诸子设祀小斋，分韵得餐字》诗："文忠生日并设祀，跽拜例欲长不刊。……公名一出重天下，辄齐欧压梅都官。……密徐登杭颍扬定，所至教令民能安。……慕其为人学其学，若涉江海推波澜。……"[②]该诗对东坡的行迹记述甚详，由此足见苏轼在徐书受心中的地位。

这类诗歌赵怀玉写的较多，如《方明经楷、金秀才学莲集苏斋修东坡生日之祀，上溯景祐丙子，盖七百六十一年矣》："瓣香重为坡仙设，雪后苏斋曙色澄"[③]；《东坡生日集芥室，消寒之集是止矣，因记以诗》："选味逾重塞，皈心到大坡。酒关聊慰勉，今岁祭诗多"[④]；《十二月十八日大雪，十九日招同人集近林精舍，修东坡生日之祀，即和东坡病中大雪用虢令赵荐诗韵》："瓣香在眉山，遥溯地初堕。文章今炳灿，……敢继二苏篇，以为三白贺"[⑤]；《十二月十九日设东坡生日之祭于寝室，循岁例也》："焚香斗室祀重修，也抵频添海屋筹。毕世坎坷生有命，一家作述境无忧。渊源文受庐陵契，漂泊田庐阳羡谋。我寿已惭三岁长，不如公处是千秋"[⑥]；《十九日祀东坡先生于施有堂》："昨宵曾制寿公诗，重向虚堂进玉巵。

①　徐书受：《教经堂谈薮》卷一，《清代诗文集汇编》第 429 册，上海古籍出版社 2010 年版，第 230a 页。
②　徐书受：《教经堂诗集》卷一二，《清代诗文集汇编》第 429 册，上海古籍出版社 2010 年版，第 218a 页。
③　《亦有生斋诗集》卷一五，第 433 页。
④　《亦有生斋诗集》卷一九，第 472 页。
⑤　《亦有生斋诗集》卷二九，第 606 页。
⑥　《亦有生斋诗集》卷三二，第 635 页。

人羡死能为众奉,我怜生不合时宜"①;《是晚洪大亮吉复以东坡生日招同人集卷施阁,归而作歌》:"朝从苏斋归,暮过卷施阁。卷施阁比苏斋幽,竹树无多具丘壑。就中特祀玉局翁,再拜焚香奠笾爵。……文章尤赖忠义传,自命故应高所托。"②这里把苏斋与洪亮吉的卷施阁并提,透露的是对苏轼的景仰和对好友洪亮吉的期待。

洪亮吉也是以诗写苏轼生日祭祀较多者。《十九日北楼寓馆,招同人为苏文忠公生日设祀,偶成四绝句》其四:"我距公生七百年,望公总不啻神仙。惟余一事公输我,明日归耕阳羡田。"③《腊月十九日,卷施阁邀同人为宋苏文忠公生日设祀作》:"东坡谪南海,我谪西海头。东坡更三岁,尚未离儋州。我顷荷戈来,仅止三月留。我归正值黄流涨,海外奇花未全放。天山六月汗不流,冰雪千层万层障。……君不见,坐中七客鬓皆斑,难得人间岁亦闲。同献樽前一杯酒,祝公生日我生还。"④洪亮吉在诗中将自身被遣新疆伊犁的经历和苏轼被贬海南儋州进行对比。《元夕西湖泛雨杂诗》:"瓣香相约祀文忠,落落星辰此数公。"⑤《十九日为宋苏文忠公生日设祀,谨赋一首》:"六百年前旧草堂(宅西即宋邹氏宅,为公撤瑟之处),谅公犹恋水云乡。半程岭尚名通蜀,七步桥先号顾唐(荆溪山及宅西顾唐桥,皆以公得名)。过腊更须沉白马,未春早已祀黄羊。耒阳迢递当涂僻,借此同伸一瓣香。"⑥这两首诗中均有瓣香苏公之意。

孙渊如有诗《腊月十九日,为苏文忠生日招集同人设祀五亩园,次集中游蒋山元韵》:"九州知诞日,千古惜生天。手笔期同辈,心香结篆烟。"⑦《苏文忠公寿宴诗,在西安毕督部沅署中作》:"公昔手题太白真,我亦题诗为公寿。乾坤茫茫替人在,各有浮名挂星斗。河间开府雄文章,为公生日罗清馐。满堂宾从尽贤士,就中有客如公狂。公神犹龙去天际,画手思公会公意。阔达须眉一尺须,胸中尚郁气如虹。吟诗作赋亦偶然,有时弹冠复挂冠。一生不负范滂传,耻与俗士相周旋。秦中旧是公官处,八观萧条散风雨。……我家阳羡公所栖,慷慨自赋除年诗。……诗成一笑公可闻,复恐来者思今人。"⑧自信且自负的孙渊如诗中颇有和苏轼相提并论的意味。

杨伦《腊月十九日,苏文忠公诞辰,毕弇山尚书招集同人设祀宴集,同诸公

---

① 《亦有生斋诗集》卷二五,第544页。
② 《亦有生斋诗集》卷一五,第433页。
③ 洪亮吉撰,刘德权点校:《洪亮吉集》,中华书局2001年版,第4册,第1616页。
④ 《洪亮吉集》,第3册,第1305页。
⑤ 《洪亮吉集》,第4册,第1621页。
⑥ 《洪亮吉集》,第4册,第1860页。
⑦ 孙星衍:《芳茂山人诗录》,中华书局1985年版,第1册,第92页。
⑧ 《芳茂山人诗录》,第2册,第115页。

赋》："平生仰止东坡公,胸底浩气蟠长虹。……幅巾筇杖风流在,两赋争传望若仙。……诗句由来托瓣香,功名已觉随春梦。……红尘碧海皆游戏,想见掀髯一笑时。买田曾乞常州住,故里传公舣舟处。"①以学杜著称的杨伦平生也仰止东坡,可见东坡精神深入常州士子内心。

二　祠堂·画像·遗物·遗迹

（一）祠堂

祠堂是祭祀用的,一个人死后有人专门为之建祠,而此祠堂能经得住时间的考验、岁月的洗礼,被供奉其中者一定是了不起的人物。苏轼客死常州,当地人自发为之建祠堂,一直供奉,香火不绝,由此足见苏轼在常州人心目中的崇高地位。乾嘉常州诗群诗中多及苏文忠公祠堂,即是对他的追慕。有的是借用祠堂作为结社场所,也有特殊情况下的偶尔提及。不管是哪一种情形,都能看出常州诗人对苏轼的敬仰。

苏公祠成,历经沧桑,几经重修,诗人们面对祠堂不由感慨万千。先看赵怀玉的《苏公祠》："下马瞻遗像,遐哉有所思。一官同似客,五日独留祠。泯没松云迹,模糊海市诗。低徊发深喟,榱栋孰支持(祠中梁木已折)。"②面对东坡遗像,诗人想了很多,想到苏公一官似客、浪迹萍踪的坎坷一生。看到"祠中梁木已折",不胜感喟之至。

再看洪亮吉《苏文忠公新祠图》："八年两度此中游,学士祠堂久滞留。公有才名照天地,我同蟋蟀记春秋。四贤各擅千秋业,一客今眠百尺楼。如此风光难尽画,卷图先向梦中游。"③这是洪亮吉为苏公新祠堂图作的一首七言律诗。首联说自己八年之中曾经两次游览学士祠堂,在此滞留很久,无限感喟,不愿离去。颔联中诗人与苏公相较,苏公才名照天地,自己却如"蟋蟀记春秋",此中洪亮吉已将苏轼当作自己人生的楷模,且有立志千秋之意。洪亮吉《是日即移寓苏公祠》"一榻孤眠学士堂"④与《洞霄宫谒苏文忠李忠公祠》"二贤一体同樽俎,苏李河梁此嗣音"⑤中均有景仰东坡之意。

最后看孙渊如同类诗作,《苏文忠公祠堂图,为秦小岘观察作》："千秋诗客有前因,手荐春兰到水滨。祠宇不摧人代好,湖堤无恙柳条新。嘉平终古思生日,

---

①　杨伦:《九柏山房诗》卷一〇,《清代诗文集汇编》第 417 册,第 777b—778a 页。

②　《亦有生斋诗集》卷二〇,第 491 页。

③　《洪亮吉集》,第 4 册,第 1557 页。

④　《洪亮吉集》,第 4 册,第 1555 页。

⑤　《洪亮吉集》,第 4 册,第 1627 页。

循吏重来是后身。我愧寨帷难暖席,山阳水利属何人。"①根据赵怀玉诗中注释以及孙渊如的诗题可知"祠即秦所创",赵怀玉歌咏的是秦小岘(瀛)所建的祠堂,孙渊如写的则是秦小岘所绘制的祠堂图。这与洪亮吉一样,洪亮吉亦睹图而生思。在其诗中,他认为"千秋诗客"苏轼客居常州乃前世有因,循吏秦瀛受其影响,故能让祠堂"不摧人代好"。

(二)画像

人们习惯以死者的遗物作为纪念,故有遗念一词。也有为死者画像,有的摆祠堂里,有的珍藏,有的甚至随身携带,如赵怀玉有诗《往在京师,罗山人聘画东坡先生像赠余,出入携之垂二十载,人皆以为与予相肖,但差肥耳,山斋无事,因题一事》:

> 公年六十六,我今六十四。公名久炳穹壤间,我疾不称而没世。公髯绝伦轶群姿,我苦捻断徒吟诗。……瓣香清酒岁寒时(岁以公之生日祀公),往往两人成对酌。②

该诗题中提到的罗聘(1733—1799)是著名画家,"扬州八怪"之一。《清史稿》称之"画无不工"③,出自其手的东坡画像质量一定不差。有趣的是赵怀玉以为画像"与予相肖,但差肥耳","出入携之垂二十载",且"岁以公之生日祀公"。这能看出赵怀玉对苏轼的特殊感情。此东坡画像与赵相肖是因为彼此貌似,还是罗山人故意为之,这不得而知。赵"出入携之垂二十载"是对罗聘画技的赞美肯定,还是出于对东坡的景仰,抑或因彼此相肖而念之己?最大的可能是兼而有之。罗聘的绘画艺术之高超是毋庸置疑的,问题是,他为什么为赵怀玉画东坡之像,而非画他人?此乃出于赵之索请,还是罗之主动给予?是赵怀玉心仪东坡,为了纪念他而请罗聘为之绘制,还是罗聘觉得他们有相似之处而主动为之?这些均耐人寻味,值得深思。"出入携之垂二十载",其中既有对东坡的敬仰,也有惺惺相惜之意。一旦对赵怀玉一生多病、人生坎坷有所了解时,我们便很容易理解他为什么会对东坡如此有感情。念及东坡人生不幸时,赵怀玉找到心理上的共鸣,诗中既有窃比苏轼之心,又有自愧不如之意,"公名久炳穹壤间,我疾不称而没世"。流水对中可见赵怀玉对东坡的心仪与他在东坡范式感召下的人生追求。"疾不称而没世"化出于"君子疾没世而名不称焉"(《论语·卫

---

① 《芳茂山人诗录》,第1册,第59页。
② 《亦有生斋诗集》卷二六,第570页。
③ 赵尔巽:《清史稿》卷五百四列传二百九十一,中华书局1977年版,第13915页。

灵公篇》）①。

每当苏轼生日这一天，赵怀玉都不忘祭祀，风雨无阻，"瓣香清酒岁寒时"，诗人便心生孤独。"往往两人成对酌"，"对酌"是从"花间一壶酒，独酌无相亲。举杯邀明月，对影成三人"②及"春江花朝秋月夜，往往取酒还独倾"③中拈出的。从李白的独酌、白居易的独倾，到赵怀玉与苏轼的对酌，孤独落寞的赵怀玉引苏轼为知音。《十二月十八日，雪后携东坡先生画像过庄征君宇逵春觉轩，预修生日之祀》："坡公之逝七百年，光气长在乾坤间。手携公像挂君壁，一樽预酹生朝前。"④从诗题中可知赵怀玉东坡画像不离身，对坡公的崇敬之情流露于诗语行间，并付诸行动。东坡感动了赵怀玉，赵怀玉此诗感动了读者，感动有时是通过心灵话语——诗歌传递的，创作诗歌是在抒发感动，诗歌鉴赏是在体会感动。文化、文学的传播过程有时就是传递感动的过程。

苏轼留给人间多少遗念！洪亮吉在《金山妙高台看落日，兼谒苏文忠公画像》中道：

> 妙高台上望，落日大如盘。公去一千载，我来端正看。星明因月淡，地小觉天宽。盥手礼遗像，泠泠江水寒。⑤

诗人在妙高台上看落日兼谒苏公之画像，"我来端正看""盥手礼遗像"中的"端正""盥手"表达其对苏轼近乎虔诚的景仰。

（三）遗物

人是感性动物，景仰一个人，对他用过的普通物件都会心存敬意，珍若拱璧。

东坡用的玉带在乾嘉常州诗人诗作中便有不少书写，比如赵怀玉的《金山寺观东坡玉带，用东坡〈以玉带施元长老元以衲裙相报〉韵》："知公此地魂犹恋，第一江山亦壮哉。我自重人非重物，摩挲那惜日三回。"⑥金山寺曾是东坡历经之地，心魂所系，诗人视东坡玉带如"至宝"，"我自重人非重物"，赵怀玉看重东坡玉带那是因其人格魅力，物因人贵。"摩挲那惜日三回"典出北朝民歌"一日三摩

---

① 杨伯峻：《论语译注》，中华书局 2009 年版，第 164 页。

② 李白著，瞿蜕园、朱金城校注：《李白集校注》卷二三《月下独酌四首》（其一），上海古籍出版社 1980 年版，第 3 册，第 1331 页。

③ 白居易撰，谢思炜校注：《白居易诗集校注》卷一二《琵琶引并序》，中华书局 2006 年版，第 2 册，第 962 页。

④ 《亦有生斋诗集》卷二四，第 544 页。

⑤ 《洪亮吉集》，第 4 册，第 1704 页。

⑥ 《亦有生斋诗集》卷九，第 359 页。

挲,剧于十五女"(《琅琊王歌辞》)①。该诗句形象地表达出对玉带的看重、爱惜与珍护。玉带是官阶的象征,是仕途的见证,后人由此东坡珍视的玉带很容易联想到他的仕途坎坷,为之感慨万千,为之唏嘘不已!东坡留下的玉带曾经引发多少世人的感慨,包括受其沾溉颇深的常州士子。

东坡玉带在洪亮吉诗中也有出现,"莫笑宝山空手入,髯翁留带我留诗"②。诗中洪亮吉拟与苏轼相媲美。髯翁指东坡,魏学洢《核舟记》云:"中峨冠而多髯者为东坡。""髯翁留带我留诗"一句容易被误解,其意实为:我因为东坡留下的玉带,感发意志而写成此诗。尽管洪亮吉有时颇为自负,然尚未达到和苏轼相提并论的地步。但有一点是不可否认的,那便是出身在盛世文化世家的常州才子面对苏轼树立的人生高标"心向往之"。

名人之名物自会引起追随者、向慕者的睹物思人,杨伦有诗《中秋后三日,蒋立庵太守息养斋吟社八集,观苏文忠书丰乐、醉翁两亭记拓本》:"文章忠节古罕兼,是非论定尤难枉。庐陵眉山出并时,一代名臣众推仰。太常制谥均荣衮,座主门生觇竞爽。登庸先后何足奇,……迹因人重由忠谠。……千年陵谷有变迁,此本长应在天壤。"③以品节自励的杨伦在苏轼身上看到的是"文章忠节",对一代名臣的"忠谠"之气颇为景仰,此乃目睹"拓本"的有感而发。"元丰二年秋八月,乌台诏狱初端倪。吴兴郡符已追摄,故人惊散妻孥啼。苏公忠谠具大节。……升沉世事等云散,但看文采垂虹蜺。"④该诗既赞美苏公"文采垂虹蜺",又抒发对其"忠谠大节"的深深钦佩。

(四) 遗迹

苏轼平生正可谓"飘飘何所似,天地一沙鸥"⑤。一生迹踪如云,奔走驱驰,苦不堪言。"人生到处知何似,应似飞鸿踏雪泥"⑥是其真切的生命感悟。苏轼一生屡遭贬谪,每到一处都给当地留下点什么。士子在人世间的悲苦辛酸成就了后世的人文景观。

地因人重,黄州因为苏轼的到来,因其《赤壁赋》而被天下知晓,因此有了"文赤壁"之谓。钱维城《题书送张莼湖之任黄州别驾二首》其一:"赤壁山头明月古,

① 沈德潜选:《古诗源》卷一三,中华书局1963年版,第324页。
② 《洪亮吉集》卷六《方丈僧出宋苏文忠公玉带见示,并恭读纯皇帝御制四诗,敬赋三首》(其三),第3册,第1355页。
③ 《九柏山房诗》卷七,第757b—758a页。
④ 《九柏山房诗》卷一三《题东坡为元章题砚》,第805a—805b页。
⑤ 杜甫著,钱谦益笺注:《钱注杜诗》卷一四《旅夜抒怀》,上海古籍出版社2009年版,第2册,第471页。
⑥ 苏轼撰,王文诰辑注,孔凡礼点校:《苏轼诗集》卷三《和子由渑池怀旧》,中华书局1982年版,第1册,第97页。

临皋亭下大江宽。总持好景分符去,不让东坡作冷官。"①朋友赴任黄州,苏轼是黄州的名片,诗人钱维城很自然地念及曾经被贬黄州做团练副使这种冷官的他。苏轼在常州状元钱维城心中地位甚高,钱维城《岁暮有感》云:"诗逋每欲逃苏轼,酒债何从乞郑虔。只有流光偏不吝,几经轻掷又残年。"②杨伦《黄州》诗云:"听水听风我亦愁,片帆斜日下黄州。雪堂自属东坡老,不忆元之旧竹楼(相传雪堂即竹楼故址)。"③被贬黄州是苏轼的不幸,黄州却因苏轼被贬至此而大幸。

杨伦在《题任筠冈丈〈绿荫书亭图〉》中写道:"东坡遗宅漏湖滨,任公钓台今亦在。"④在常州,东坡的洗砚池非常有名,常被写入诗中。赵怀玉是苏轼的隔代粉丝,其《苏文忠公洗砚池》曰:"东坡先生尘外人,忽乞常州欲居住。岂知一表遂成谶,顾塘桥畔终流寓。……六七百年等朝暮,峨眉旧社已零落(乡先辈尝以七月二十八日先生忌辰举诗社,曰峨眉社)。"⑤流寓常州顾塘桥畔的苏轼逝去已六百余载,当地因其成立的"峨眉诗社"中人已零落殆尽,这引起诗人的焦虑。

赵翼前后写过两篇洗砚池歌,《东坡洗砚池歌》:"身行万里半天下,晚就吾乡来羽化。遗此石池湛不泻。似与此邦之人独结翰墨缘,风雅千年相枕藉。"⑥此处充分认识到苏轼与常州文人间的"翰墨缘"。《后东坡洗砚池歌》写道:"即今更阅七百年,异代又结圣主缘。翠华到此重手泽,奎章高咏怀名贤。顿觉盆池五斗水,再涌苏海万斛泉。林霏似涵墨气润,园卉争助笔花妍。乃知文章节义有真赏,其人不朽器亦传。"⑦这里提到的"文章节义"极富概括力,东坡留名千古靠的是道德文章,其忠义节操加之过人才华让他流芳百世、名标青史。"其人不朽器亦传"——洗砚池亦随之传名。洪亮吉诗写洗砚池的有《花朝日偕陈司马玉麟,自红梅阁至舣舟亭访花》:"东坡去后七百年,空有石池名洗研。"⑧《十六日同人洗砚池雅集》其一:"闲翻天际乌云帖,小坐苏家洗砚池。"⑨常州诗群"双核"诗写洗砚池,足见其"东坡情结"。

舣舟亭因苏轼而著名,除洪亮吉以诗写之外,杨伦诗中亦写舣舟亭,《约游舣舟亭探梅,四叠前韵》:"新篇互赓唱,卯夜不停讽。寻芳约胜游,云水澹尘梦。苏公挺峨眉,群望推国栋。钧天奏广乐,众响特缶瓮。"⑩

在东坡流落天涯的暮年岁月里,侍姜朝云如影随形、生死相依。因为苏轼文

---

① ② 钱维城:《茶山诗钞》卷四,《清代诗文集汇编》第 346 册,第 558 页。

③ 《九柏山房诗》卷七,第 760b 页。

④ 《九柏山房诗》卷一〇,第 780b 页。

⑤ 《亦有生斋诗集》卷八,第 349 页。

⑥ 赵翼著,李学颖、曹光甫校点:《瓯北集》,上海古籍出版社 1997 年版,第 1 册,第 8 页。

⑦ 《瓯北集》,第 1 册,第 458—459 页。

⑧ ⑨ 《洪亮吉集》,第 4 册,第 1771 页。

⑩ 《九柏山房诗》卷三,第 717b—718a 页。

中多有提及,这让朝云亦被世人所知。"孤臣万里窜穷蛮,舞袖相从骨不还。一种佳人叹流落,明妃青冢傍天山。"①杨伦诗中所写的六如亭是因"东坡侍妾朝云葬此"②而出名。

三 和韵·叠韵·用古人韵

宋代张表臣《珊瑚钩诗话》卷一:"前人作诗,未始和韵。自唐白乐天为杭州刺史,元微之为浙东观察,往来置邮筒倡和,始依韵,而多至千言,少或百数十言,篇章甚富。"③袁枚《随园诗话》卷一:"余作诗,雅不喜叠韵、和韵及用古人韵。以为诗写性情,惟吾所适。"④"叠韵之巧,盛于苏黄;和韵之风,流于元白。"(梅曾亮《柏枧山房诗文集·自序》)和韵之风由元白开启,元白堪称士子友生的范式,他们相互之间和韵之作甚多,此中虽不无游戏笔墨,但与二人兄弟般的深情是分不开的。叠韵之巧,由苏黄发凡,这一风气对后世诗坛颇有影响。性灵派代表诗人袁枚坚决反对叠韵、和韵及用古人韵。他认为这些诗作虽篇章甚富,却鲜见真情,这是其主张抒发"真性情"的诗学追求使然,是值得肯定的诗学主张。

叠韵、和韵往往发生在挚友之间,用古人韵一般是用其景仰的历史上著名诗人之韵。从乾嘉常州诗坛诗人和诗、和韵、用其韵中,能看出他们对苏轼的特殊情感。

徐书受诗中和苏轼诗韵的作品有《除夜和苏诗馈岁、别岁、守岁三首》⑤。用苏轼诗韵作诗属于"用古人韵",这样的作品有《下第日用东坡集中〈怀子由〉韵,再寄紫封》《偕钱待之杰士、王秋塍、胡眉峰法源寺看海棠。晚集待之斋,同用东坡〈定惠院海棠〉诗韵》《题两峰画梅,用东坡〈李公择梅花诗〉韵》《始得崇孝寺探花,再用东坡〈定惠院海棠〉诗韵,呈同游翁、程二先生》《过杭州访崔通守不遇,惟晤松如,时鲁思已去,而董超然、吴蓉塘适在,遂偕三子夜泛舟西湖,留宿净慈寺楼,风雨达晓,分韵得黑字,再用东坡〈自径山回〉韵三首》《次钱塘江用东坡〈自径山回得吕察推诗招宿湖上〉韵,先寄崔曼亭通守、钱鲁思、蒋松如二上舍》⑥。

赵怀玉也有一些和韵之作,如《去年夏,同年蒋大令知让用东坡〈大雪青州道上有怀东武园亭〉韵作诗三首见寄,卒卒未应,今春积雪凝寒,寂居无俚,展读前作,辄和一篇寄答》《藕兰馆看牡丹,用东坡〈雨中看牡丹三首〉韵》《洪同年梧,用

---

① 《九柏山房诗》卷四《六如亭》,第 736a—736b 页。
② 《九柏山房诗》卷四,第 736a 页。
③ 何文焕:《历代诗话》,中华书局 1981 年版,第 1 册,第 458 页。
④ 袁枚著,顾学颉校点:《随园诗话》,人民文学出版社 1982 年版,第 1 册,第 3 页。
⑤ 《教经堂诗集》卷一,第 103b 页。
⑥ 《教经堂诗集》卷九,第 108b、131b、149b、156b、180b、179b 页。

东坡《赠答赵郎中二首》韵见赠，即次元韵酬之》①，诗中透出的情怀与东坡颇有相似相近之处。他用东坡韵的诗有《苏文忠公生日，同人集芥室，用东坡八首韵》："我思玉局翁，气等白云逸。……文章与忠义，跃跃人心出。如何买田愿，至老未能必。"②该诗表达的是对苏轼文章与人品的景仰以及其未遂"买田愿"的遗憾。

孙渊如有《得兮中所作已白钟，次苏文忠〈石鼓歌〉韵，作诗纪之》③《辛未岁，腊八前一日，游焦山，遇大雪，信宿而返，山僧借庵索诗，用苏子瞻〈放舟焦山〉韵，走笔付之》④。杨伦有《和谢太守蕴山先生夏日游禅智寺，访东坡送李孝博诗石刻，即次东坡韵二首》其二："有宋一代中，兼擅惟坡仙。……公诗愿同刻，笔势争翩翩。苏王倘有知，一笑当欣然。"⑤钱维乔有《用东坡〈闻子由瘦〉韵寄大兄》⑥。孙星衍、杨伦次东坡韵，钱维乔用东坡诗中韵，由此可见他们对苏轼诗歌的喜好。洪亮吉《赵兵备翼八十索诗，率成二律》其二云："平心论断追收约，快意诗篇到陆苏。青史他年要专传，一编文苑定难拘。"⑦"陆苏"指的是陆游、苏轼，这能看出洪亮吉诗宗宋倾向。《苏文忠公祠二首，即呈秦同年瀛》："长篇千首恨雷同，不敢师公祗慕公。"注曰："近来学公诗者极多，不无流弊。"⑧作为乾嘉常州诗群中的著名诗人、诗论家，洪氏此论极有见地，值得关注。

四　其　他

这里的"其他"是指很难归入前面这些类型却又提及苏轼的诗，我们将这些诗也作粗略归类。

（一）题跋

先看洪亮吉《跋苏文忠公游庐山诗后》："青莲四十九，甫谒匡庐君。子瞻亦卅九，始撷庐山云。我齿逾十年，天阙亦竟臻。鸿鹄难远扬，麋鹿亦可群。青莲逮今时，倏已千余春。庶几三谪仙，配此五老人。"⑨诗中洪氏将自己与李白、苏轼作对比，而对苏轼的向慕之心尤为显著。

---

① 《亦有生斋诗集》卷二七，第 499、573、574 页。
② 《亦有生斋诗集》卷一九，第 472 页。
③ 《芳茂山人诗录》，第 2 册，第 112 页。
④ 《芳茂山人诗录》，第 1 册，第 80 页。
⑤ 《九柏山房诗集》卷三，第 720b 页。
⑥ 钱维乔著，杜玄图、马振君点校：《钱维乔集》，崇文书局 2018 年版，第 75 页。
⑦⑧ 《洪亮吉集》，第 4 册，第 1695 页。
⑨ 《洪亮吉集》，第 4 册，第 1610 页。

再看徐书受《跋老苏集》:"二子之才公特难,老怀忧国未遑安。当时执政皆君子,独恨无人识辨奸。"①这是徐书受为苏洵集子作跋时对苏轼、苏辙的肯定,尤其表达对苏轼的景慕。

还有孙渊如的《题冯刺史潮〈三士图〉》:"神仙与隐逸,各自有千古。东坡曳簪缨,颇历世尘苦。同有旷世才,光焰笔端吐。三贤参列宿,余子尽抟土。古人不见我,此恨孰能补。冯君不凡士,白眼视寰宇。空堂对前哲,折节酬清醴。人物近眇然,名山倩谁主。"②这里的"三士""三贤"是指葛洪、陶渊明、苏轼,他们是神仙隐逸的代表。诗人对东坡的"颇历世尘苦"深表同情,对其旷世之才亦表钦敬之忱。

(二) 诗中论及

洪亮吉《径山道中杂诗》其三:"东坡居士题诗后,一一公然入画图。大好山川留副本,余杭赤壁颍西湖(梅谷庵有小赤壁)"③;《十六日,同人舣舟访桂,并饮花下》:"辛夷醉后醉木犀,玉局堂前玉山倒"④;《广持僧以〈憩寂图〉索题》:"已久安禅寂,东坡居士知"⑤;《酬许步兵宗彦》:"玉局祠旁五尺亭(前岁正月二十日在苏公祠订交),订交前度忆西泠。才名第一方三拜,朴学无双许五经。"⑥

徐书受《骆驼湾见船山、亥白、受之题壁联句,赋二绝句》其一:"遥遥西蜀几千里,安有异才人不知。二苏已去七百载,复见眼中三士奇"⑦;《题石香〈秦游草〉寄之汝州》其三:"少陵格律夔巫变,玉局文章过岭优。特欲劳人想余味,秦山看尽不曾游"⑧;《赵星渠为予推河洛数,得贲通之卦爻数,与东坡先生皆同,贻书亦遂以相拟,予悚,弗克承,聊奉小诗以复》:"海棠枯死砚池荒,投老生还似故乡(坡公卒于吾乡孙氏寓馆,所传洗砚池、香海棠皆其遗迹也)。若使及为东道主,先生许我幸升堂"⑨;《次钱塘江用东坡〈自径山回得吕察推诗招宿湖上〉韵,先寄崔曼亭通守、钱鲁思、蒋松如二上舍》:"官如苏子瞻,病是维摩诘。探花湖上寺,归压帽檐侧。此乐无人知,只羡公头黑。"⑩

---

① 《教经堂诗集》卷一,第 102a 页。
② 《芳茂山人诗录》,第 1 册,第 73 页。
③ 《洪亮吉集》,第 4 册,第 1625 页。
④ 《洪亮吉集》,第 4 册,第 1746 页。
⑤ 《洪亮吉集》,第 4 册,第 1754 页。
⑥ 《洪亮吉集》,第 4 册,第 1804 页。
⑦ 《教经堂诗集》卷一二,第 222b 页。
⑧ 《教经堂诗集》卷一一,第 208b 页。
⑨ 《教经堂诗集》卷三,第 124b 页。
⑩ 《教经堂诗集》卷九,第 179b 页。

杨伦《十二研楼歌，为陈公子季驯赋》："首数杨雄铁研古，龙尾凤味苏公评。"①赵怀玉《登州杂诗》其五："瓣香独熟拜文忠，五日之官境略同。太息无人支一木，自输清俸劝鸠工。"②赵怀玉对苏轼的景仰之情十分感人，"苏公祠梁木已折，当事无过而问者，余捐俸倡修"③。这条诗中注释告诉我们赵怀玉曾经捐俸发动众人修缮苏公祠堂。正是因为苏轼感染了很多像赵怀玉这样的人，才让苏公祠堂至今屹立，为一代代常州人瞻仰苏轼提供方便，也让苏轼精神代代相传。

另外，还有钱维乔的《读苏诗》④与《别大兄归里，偶忆东坡"晓离动作三年计，牵挽当为十日留"之句，不禁潸然，临行口占以赠》⑤等。苏轼多才多艺，他对后世的影响深入而广泛。宋代的"苏黄"与唐代的"李杜"一样伟大，后世多少士子像钱维乔一样爱读苏诗，"二钱"之一的他对苏轼怀念苏辙的诗句产生强烈的情感共鸣，离别大兄钱维城时，他不禁潸然泪下。苏诗不知感动熏染了后世多少读书人，苏诗如此，苏词、苏文等亦如此。人生不如意十有八九，苏轼面对人生风雨时的那种"也无风雨也无晴"的旷达情怀与"一蓑烟雨任平生"的潇洒态度曾经感动过、正在熏染着并仍将影响无数人间行走的你我。苏轼为世人开出救治人生苦难的精神良方，为士子树立接近完美的人生范式！他显扬于世的不只是其卓越才华、锦绣文章、过人才艺，还有崇高的精神品德、豁达的士子情怀、潇洒的人生态度。

结　语

以上我们寻绎赵怀玉、洪亮吉、徐书受、孙渊如、杨伦、钱维乔等乾嘉年间常州诗人群体作品中涉及苏轼的诗歌，将其归类思考，分为生日祭祀、祠堂画像遗物遗迹、和韵叠韵用古人韵以及其他。生日祭祀之作中能看出常州诗人习惯在苏轼生日之际举行相关活动，用以纪念流寓常州、德才兼备的苏轼。苏公祠是一种象征，象征着东坡精神在常州的永存。苏轼在常州才子心中已是一个永恒的文化高标，一座不朽的精神丰碑。画像遗物遗迹是苏轼坎坷人生、沧桑岁月的留存与见证，对一代才子的"雪泥鸿爪"，常州人如获至宝、倍加珍惜，他们珍惜的是其文化贡献、精神财富。和韵、叠韵和用古人韵，在常州诗群诗作中主要体现在用东坡诗中韵，这有学宋倾向，也带来不良影响，但在此现象中足以看出苏诗在

---

① 《九柏山房诗》卷一二，第798a页。
②③ 《亦有生斋诗集》卷二〇，第492页。
④ 《钱维乔集》，第73页。
⑤ 《钱维乔集》，第68页。

常州诗人心目中的崇高地位。这里证明的是"苏黄"中苏轼之诗在常州才子眼中的高度。"其他"中有读苏诗,有为苏轼诗集作跋,有写读苏诗感受,亦即评价苏诗者,这些都能看出对苏诗的看重。也有不少在其他诗歌中论及苏轼,由此亦可见其对苏轼的念念不忘。根据以上分类论述我们能明显感知乾嘉常州诗群浓重的"东坡情结",这一情结对诗人们的行事风格与精神品格,从诗歌的内容到形式、语言到思想,诗学倾向的从宗唐到唐宋兼采等方面都有广泛而深入的影响。

[作者简介]伏涛,江苏盐城人,三亚学院人文传播学院副教授,发表过论文《文学地理视域下的顾太清"大运河情结"》等。

理想主义者与政治家、儒家与佛教徒——苏轼[*]

 [俄]阿·斯·马丁诺夫著 吕 卉译

内容提要 俄罗斯当代著名汉学家马丁诺夫是俄语世界苏轼哲学思想研究的奠基人。马丁诺夫分析了苏轼儒、释、道杂糅的复杂世界观，认为苏轼思想如"百千灯"，盏盏独立发光，最终又"作一灯光"，糅合融通，遗世独立。苏轼毕生理想与现实命运的矛盾，以及有道入仕与无道则隐的内心纠结，是中世纪中国儒家士大夫的东方式乌托邦。

关键词 苏轼 君子 儒 佛 道

苏轼，在精神层面，是不同源流思想的兼容并蓄；在现实层面，是可行与不可行实践的反复调适，他在诗歌创作中的灵感就源于诸类异质的杂糅。苏轼早在青年时期就受到庄子的强烈影响，道家思想似乎已经浸润至诗人的内心深处，成为他终生挚爱的哲学。但是，他进入仕途时是一名正统的儒家，关注的核心是天下大事和所处时代的君主治理方式。

作为一名政治思想家，苏轼很早就表现出个人才华。1055 年，年仅 19 岁的苏轼仿写欧阳修的《正统论》，在文中提出了他毕生秉持的政治主张。与欧阳修的历史哲学观截然不同，苏轼创新了对"正统"的阐释，主要从伦理视角来论述"正统"，为此引入了"名"与"实"的概念，认为名轻实重。苏轼的正统说解决了前代儒家悬而未决的问题：

夫以文王而终身不得，以魏、晋、梁而得之，果其为重也，则文王将有愧

---

  * 本文为 2023 年海南省哲学社会科学规划重大专项（东坡文化研究）"俄罗斯的苏轼作品译介、思想研究与文化传播"[项目编号 HNSK（ZDZX）23－14]、2022 年海南省哲学社会科学规划重大专项（东坡文化研究）"多语种图文版《海南东坡一百问》"[项目编号 HNSK（ZDZX）22－19]的阶段性成果。

于魏、晋、梁焉。①

他认为，文王实际上已经控制了天下，因此无愧于魏、晋和梁。"统一天下"是否就可以和尧、舜相提并论呢？苏轼的答案是否定的，因为发挥主要作用的并不是"名"，而是"实"，不是实际占有，而是以何种方式占有，"是尧、舜而下得统者，凡更四不如，而后至于晋、梁焉"②。诸代的天下占有者在天下获取方式和治理手段上发生了退化："尧、舜以德，三代以德与功，汉、唐以功，秦、隋、后唐、晋、汉、周以力，晋、梁以弑。"③因此，不能将尧、舜和三代皇帝与后来的君主相提并论。

苏轼在青年时期就发现，道德与具体历史并不相容，"实"与"名"的分裂是客观事实，"名"与"实"代表的道德理想截然相反，"名"因此被排斥。他在历时层面（历史）将道德与历史现实进行严格区分，又在共时层面以某种含混的形式保留了这种划分，既强调"贵"与"贤"的区别，也强调二者和平共存的可能性。真正的"贤者"不应该"夺贵"，"贤者"的任务是管理天下，而不是从"名"到"实"破坏天下的秩序。后来，苏轼又在《大臣论》中继续阐述了这一思想。孔子认为，所谓大臣，就是"以道事君"的人，如果服务君主的可能性丧失了，服务就停止了，即"不可则止"。

> 由此观之，大臣以道事君，不可则止，然后可以托六尺之孤，可以寄百里之命。若与时上下，随人俯仰，虽或适用于一时，何足谓之大臣为社稷之卫哉！④

苏轼在自己的同时代人身上发现了"以道事君，不可则止"的范例，并给予了高度评价。

他在《大臣论》中为大臣和君子制定了政治纲领：

> 以义正君，而无害于国，可谓大臣矣。⑤
> 天下之权，在于小人，君子之欲击之也，不亡其身，则亡其君。⑥

他认为，大臣和君子必须清楚自己的首要任务——用适当的方式引导君主，与此

---

① 苏轼撰，茅维编，孔凡礼点校：《苏轼文集》卷四《正统论三首·辩论二》，中华书局1986年版，第122—123页。按，本文注释为译者所补充，原文无。
②③ 《苏诗文集》卷四《正统论三首·辩论三》，第124页。
④ 《苏轼文集》卷七《迩英进读·叔孙通不能致二生》，第196页。
⑤ 《苏轼文集》卷四《大臣论上》，第126页。
⑥ 《苏轼文集》卷四《大臣论下》，第126页。

同时，不能危害到国家。如果天下之权被小人夺占，君子想击败小人，就会引发极为凶险的危机。若君子失败，则君子亡；若君子胜利，则天下亡，因为君主的政权将被篡夺。由此产生了一个问题——如何将天下从小人的控制中解放出来呢？苏轼建议，君子应该克制自己，不能急于反对小人，"故凡天下之患，起于小人，而成于君子之速之也"①。君子的反对会导致小人群体更加抱团，手段也将更加残酷。因此，苏轼建议实施忍耐策略，小人之间终生嫌隙，彼时君子就会有行动的机会：

> 然后待其发而乘其隙，推其坠而挽其绝。故其用力也约，而无后患。莫为之先，故君不怒而势不逼。如此者，功成而天下安之。②

苏轼在一系列的汉臣论中继续阐发君子忍耐论。君子中的典范应该具有大忍之功，善于等待，如果贪图虚荣、渴望名利，即使是最杰出的国务活动家也会丧失耐心而急于求成，导致极为有害的后果。汉臣晁错就是一个例证。他在《晁错论》中写道：

> 天下之患，最不可为者，名为治平无事，而其实有不测之忧。坐观其变，而不为之所，则恐至于不可救。起而强为之，则天下狃于治平之安，而不吾信。③

因此，贸然行动的君子将成为引发灾难的唯一罪人。

汉臣论的核心思想是君子应该准确把握践行自己理想的时机，时机不到只能蛰伏等待。为了保存天下的秩序就必须暂时容忍邪恶的存在，同时，最重要的是自保。《宋史》中有一种观点认为，苏轼未获大用是因为隐藏自己。这种观点似乎说出了部分真相④。苏轼在系列汉臣论中都阐述了"自保"的观点。

事实上，苏轼踏入仕途的初心就是准备被堪"大用"，而并非执行一般公务。因此，他的政治思想核心并非一般儒家仕宦，而是以匡扶四海、经天纬地为己任，负责判断国家整体状态和规划国家发展方向。君子治理国家——这是中国自古

---

①② 《苏轼文集》卷四《大臣论下》，第 127 页。

③ 《苏轼文集》卷四《晁错论》，第 107 页。

④ 《宋史·苏轼传》结尾对苏轼一生盖棺论定，认为苏轼"稍自韬戢，虽不获柄用，亦当免祸"，意思是"苏轼如果略微隐藏自己的才华，那么即使不被重用也能免去灾祸"，最后以设问的方式提出"假令轼以是而易其所为，尚得为轼哉？"意思是"如果苏轼隐藏才华，那就不是苏轼了"。因此，我们在《宋史》中未曾发现马丁诺夫阐述的"苏轼为了自我保护而隐藏自己"的论述。马丁诺夫的苏轼"自我保护说"系误读《宋史》。——译者注

以来的传统,苏东坡的时代亦是如此,但诗人也为此洒泪,付出了代价。然而,作为堪大用之人,苏轼毕生的活动远远超过了国务范畴。君子理政似乎成了稳定天下的根本:"民有父母,国有蓍龟。斯文有传,学者有师。"①君子即使寂然不动也会对周边的人产生重大影响:"大川乔岳,不见其运动,而功利之及于物者。"②君子完全脱离了自我和自私,成为真理的标准,即使其观点与所有众人皆异,君子也是正确的。因此,君主将君子树为榜样范例。君子成为天下的基石,维护天下的秩序。然而,治理天下既复杂又危险,苏轼本人的命运也验证了这一点。

11 世纪 60 年代末,权倾朝野的王安石发起了科举制度改革。改革并非王安石的突发奇想,王安石也不是第一位发动改革的政治家。科举改革,将原有的选拔人才时侧重考察其文学素养和渊博学识,改为注重其研究和批判经典文本的能力。然而,王安石的改革遭到了一众儒家的强烈反对,因为文学是儒家最擅长的考试科目。王安石建议废除进士科外的所有考试科目,进士科考试以"经义"(经典文本)和"策论"(问题论述)为主。神宗对王安石变法的正确性颇有疑虑,于熙宁四年(1071)发动讨论,苏轼上书神宗阐述了个人观点。他在《上神宗皇帝书》中分析了国家政权的性质:

> 聚则为君民,散则为仇雠。聚散之间,不容毫厘。故天下归往谓之王,人各有心谓之独夫。由此观之,人主之所恃者,人心而已。③

本着儒家优良传统的精神,苏轼把政治权力看作是君主内在完善的自然结果,在这方面,他是孟子思想的坚定捍卫者。他在《上初即位论治道二首·道德》中这样阐述自己的治国理想:

> 人君以至诚为道,以至仁为德。……何谓至诚?上自大臣,下至小民,内自亲戚,外至四夷,皆推赤心以待之,不可以丝毫伪也。如此,则四海之内,亲之如父子,信之如心腹,未有父子相图、心腹相欺者,如此而天下之不治,未之有也。④

神宗召见苏轼当面询问政令得失,面对神宗的闻讯,苏轼沉默良久,然后勇敢地指出了神宗理政的不足:"求治太急,听言太广,进人太锐。"对策应该是:"愿镇以

---

①② 《苏轼文集》卷六三《祭欧阳文忠公文》,第 1937 页。

③ 《苏轼文集》卷二五《上神宗皇帝书》,第 730 页。

④ 《苏轼文集》卷四《上初即位论治道二首·道德》,第 132 页。

安静，待物之来，然后应之。"①苏东坡认为，坦陈观点是儒家学者的职责所在，无可畏惧。苏轼推崇韩愈，以其为榜样，韩愈因为直抒胸臆惹恼皇帝而被贬，尽管在社会职责上遭遇失败，但谏言是按天意行事。

与韩愈一样，苏轼赞同唐宋时期众多儒家学者的论断："自东汉以来，道丧文弊，异端并起。"②因此，每一个儒家学者的首要任务就是与此作斗争，恢复古代的理想秩序。然而，通过暴力的方式并不能完成治理理想，原因在于："力可以得天下，不可以得匹夫匹妇之心。"③观点本身以及表达观点的勇气使苏轼成为"道直言诚"的优秀儒家典范。显而易见的是，原则如此明晰的高尚君子并非总是能够获得大用，要生得其时才行。众所周知，苏轼本人就被迫体验到这一点。如宋高宗所言，苏轼"才可大用，恨不同时"。

时间的无限万能、不可预测，以及人力面对无情自然的枉然空虚是苏轼文学作品中贯穿始终的永恒主题。苏轼在《凌虚台记》中写道：

> 物之废兴成毁，不可得而知也。昔者荒草野田，霜露之所蒙翳，狐虺之所窜伏，方是时，岂知有凌虚台耶？废兴成毁，相寻于无穷，则台之复为荒草野田，皆不可知也。④

即使是伟大人物也不可避免会遭遇失败，时代英雄在时间面前的无力感被苏轼书写在著名的《赤壁赋》中：

> 月明星稀，乌鹊南飞，此非曹孟德之诗乎？西望夏口，东望武昌，山川相缪，郁乎苍苍，此非孟德之困于周郎者乎？方其破荆州，下江陵，顺流而东也，舳舻千里，旌旗蔽空，酾酒临江，横槊赋诗，固一世之雄也，而今安在哉？⑤

然而，儒家并不局限于哀叹。与此相反，儒家预设了政治失意时的防御机制，首先就是内心的坚忍与对仕途的淡然。君子并非政治家，君子更接近于不问政治，不参与党派斗争，因为"争则小人必胜"。君子也不迁就形势，行为完全源自内心而不是外在影响。因此，"言"是君子最重要的能力，"坚韧"是君子的重要品质，最重要的是保持不变的内心世界，能否被用是次要的，所谓"有道则仕，无

---

① 脱脱等撰：《宋史》卷三三八《苏轼传》，中华书局1985年版，第10804页。
②③ 《苏轼文集》卷一七《潮州韩文公庙碑》，第509页。
④ 《苏轼文集》卷一一《凌虚台记》，第350页。
⑤ 《苏轼文集》卷一《赤壁赋》，第6页。

道则隐"。

苏轼早在青年时期就受到庄子的强烈影响,道学成为其文学创作的灵感来源之一。苏轼的《后赤壁赋》充分体现了道学思想:

> 适有孤鹤,横江东来。翅如车轮,玄裳缟衣。……畴昔之夜,飞鸣而过我者,非子也耶? 道士顾笑。①

所有熟悉庄子思想的人都知道,庄子经常讥讽孔子。庄子思想将读书人中的大部分道家信徒和正统儒家置于尴尬境地。苏轼试图用儒学解释道学,缓解儒道两种哲学之间的尖锐矛盾,认为"庄子盖助孔子者",庄子貌似反对孔子,实则有助于孔子。

儒家必须带有道家哲学,这是苏轼一直持有的观点,不止一次进行论述。君子一定不能和现实结合得过于紧密。苏轼在《宝绘堂记》中写道:

> 君子可以寓意于物,而不可以留意于物。寓意于物,虽微物足以为乐,虽尤物不足以为病。留意于物,虽微物足以为病,虽尤物不足以为乐。②

浮云悦目,鸟鸣悦耳,这些快乐消失时也不痛苦。君子对待外部世界的态度也应如此。如果据此认为苏轼在为消极的处世态度辩解,那将是完全错误的观点。苏轼力图摆脱外部事物对自身的控制,这种对抗更像自觉保持与经验主义的距离,恪守对最高世界的感知,从而在可见世界中保持自由。

总之,苏轼的世界观非常复杂。苏轼从老师欧阳修那里承继了无可争议的乌托邦主义特征,这是宋代所有优秀儒家代表的普遍特质。苏轼的乌托邦思想的核心在于试图取缔国家权力,因为权力的本质是暴力,儒家希望把暴力机器转变为自然发展,治理国家应以人心为导向。苏轼世界观的第二个特征是精英主义。苏轼评论天下大事的出发点并非立足于普通仕宦,而是立足于国之重臣。苏轼世界观的第三个特征是坚韧不拔、反奉从主义、内心恒定。苏轼的世界观综合后,使得他的行为在现实世界更加具有挑战性,诗人自己也意识到这一点。因此,苏轼世界观中贯穿的悲剧特征极为明显。苏轼充满矛盾的世界观并不妨碍他在治理国家和从事具体政务时遵循儒家传统。苏轼对待佛教的态度是纯粹的功利主义,在花钱建宝塔还是花钱建军队的问题上苏轼没有丝毫的犹豫选择后者。饥馑时期,为了赈济饥民,苏轼利用富人礼佛求保佑的心理劫富济贫。

---

① 《苏轼文集》卷一《后赤壁赋》,第 8 页。
② 《苏轼文集》卷一一《宝绘堂记》,第 356 页。

作为正统史家,苏轼认为"晋以老庄亡,梁以佛亡"。作为政府官员,苏轼认为佛教的任务在于拯救民众:

> 斋戒持律不如无心,讲诵其书不如无言,崇饰塔庙不如无为。其中无心,其口无言,其身无为,则饱食而嬉而已,是为大以欺佛者也。①

因此,苏轼在处理每项具体事务时都毫无疑问的是一名儒者。然而,苏轼的职业命运与其自身的世界观并非相符,明显表现出"大臣"践行理想的重重苦难。苏轼追求建功立业,却成为"不获柄用"的儒家典型代表人物,这种悲剧命运的原因在于内心需求与实际应用的背离,即大材小用。但是,苏轼人性特征的和谐避免了悲剧性的矛盾发展到极致。苏轼善于克服政治理想与现实仕途之间的冲突,皈依佛教与道教的教义使诗人的精神世界得以平衡,指引他不断寻求自我满足与自我完善,这为诗人的诗歌创作注入了强大的动力。

苏轼本人一再强调,自己并非佛教信徒,也没有钻研过佛教,但他无法避免受佛教的影响,因为释迦牟尼的教义深深渗透到当时中国人的精神世界之中。受蜀地地域和家庭环境影响,苏轼自幼就与佛结下不解之缘,他的父亲和母亲都是虔诚的佛教徒。苏轼幼年,并未将佛教作为一种宗教进行接纳。在双亲过世之后,苏轼为庙宇进行了大额捐赠以图父母阴世享福。这种行为可以认定为苏轼与佛教的外在接触。苏轼的内心世界距离佛教尚且遥远。对于苏轼来说,佛教艺术的吸引力更强。苏轼解释了艺术在追求绝对精神过程中的辅助作用:作为侍佛工具,艺术也具有同样重要的意义。如果认为苏东坡作为一个失败的儒家士大夫只是在人生困境中才临时抱佛脚,这种观点是错误的。苏轼对佛教兴趣浓厚,认真研习过禅宗与净土宗,尤其是彼时风靡京城的天台宗。他对佛教教义中的"慈悲"非常感兴趣,在《绣佛赞》中写道:"凡作佛事,各以所有。富者以财,壮者以力。巧者以技,辩者以言。"②然而,不能据此认为,佛教仅仅是苏轼的诗歌与谈资的主题。对于苏轼来说,宗教的意义不止于让亲人过上美好的生活。宗教通过不同的路径——通过艺术、通过与高僧的哲学对话、通过家庭生活中为重大事件进行的宗教仪式,释迦牟尼的学说不可遏制地渗透到诗人的灵魂中,成为他个人生活与内心世界不可分割的组成部分,时而快乐,时而忧伤。

苏轼对佛教中的两种思想最为关注——禅宗的"自我完善"与阿弥陀佛宗教迷信中的"善恶果报"。对于苏轼来说,佛教的宗教仪式也同样重要,而且更为亲切。诗人生命的最后时光在僧侣的陪伴下度过。苏东坡,是中国儒家精英、士大

---

① 《苏轼文集》卷一二《盐官大悲阁记》,第387页。
② 《苏轼文集》卷二一《绣佛赞》,第621页。

夫、思想家和诗人的代表人物,他用一生证明,佛教对于当时的儒家来说既不是外在的,也不是完全敌对的,而是渗透到儒家精英的私人生活与公共职能,成为内心世界的组成部分。

苏轼认为,自己对佛教教义的理解既不统一,也不多重,而是像百千盏灯,诗人的世界观亦是如此,"百千灯作一灯光",既独立发光,又糅合融通。

(俄文原作刊于《阿列克谢耶夫院士译中国古典散文佳篇》第一卷附录,俄罗斯科学院"东方文学"出版公司 2006 年版,第 322—332 页)

[作者简介]阿·斯·马丁诺夫(1933—2013),俄罗斯当代著名汉学家、翻译家和历史学家。

[译者简介]吕卉,女,海南大学外国语学院教授,发表过论文《马丁诺夫"帝国理论"视角下的苏轼哲学思想研究》等。

苏轼、苏辙"夜雨对床"诗系谱研究

［日］原田爱　［日］小谷优瑠著　李寅生译

内容提要　"夜雨对床"诗是苏轼、苏辙兄弟共同感兴趣的诗题,他们一共写了十二首这样的诗歌。本文基于他们的"夜雨对床"诗,来探究这些诗歌的内容及与之有关的政治环境,并就写作诗歌时的心境作一番研究。

关键词　苏轼　苏辙　夜雨对床　系谱

诗人在面对各种自然景物时,往往会浮想联翩,睹物思人,故而作诗。作为自然景物之一,"雨"便是其中的一个描写对象。北宋时期的代表性诗人苏轼(1036—1101)与其弟苏辙(1039—1112)之间因"夜雨对床"而作的带有应酬性的诗歌便是有名的作品。关于这方面内容的开端,苏辙《逍遥堂会宿二首》的序文有着详细的叙述:

> 辙幼从子瞻读书,未尝一日相舍。既壮,将游宦四方,读韦苏州诗至"安知风雨夜,复此对床眠",恻然感之,乃相约早退,为闲居之乐。故子瞻始为凤翔幕府,留诗为别曰:"夜雨何时听萧瑟?"(《栾城集》卷七)①

也就是说,他们都对中唐诗人韦应物(736—790)的诗句颇为感动,想在仕宦结束之后一同去隐居,届时相约一边"听雨",一边"对床"。对于他们"夜雨对床"的诗歌交游,幸田露伴(1867—1947)赞不绝口②,并且进行了如下论述:

> (至韦应物诗句)开始发出离合的感慨,苏轼他们把兄弟和睦相处的快乐当作人生的幸福。简单闲适,心无旁骛,是任何东西都换不来的。虽然如

---

①　本文引用的苏辙诗歌以《苏辙集》(全四册,中华书局1990年版)为底本,并参照其他诸本作了一些适当的修改。

②　幸田露伴《苏东坡与海南岛》发表在昭和十四年(1939)《改造》三月号上,收录在《露伴全集》第十五卷(岩波书店1978年版)。本文的引用内容源自幸田露伴所著《太公望·王羲之》(新潮文库1994年版)。

此,如果忙于建功立业的话,则不免奔走于宦途,过着东奔西走的生活。这也是人们不能免俗之处。即使是这样,他们仍然希望退出险峻的功名之路,过着一种清淡闲适的生活。在共同的生活中,哥哥发言,弟弟附和,一派兄友弟恭的气氛。善良而淡薄的二十六岁和二十三岁的两位青年诗人居住在旅社的一室,一边听着秋夜的雨声,一边面面相觑,四目相对,令人垂怜。虽然如此,他们之间表达的情感是纯真的,只是后来的表现也有一些怪诞之处,但听雨的氛围又不禁使人想到了善良恬淡的诗人韦苏州的诗歌。在想到这样的感情时,便似乎体现了人品的清高和俊美。

实际上,经过什么样的"雨"诗系谱才达成苏轼、苏辙"夜雨对床"的呢? 这其中还存在着一些不明之处。本文将就苏轼、苏辙"夜雨对床"的问题,有感而选取那些触动听觉的"雨"诗,以及这类诗歌的系谱问题作一些探讨。

一 苏轼、苏辙的"夜雨对床"交游

苏轼、苏辙有关"夜雨对床"的诗在他们的一生中反复出现,其中有应酬的成分在内,如果提到总数的话,苏轼有七首①,苏辙有五首。

苏轼的"夜雨对床"诗:

① 嘉祐六年(1061)《辛丑十一月十九日,既与子由别于郑州西门之外,马上赋诗一篇寄之》(《苏轼诗集》卷三)。

② 熙宁十年(1077)《子由将赴南都,与余会宿于逍遥堂,作两绝句,读之殆不可为怀,因和其诗以自解。余观子由,自少旷达,天资近道,又得至人养生长年之诀,而余亦窃闻其一二。以为今者宦游相别之日浅,而异时退休相从之日长,既以自解,且以慰子由云》(《苏轼诗集》卷一五)。

③ 熙宁十年(1077)《初别子由》(《苏轼诗集》卷一五)。

④ 元丰二年(1079)《予以事系御史台狱,狱吏稍见侵,自度不能堪,死狱中,不得一别子由,故作二诗授狱卒梁成,以遗子由二首》(《苏轼诗集》卷一九)。

⑤ 元丰六年(1083)《初秋寄子由》(《苏轼诗集》卷二二)。

⑥ 元祐六年(1091)《感旧诗并叙》(《苏轼诗集》卷三三)。

⑦ 元祐八年(1093)《东府雨中别子由》(《苏轼诗集》卷三七)。

苏辙的"夜雨对床"诗:

① 熙宁十年(1077)《逍遥堂会宿二首并引》(《栾城集》卷七)。

---

① 关于苏轼的诗,本文以《苏轼诗集》(全八册,中华书局1982年版)为底本,并参照其他版本作了适当的改动。

② 元丰三年(1080)《舟次磁湖,以风浪留二日,不得进子瞻。以诗见寄,作二篇答之。前篇自赋,后篇次韵》(《栾城集》卷一〇)。

③ 元祐元年(1086)《后省初成直宿呈子瞻二首》其二(《栾城集》卷一四)。

④ 元祐三年(1088)《五月一日同子瞻转对》(《栾城集》卷一五)。

⑤ 元祐四年(1089)《奉使契丹二十八首神水馆寄子瞻兄四绝》其二(《栾城集》卷一六)。

也就是说,现存苏轼兄弟最早的"夜雨对床"诗是苏轼"夜雨对床"诗中的①。如诗题《辛丑十一月十九日,既与子由别于郑州西门之外,马上赋诗一篇寄之》所说,这首诗是嘉祐六年(1061)十一月苏轼二十六岁、苏辙二十三岁时,苏轼在赴凤翔签判任之际、苏辙为他送别时所作。在这里,苏轼为苏辙写下了这首诗。回到开封后,苏辙决定回家照顾父亲苏洵(1009—1066)。他们兄弟自幼受到父亲的熏陶,虽然年轻时同时科举及第,但却在嘉祐六年分别到了各自的岗位,这是他们人生中的第一次分别。

> 不饮胡为醉兀兀,此心已逐归鞍发。归人犹自念庭闱,今我何以慰寂寞。登高回首坡垄隔,但见乌帽出复没。苦寒念尔衣裘薄,独骑瘦马踏残月。路人行歌居人乐,童仆怪我苦凄恻。亦知人生要有别,但恐岁月去飘忽。寒灯相对记畴昔,夜雨何时听萧瑟。君知此意不可忘,慎勿苦爱高官职。公自注:尝有"夜雨对床"之言,故云尔。(苏轼《辛丑十一月十九日,既与子由别于郑州西门之外,马上赋诗一篇寄之》,《苏轼诗集》卷三)

第一句至第四句以突兀的笔触入题,虽然回到都城见到了苏辙,但也增添了个人的哀愁,而第五句至第八句描写了苏辙孤独地骑着瘦马而去的落寞情形。第九句至第十二句再现了苏轼的悲苦,与周围的人进行对比,反衬出自身悲哀的原因。苏轼清楚"人生要有别",但还是担心"岁月去飘忽"。想到昔日的约定,心中仍然不免萦怀,希望能够从离别的悲哀中走出来。苏轼希望苏辙将来不要执念于高位,能够从官场中引退,因为他们曾经相约"夜雨何时听萧瑟"。

正如苏辙《逍遥堂会宿二首》的序文和苏轼的自注所说的那样,围绕着这些诗歌的内容还可以联系到的是中唐韦应物的诗:

> 余辞郡符去,尔为外事牵。宁知风雪夜,复此对床眠。始话南池饮,更咏西楼篇。无将一会易,岁月坐推迁。(韦应物《示全真元常》,《韦应物全集校注》卷三)①

---

① 该诗见于《韦江州集》(《四部丛刊》正编33)。这首诗的诗题还有"元常,赵氏生"的自注。

这首诗是韦应物辞任滁州刺史时,与外甥沈全真、赵元常在馆舍见面,有感于当时的心情而作。与辞官的韦应物不同,年轻的外甥们追逐世俗的杂事,因此在馆舍相遇时,韦应物与他们雪夜对床,享受宴饮和作诗之乐。韦应物认为这样的机会实属难得,岁月在不知不觉中流走,他因此希望大家不局限于眼前的快乐,还要想到其他的东西,全诗以此作结。而实际上,正如韦应物诗中的"风雪夜"所说,这首诗原应是指"雪"的。韦应物看清了时光易逝和现实之事,在与外甥们相聚谈话后,对将来的能否重聚不免有些忧虑。而苏轼、苏辙的"安知风雨夜,复此对床眠"诗中的"雨"则是由韦应物诗中的"雪"变换而来。韦应物的这首诗属于听"雨"诗系谱中的一首,由此也为其他诗人将来以"夜雨对床"题材创作诗歌开拓了道路。

苏辙最早的"夜雨对床"诗是熙宁十年(1077)秋八月三十九岁时所写的《逍遥堂会宿二首》。在半年前的熙宁十年二月时,苏轼知徐州,苏辙任南京留守签判。由于这个原因,他们在时隔七年之后才在开封相聚。兄弟一起赴徐州,四月时到达了徐州,苏辙在逍遥堂停留了百余日,八月十六日出发去任职之地应天府。在出发之际,他写下了这首诗:

其一

逍遥堂后千寻木,长送中宵风雨声。误喜对床寻旧约,不知漂泊在彭城。

其二

秋来东阁凉如水,客去山公醉似泥。困卧北窗呼不起,风吹松竹雨凄凄。(苏辙《逍遥堂会宿二首并引》,《栾城集》卷七)①

其一是与"夜雨对床"有关的诗。按照场所和时间顺序展开,逍遥堂后面的树林传来了"风雨"的呼啸声,苏辙吟咏的即是"夜雨对床"之事。但如"误喜"所言,其中并不一定是真正的喜悦,由于不久将要分别,所以才有了序文中的"相约早退,为闲居之乐",但这样的约定何时才能实现呢?现在居住在彭城(徐州)不知要等到何时结束?全诗以一种深深的哀怨作结。

继之再看其二,其二是苏辙离开后苏轼对未来想象的内容。即在深秋天寒

---

① 苏轼给苏辙写的诗是《子由将赴南都,与余会宿于逍遥堂,作两绝句,读之殆不可为怀,因和其诗以自解。余观子由,自少旷达,天资近道,又得至人养生长年之诀,而余亦窃闻其一二。以为今者宦游相别之日浅,而异时退休相从之日长,既以自解,且以慰子由云》(《苏轼诗集》卷一五)。诗的原文是:"别期渐近不堪闻,风雨萧萧已断魂。犹胜相逢不相识,形容变尽语音存。(其一)但令朱雀长金花,此别还同一转车。五百年间谁复在,会看铜狄两咨嗟。(其二)"正如诗题所示,诗中表达了内心深刻的悲哀,以及对苏辙的劝慰、勉励之情。

之际,作为"客"的苏辙赴任南京应天府,苏轼与之话别。由于这个原因,留在徐州的苏轼即"公"已独自醉倒了,一边听到"风吹松竹雨凄凄",而另一边却是"困卧"的状态。能够再次相聚是令人高兴的事情,但现在的离别却不免让人感叹,由此可见苏辙对"夜雨对床"相约之语的期盼之情。

这些苏轼、苏辙的诗歌并不都是人生的下降线,他们的"夜雨对床"也有对遥远未来的期望。与他们人生的辗转相比,"夜雨对床"诗也在发生着变化。

二 苏轼、苏辙对"夜雨对床"诗的发展

自治平四年(1067)正月宋神宗继位后,他与王安石(1021—1086)强行推行改革国家政治的新法,苏轼、苏辙属于他们老师欧阳修(1007—1072)一派的旧党。由于这个原因,他们屡屡被贬。而在这些人中,苏轼受到两次较大的挫折。第一次是元丰二年(1079)发生的所谓"乌台诗案",他在次年被安置在了黄州;第二次是在晚年的绍圣元年(1094),先是贬谪到岭南的惠州,后又于绍圣四年(1097)流谪到了海南。与此同时,苏辙也遭到贬谪。其间二人吟咏的"夜雨对床"诗如前一节所述,是苏轼"夜雨对床"诗中的④和⑦,在此之外的"夜雨对床"实际上是听"雨",与"夜雨对床"还存在着一些差异。

元丰二年,知湖州的苏轼以诽谤朝廷罪在七月二十八日被逮捕,八月十八日被关入御史台。这一文字狱事件便是"乌台诗案",对苏轼的拘押一直持续到十二月。在这期间,苏辙作为南京留守签判留在南京应天府,借机来保护苏轼的家人。当时苏轼四十四岁,苏辙四十一岁。对死亡已有所觉悟的苏轼,写下了下面的这首诗①:

> 圣主如天万物春,小臣愚暗自亡身。百年未满先偿债,十口无归更累人。是处青山可埋骨,他年夜雨独伤神。与君世世为兄弟,又结来生未了因。(苏轼《予以事系御史台狱,狱吏稍见侵,自度不能堪,死狱中,不得一别子由,故作二诗授狱卒梁成,以遗子由,二首》其一,《苏轼诗集》卷一九)

如"天"一样的圣君给万物带来"春"的恩惠,在描写了"喜雨"之后,苏轼又开始描写自己的情况。由于担心自己会早早地死于狱中,他不得不把家人托付给苏辙,但却又感觉到会给人带来麻烦。如"是处青山可埋骨,他年夜雨独伤神"所说,虽

---

① 这首苏轼诗的其二表现了狱中个人的情况和对家人的思念,及将死后之事委托给苏辙的内容。其二的原文如下:"柏台霜气夜凄凄,风动琅珰月向低。梦绕云山心似鹿,魂飞汤火命如鸡。眼中犀角真吾子,身后牛衣愧老妻。百岁神游定何处,桐乡知葬浙江西。"

然不知道自己会埋葬在哪里,但还是担心剩下苏辙一人听到"夜雨"时的感伤心情。这或许是沿袭了两年前苏辙《逍遥堂会宿二首》其二诗中,兄弟离别后苏辙在孤独的听雨中思念苏轼时的内容吧!在这个基础上,苏轼希望即使在来世也能与苏辙成为兄弟。诗中的"未了因"即是"夜雨对床",因为来世还是兄弟,便与隐栖时想象的"夜雨对床"有所不同,他希望能够实现"夜雨对床"的理想。苏轼的"夜雨对床"看起来是一个人的约定,但却是对未来苏辙所感到孤独的一种劝慰。

此后,苏轼被免于死罪,贬至黄州安置。苏辙受此牵连,被贬至筠州,并在此度过了数年时光。元祐年间(1086—1093),政治形势发生了变化,旧党开始执政,苏轼被召回了中央,但不久新党又重新上台,形势再次发生了变化。苏轼、苏辙不仅没有得到赦免,苏轼反而受到了更为严厉的处分。从当时的情况和他们的年龄、社会阅历来看,苏轼他们已断了"夜雨对床"的念头。

元祐八年(1093)九月,苏轼五十八岁、苏辙五十五岁时,苏轼作《东府雨中别子由》诗,从中可以窥见他的想法。这首诗是苏轼七首"夜雨对床"中最后的一首,当时的苏轼已被贬至定州。

> 庭下梧桐树,三年三见汝。前年适汝阴,见汝鸣秋雨。去年秋雨时,我自广陵归。今年中山去,白首归无期。客去莫叹息,主人亦是客。对床定悠悠,夜雨空萧瑟。起折梧桐枝,赠汝千里行。重来知健否,莫忘此时情。(苏轼《东府雨中别子由》,《苏轼诗集》卷三七)

第一句至第八句是说在院子里,苏轼与梧桐树一起被雨水淋湿了,在自己的人生中曾经反复出现这样的情况。第九、十两句感叹自己如行人一样辗转各地,第十一、十二两句"对床定悠悠,夜雨空萧瑟"所说,可能是苏轼、苏辙最后一次"夜雨对床"了。苏轼想到在此之后可能与苏辙分别,在不能"夜雨对床"的情况下,处于一种孤独的状态,由此而产生了"莫忘此时情"的呼唤。在极其艰苦的环境下还没有忘记"夜雨对床"之思,可见他们兄弟之间的感情是多么的亲密,这让曾经的离别者能够有生存下去的希望。这样的想法可能是苏轼对苏辙的倾诉吧!

到了绍圣元年(1094),苏轼流谪到岭南的惠州,与此同时,苏辙也流放到了筠州;绍圣四年(1097),苏轼又贬到了海南岛的儋州,苏辙则贬到了岭南的雷州。元符三年(1100),因哲宗驾崩遇恩赦而允许北归,在这样的情况下,他们兄弟均有了归隐的想法,而次年即建中靖国元年(1101),苏轼却在常州病逝了,享年六十六岁。苏辙是在颍昌府听到了苏轼去世的这个噩耗。

崇宁元年(1102)闰六月二十日,苏轼的孩子们把他的遗体安葬在颍昌府汝州郏县小峨嵋山山麓。这是苏辙的意思,于是他再次书写了祭文,表达了对其兄

的思念之情:

> ……呜呼我兄,而止斯耶。昔始宦游,诵韦氏诗。夜雨对床,后勿有违。进不知退,践此祸机。欲复斯言,而天夺之。先垄在西,老泉之山。归骨其旁,自昔有言。势不克从,夫岂不怀。地虽郏鄏,山曰峨嵋。天实命之,岂人也哉。(苏辙《再祭亡兄端明文》,《栾城后集》卷二〇)

这些内容因为稍稍有些特殊的形式,并没有提到前面苏辙有关"夜雨对床"的诗,但这也可以说是"夜雨对床"诗的终点了。苏辙追忆嘉祐六年初次与苏轼离别时,曾经一起诵读韦应物诗时的情形。当时从苏轼"夜雨对床,后勿有违"和实现"夜雨对床"的想法来看,结局是上天夺去了苏轼的生命。按照苏轼的遗言,他的遗骨也想埋葬在亡父苏洵墓地旁边,归葬在故乡的山中,而当时的政治形势却不可能让他有这样的结局。

作为次善之策,苏辙也想埋葬在以故乡名山"峨嵋"冠名的山麓之下,与其兄的坟墓为邻。一边在泉下相从于其兄,一边实现"夜雨对床"的心愿。实际上,在十年之后的政和二年(1112)十月三日,苏辙在七十二岁去世后也安葬在了这里①。由此可以看出,在现实世界"夜雨对床"成了触发手足之情的媒介,记述了他们兄弟之间悲怆的命运,在捕捉"天"意的同时,也有"夜雨对床"持续的苏辙之思。

结 语

以上是北宋苏轼、苏辙兄弟"夜雨对床"听雨诗系谱的情况。

《诗经》中的"风雨"是一种实景描写,暗喻了世道的混乱。从这些内容经常可以看到以"雨"为主题的诗,进入六朝时代,"喜雨诗"和"苦雨诗"出现了定型化的趋势。"喜雨诗"主要是表现雨水惠及农事,喜于天恩而降"雨";而"苦雨诗"则表现淫雨霏霏妨碍了行旅和交游,给经济和社会带来了很大的打击,有感于苦雨而作这一类的诗。

以东晋陶渊明的《连雨独饮》为开端,可以看到雨中孤独状态下自己的人生和处事方式,新的"苦雨诗"由此而产生,并且得到了发展。

到了唐朝时,"喜雨诗"也定型了,其中的内容也发生了变化。特别是没有言及农事,从情景中暗示对明天抱有希望的杜甫《春夜喜雨》便是这方面较好的例

---

① 三苏坟在现在的河南省平顶山市郏县,中间为苏洵的衣冠冢,左右排列着苏轼、苏辙的坟墓。

子。而在六朝之前的"雨"诗回忆的是过去,以及由此带来的思考。中唐之后,"雨"的时间跨度也涉及了未来。进一步而言,听"雨"的行为虽有个人孤独的自省,但也有转为表现个人忧愁和给亲人带来希望的共同变化内容。在这方面,有中唐钱起的《夜雨寄寇校书》和白居易的《雨中招张司业》。

苏轼、苏辙兄弟写作的"夜雨对床"诗,吟咏的是现在和遥远未来的"雨"。他们一共吟咏了十二首"夜雨对床"诗,表达了不同时间兄弟之间共同的"听雨"心境,以及他们心中的希望。正如"乃相约早退,为闲居之乐"所说,原来的"夜雨对床"是想隐栖,也乐于对床听"雨"。虽然是对未来的想象,却也是确认相互约定的关键词。这个典故出自中唐韦应物《示全真元常》中的"宁知风雪夜,复此对床眠",也是他们共同的感觉。取自韦应物的诗句,而将"雪"换成了"雨",作为苏轼、苏辙上述听"雨"诗系谱的一首,显然带有韦应物诗的影子。与悲观于未来"对床"的韦应物诗内容所不同的是,虽然有离别的慨叹,但他们仍然持一种乐观的态度。

从政治形势来看,苏轼、苏辙的"夜雨对床",应该是苏辙先于苏轼产生了相约退隐的想法,其间他们即使有不想一同隐栖的观点,但苏轼却没有忘记他们的约定,把相关的诗歌内容寄赠给苏辙,苏辙也在苏轼去世后把自己的坟墓和苏轼安置在了一起。如此对他们而言,即使是在"夜雨对床"不得不断念的形势下,以及即使是有一方已经死去,听"雨"的行为仍然成为兄弟之间联系的象征。

[本文以金泽大学人类社会学方向教育学专业小谷优瑠于令和三年(2021)提交的毕业论文《听雨诗的系谱——从六朝至北宋》为基础,由导师原田爱进行增补修正后发表]

[作者简介]原田爱,日本金泽大学教授;小谷优瑠,日本金泽大学博士研究生。
[译者简介]李寅生,广西大学文学院教授,出版过专著《论唐代文化对日本文化的影响》。

朝鲜刊本苏轼诗集版本小考

——以《增刊校正王状元集注分类东坡先生诗》为中心*

[韩]唐润熙著　陈　庆译

内容提要　本文以朝鲜刊本《增刊校正王状元集注分类东坡先生诗》为主要研究对象,在全面梳理中国所藏版本的基础上,调查和分析了朝鲜刊本的版本系统和流传状况。朝鲜刊本有金属活字本(甲寅字本)、木活字本(训练都监字本)、木板本等版本,其中金属活字本(甲寅字本)是朝鲜刊本的范本,它广泛通行,并成为其后大多数版本的底本。朝鲜时代刊印并流行的《增刊校正王状元集注分类东坡先生诗》,以元代刘辰翁批点本为主,这一情形的产生与朝鲜中期文人对苏轼的评价以及出版政策有关。

关键词　苏轼诗集　《增刊校正王状元集注分类东坡先生诗》　刘辰翁朝鲜刊本金属活字本

苏轼与其父苏洵、其弟苏辙以文学著称,世称"三苏"。他在学术、文艺、书法、绘画等方面都取得了卓越成就。在书法方面,苏轼与蔡襄、黄庭坚、米芾并称"宋四家"。在诗词方面,苏轼开创了豪迈放达的艺术风格。在古文方面,苏轼与欧阳修等人并称唐宋八大家。苏轼的个性、气质以及文学风格,不仅是中国文坛的表率,在朝鲜、日本等地也影响深远。

根据金学主的研究,朝鲜时代(1392—1897)士人对中国文学的兴趣范围较为狭窄,尤为崇尚唐宋八大家的文章。从朝鲜时代诗文集的出版频率来看,最受推崇的中国文学家包括陶渊明、李白、杜甫、韩愈、柳宗元、欧阳修、苏轼、王安石、黄庭坚、陆游、朱熹等,他们的诗文集被多次刊印;其次为韦应物、白居易、杜牧、李商隐、陈师道、李东阳,他们的诗文集出版过三四次;其他人的诗文集大多只刊

---

　*　本文为海南省哲学社会科学规划重大专项(东坡文化研究)"当代韩国的苏轼研究综论"[项目编号 HNSK(ZDZX)23－08]的阶段性成果。

印了一两次便不再出版①。

苏轼诗文对高丽(918—1392)和朝鲜时代文坛的影响早已引起学界关注,现有研究主要集中在朝鲜时代文人如何接受苏轼诗文②,成果颇为丰硕。本文旨在从版本学角度考察朝鲜时代刊行的苏轼诗集,一方面由此了解中国历代出版的苏轼诗文集在朝鲜时代的接受及传播情况,一方面为中国与朝鲜半岛文学及文化交流提供依据,并借以评估苏轼对朝鲜时代汉文学的影响力。

中国历代苏轼诗文集有多种版本。自宋代以来,苏轼的诗从文集中剥离,形成独立的诗集,单独发行并广泛传阅。苏轼诗集不仅有不同的注释和校勘版本,还有将新的诗集版本合并到诗文集中刊印的情形。针对这一复杂情况,较为合理的方式是将苏轼诗文集的版本分为诗集、文集和诗文集进行梳理。本文拟在梳理中国刊本及韩国刊本苏轼诗集诸多版本的基础上,从朝鲜刊本的版本系统、编辑体例、版本形式等角度入手,探究该刊本是以何种中国刊本为底本,进而考察苏轼诗文在朝鲜时代的传播和接受问题。

一 中国历代苏轼诗集的主要版本

苏轼诗文集在其生前就已出版并广泛传播。针对当时出版的诗文集,苏轼自言:"率真伪相半,又多为俗子所改窜。"③可见在他自己编订前,已有版本中存在不少瑕疵。自北宋末年以来,苏轼诗集出现了各种不同的注释版本,最早的有赵次公、李厚、程缤、宋援的四家注,之后新的注释不断涌现,又有五家注、八家注、十家注等。最早的分类注本是赵夔的《苏诗分类补注》。所有这些早期注本都已失传④。

现存苏轼诗集的中国历代版本包括分类注本、编年注本和合注本。

(一) 分类注本

《王状元集注百家分类东坡先生诗》25 卷,宋　王十朋　纂集,宋刻本

　　① [韩]金学主:《朝鲜时代刊行中国文学相关书籍研究》,首尔大学出版社 2000 年版,第 21—24 页。

　　② 与此相关的研究成果有[韩]许卷洙《苏轼诗文在韩国的接受研究》(《中国语文学》1988 年第 14 辑)、[韩]曹圭百《朝鲜时代文人对苏轼诗文的接受及其苏轼观》(《退溪学与韩国文化》2006 年第 38 辑)、[韩]曹圭百《高丽时代文人对苏轼诗文的接受及其意义(1)》(《退溪学与韩国文化》2006 年第 39 辑)、[韩]曹圭百《高丽时代文人对苏轼诗文的接受及其意义(2)》(《退溪学与韩国文化》2007 年第 40 辑)等。

　　③ 苏轼撰,茅维编,孔凡礼点校:《苏轼文集》卷四九《答刘沔都曹书》,中华书局 1986 年版,第 1429 页。

　　④ [韩]金甫暻:《宋元时期苏轼版本情况》,《中国文学》2009 年第 60 辑。

该版本收集了王十朋(1112—1171)等96位注家对苏轼诗的注释,并根据作品内容和特点将苏轼诗分类整理,就原有的编年注本重新编排,最终形成全25卷79类的版本。编纂者"王状元"的真实身份存有争议,根据序言中的署名以及《百家注姓氏》,当是王十朋。目前所传最早版本为南宋黄善夫家塾本,即"黄本",推定为南宋中叶刻本。这一版本的开篇为署有"西蜀赵公夔尧卿撰""状元王公十朋龟龄撰"的两篇《百家注东坡先生诗序》,接着是《百家注分类东坡先生诗姓氏》,末尾有"建安黄善夫刊于家塾之敬室"的木记,之后是"仙溪傅藻编纂"的《东坡纪年录》,最后是《百家注分类东坡先生诗文类》,从"纪行"至"歌行"共分为79类。版式为13行19字,细黑口,左右双边,双鱼尾间注有书名、卷数及页数,现藏于中国国家图书馆。此外,宋代出版并保存至今的版本还有如下几种,南宋泉州市舶司本(存14卷,版式为11行19字,注双行,行25字,细黑口,左右双边,中国国家图书馆所藏)、南宋建安万卷堂家塾本(25卷及《东坡纪年录》1卷,卷首有赵夔、王十朋序文,以及《百家注姓氏》和《分类目录》,版式为11行19字,注双行,行25字,细黑口,左右双边,日本静嘉堂所藏)、南宋魏仲卿家塾本(版式为11行19字,注双行,行25字,细黑口,四周双边)等①。

《增刊校正王状元集注分类东坡先生诗》25卷,宋　王十朋　纂集,宋刻元递修本

与《王状元集百家注分类东坡先生诗》不同,该版本将苏轼诗分为25卷78类,王十朋和赵夔的序文后是《姓氏》《东坡纪年录》以及总目。版式为11行19—24字,小注双行,行25—34字,细黑口,左右双边,双鱼尾。现存最早刊本为建安虞平斋务本书堂刊本,收录于《四部丛刊》中,藏于中国国家图书馆、北京大学图书馆等地。这一版本通常被称为"虞本",与宋刻本相比,具有以下特点:1. 宋本书名为《王状元集百家(诸家)注分类东坡先生诗》,而虞本书名添加了"增刊校正"四字,省略了"百家(诸家)"二字;2. 宋本中,赵夔的序在前,王十朋的序在后,而虞本相反;3. 宋本中,以阴文区分注家的姓氏(黄本),或对连续注文不作区分(泉州本),而虞本以在姓氏上画圈作为标志;4.《东坡纪年录》的作者在宋本中为傅藻,虞本中为傅藻;5. 宋本并无"增刊"一词,而虞本在诗末或行间空白处添加了注释,并标注为"增刊",删除或者修正了宋本中的注文。因此,这一版本被认为是宋刻元递修本。虞本中增加的旧注来源尚不清楚,据称,虞本的编纂者是根据历代所传苏轼诗的多个注释本补充而成②。

---

① 曾枣庄:《苏轼研究史》,江苏教育出版社2001年版,第130页;刘尚荣:《苏轼著作版本论丛》,巴蜀书社1988年版,第69—77页。

② 《苏轼著作版本论丛》,第77—78页;[韩]金甫暻:《宋元时期苏轼版本情况》,《中国文学》2009年第60辑。

《增刊校正王状元集注分类东坡先生诗》25卷,宋　王十朋　纂集,刘辰翁批点,元刻本

　　该版本是增加了刘辰翁(1233—1297)评点的版本。开篇为赵夔和王十朋的序文,后接《诸家姓氏》及"东莱吕公祖谦分类"的《百家注东坡先生诗门类》,接下来是傅藻撰写的《东坡纪年录》,之后为总目录。版式为11行19字,小注双行,行25字,黑口,左右双边,正文第一页第一行写有书名,第二行写有"宋礼部尚书端明殿学士兼侍读学士谥文忠公苏轼"的字样,第三行有"庐陵须溪刘辰翁批点"的署名。该书在行间注批语,末尾有总评。现存最早版本为元建安熊氏鼎新11行本25卷,称为"熊本"。熊本最大的特点是增加了刘辰翁的评点①。

　　后世出现的虞本和熊本结合的版本,其版式、体例与虞本相同,但加入了熊本中刘辰翁的注释。这样的版本包括元庐陵坊刻本25卷(78类,12行21字,小注双行,行26字,黑口,双鱼尾,版心题"坡诗",中国台湾"中央图书馆"所藏)、明成化年间汪氏诚意斋集书堂刊本25卷(12行21字,黑口,四周双边,中国国家图书馆所藏)、明刘氏安正书堂刻本20卷(12行23字,黑口,四周双边,北京大学所藏)等。日本松柏堂本和朝鲜铜活字本的体例及署名与元庐陵坊刻本、汪氏诚意斋集书堂刊本、刘氏安正书堂刻本一致,因此被认为是虞本和熊本相结合的版本②。相关问题将在讨论朝鲜刊金属活字本时一并加以说明。

　　《东坡先生诗集注》32卷,明　茅维　编

　　明万历年间,茅维(1575—1645)对25卷78类王注本的内容和体例进行了大幅修改,将原有的78类整合为30门,将25卷扩充为32卷,并辑录了宋元分类注本中未收录的"和陶诗"及遗诗,编纂了《东坡先生诗集注》。该书收录了约2500首诗,删除了约10万字的宋元旧注,并添加了新的注释,但新增诗作未作注释。书名中有"宋眉山苏轼子瞻著,永嘉王十朋龟龄纂集,吕祖谦分类,明吴兴茅维孝若芟阅"的字样③。该书附《东坡纪年录》1卷,版式为10行21字,白口,左右双边。有明万历茅维刻本、明鲸碧山房刻本等传世。与之为同系列的版本,如明崇祯陈仁锡刻本④(10行20字,白口,四周单边)、明崇祯年间的嘉乐堂藏本⑤等,都曾出现并流传。

　　《苏东坡诗集注》32卷,宋　吕祖谦　分编,王十朋　纂辑,清　朱从延

---

　　①　《苏轼著作版本论丛》,第80—81页;王友胜:《苏诗研究的历史进程》,新星出版社2002年版,第104页。

　　②　《苏轼著作版本论丛》,第82—83页。

　　③　《苏轼研究史》,第237页。

　　④　该刻本增加了陈仁锡的评点。

　　⑤　该刻本是王永积以茅维本为底本翻刻的版本,删除序跋和《百家姓氏》等内容后,改名为《梁溪王崇严先生订正苏文忠诗集》。

补注

该书是朱从延(生卒年不详)根据茅维本于清康熙三十七年(1698)重刻的版本,特点是将茅维本的"酬和"与"酬答"合并,30门减少为29类。冯应榴在《苏诗合注》中称之为"新王本"。该书收录了王十朋、顾嗣立、杨瑄、朱从延的序文,还收录了《宋史》本传、王宗稷《年谱》以及《目录》,卷末收录了李枢的后序。版式为11行19字,白口,左右双边。有康熙三十七年文蔚堂刻本传世。

(二) 编年注本

《注东坡先生诗》42卷,宋 施元之、顾禧、施宿 编,宋刻本

该书是施元之、顾禧、施宿以编年体编排苏轼诗作并加注的一部书,南宋嘉定六年(1213)于淮东仓司刊行。施元之之子施宿在担任提举淮东常平仓一职时出版了《注东坡先生诗》,并因此被弹劾罢免。该书总42卷,共收录2074首诗,其中39卷为编年诗,第40卷收录了翰林帖子和遗诗,第41、42卷为"和陶诗"[①]。此外,还附有《年谱》、目录各1卷,以及陆游的序文[②]。该书的完帙本现已失传,仅存4种宋本的残本[③],版式为半叶9行,白口,双边,版心下有版刻工姓名。

《施顾注苏诗》42卷,宋 施元之、顾禧、施宿 编,清 邵长蘅、李必恒、冯景 补注,清刻本

元明两代未曾翻刻《施顾注苏诗》,明代的藏书家也没有留下刊行记录。清康熙年间,宋荦(1634—1713)任江苏巡抚时得到宋刊《施顾注苏诗》残本30卷,请邵长蘅(1637—1704)和李必恒(生卒年不详)作修改、补充。后宋荦又将搜集到的残本中未收录的446首苏轼诗交与冯景(1652—1715),请他编注完成《苏诗续补遗补注》2卷,与《施顾注苏诗》合并出版。学界普遍认为,由于当时邵长蘅等人急于出版该书,随意增删施、顾原注的内容,以致失去了宋本原貌[④]。该书

---

① 《苏轼研究史》,第132—133页。

② 参见陈振孙《直斋书录解题》卷二〇,此本为浙江大学图书馆藏摛藻堂《四库全书》荟要本。序曰:"《注东坡集》四十二卷,《年谱》、目录各一卷,司谏吴兴施元之德初与吴郡顾景藩共为之,元之子宿从而推广,且为《年谱》,以传于世。陆放翁为作序,颇言注之难。"

③ 4种宋本残本分别为缪艺风所藏4卷本(嘉定六年淮东仓曹镂原本,先由清缪荃孙收藏,后经刘承干嘉业堂,现藏于中国国家图书馆。版式9行16字,小注双行,字数同,左右双栏,白口,单鱼尾。存第11、12、25、26卷)、黄丕烈藏《和陶诗》2卷本(嘉定六年淮东仓曹镂本原本。第41、42卷"和陶诗"部分藏于中国国家图书馆)、宋荦旧藏19卷本(先由明毛晋收藏,后经徐乾学,康熙年间由宋荦所获,成为《施顾注苏诗》的底本,现藏于中国台湾"中央图书馆")、怡王府藏郑羽补刊本(宋景定年间郑羽嘉定原版加以修订、补充,刊印问世,被称为"郑羽补刊本")。参见《苏轼著作版本论丛》,第94—99页。

④ 《苏诗研究的历史进程》,第173—188页。

包括卷首邵长蘅《注苏例言》12 则、《题旧本施注苏诗》、张榕端《施注苏诗序》、诗集 42 卷、总目 2 卷、冯景《苏诗续补遗补注》2 卷、邵长蘅《王注正伪》1 卷、重新编写的《东坡先生年谱》等。版式为 10 行 21 字,黑口,四周单边。现存康熙三十八年(1699)宋荦书堂刊本、乾隆初期古香斋袖珍本等。

《补注东坡先生编年诗》50 卷,宋　施元之、顾禧、施宿　编,清　查慎行补注,清刻本

清代著名学者查慎行(1655—1728)自康熙十二年(1673)开始为苏轼诗作注,康熙四十年(1701)完成了这部编年体注本。该书虽以施、顾的编年注本为基础,但在编排上作了较大改动:第 1 至 45 卷共收录 2432 首编年诗,第 46 卷为帖子词 54 首以及致语口号 11 首,第 47、48 卷收录遗诗 19 首和补编诗 137 首,第 49、50 卷由他集互见诗 90 首组成,总 50 卷 2743 首诗。该书无序言,第 1 卷附有查慎行的《补注东坡先生编年诗例略》《苏诗补注年表》等,以及目录 1 卷。《补注东坡先生编年诗》补充了施、顾原注中的大量遗漏,订正了分类注和史籍中的错误,同时增加了有关人物和地名的注解和考证,学术价值较高[①]。版式为 10 行 21 字,白口,左右双边。有乾隆辛巳(1761)香雨斋刊本、《四库全书》本等传世。

《苏诗补注》8 卷,清　翁方纲　编

查慎行的《补注东坡先生编年诗》出版后,清代中期又陆续出现了一批类似的书籍。翁方纲(1733—1818)于乾隆三十八年(1773)购入南宋嘉定刊《注东坡先生诗》,经与邵长蘅等人的《施注苏诗》以及查慎行的《补注东坡先生编年诗》比勘,完善了不足之处并修正了其中的错误,于乾隆四十六年(1871)完成了 8 卷本的《苏诗补注》[②]。《苏诗补注》忠于施元之、顾禧原注,并以苏轼的书艺作品、碑帖等为注解依据,学术价值较高。翁方纲该书前 6 卷收录了 413 首编年诗,第 7 卷包括帖子词与"和陶诗",以及在查慎行《补注》中补充的诗 2 首、在查慎行《苏诗补注年表》中补充的条目 4 个、书信 2 封等,第 8 卷收录了陆游原序、顾禧《志道集》1 卷以及注家的姓氏考证等内容[③]。版式为 12 行 24 字,黑口,左右双边。现存版本有乾隆四十七年(1872)翁方纲刻《苏斋丛书》本。

(三) 合注本

《苏文忠公诗合注》50 卷,清　冯应榴　编

该书是冯应榴(1740—1800)在总结分类注本和编年注本苏轼诗的基础上编

---

①　《苏诗研究的历史进程》,第 192—200 页。

②　之后出现的编年补注本有翁方纲《苏诗补注》8 卷本、沈钦韩《苏诗查注补正》4 卷本、张道《苏亭诗话》、陈汉章《苏诗补注》4 卷本等。参见《苏诗研究的历史进程》,第 208 页。

③　《苏诗研究的历史进程》,第 218—219 页。

纂的,以查慎行《补注东坡先生编年诗》的编年体为基础,汇集了宋刊五家注、元刊《王状元集百家注》、明茅维刊本、清朱从延刊本、宋刊施顾注残本 30 卷、宋荦刊《施顾注苏轼》、查慎行《补注东坡先生编年诗》等注释,并标明出处。该书正文前收录了宋孝宗《御制苏文忠公集序》,《赞》,赵夔、王十朋、陆游、郑羽(跋)、杨瑄、朱从延、宋荦、张榕端、邵长蘅等序文,邵长蘅《注苏例言》,查慎行《补注东坡先生编年诗例略》,题跋,翁方纲本附录,《合注凡例》等;正文后附王宗稷《苏文忠公年谱》、傅藻《东坡纪年录》、《宋史》本传、苏辙《墓志铭》等;全书共 50 卷,其中《辨订》1 卷对过往材料作了总结①。版式为 11 行 26 字,白口,左右双边。现存版本除乾隆六十年(1795)踵息斋刻本、嘉庆二十四年(1819)印本、同治九年(1870)冯应榴之子冯宝圻的重印本等以外,还有光绪九年(1883)四川眉山三苏祠刻本以及光绪二十年(1894)广州文英阁刻本。

《苏文忠公诗编注集成》46 卷,清　王文诰　编

王文诰(1764—?)一生致力于苏轼诗的研究,早年著有《苏诗补注粹》,后在修正和补充既有编年注本的基础上,汇集王注、施注、查注、《合注》等诸家注释,编纂完成《苏文忠公诗编注集成》。该书卷首附有《苏文忠公诗编注集成凡例》,之后是梁同书、阮元、达三、韩耷的序文。全书由《诗目》1 卷、《编年总案》45 卷、《编年古今体诗》45 卷、《帖子口号词》1 卷、《杂缀》1 卷、《苏海识余》4 卷、《笺诗图》1 卷组成②。版式为 11 行 30 字,白口,左右双边。现存版本有嘉庆二十四年王氏韵山堂刻本以及光绪十四年(1888)浙江书局本。

以上是对历代苏轼诗集主要版本的梳理。苏轼诗集在苏轼生前便开始广泛流传,分类注本《王状元集百家注分类东坡先生诗》在南宋较受欢迎,刘辰翁批评的《增刊校正王状元集注分类东坡先生诗》等分类注本在金代和元代较流行。明代出现了经过修订的分类注本《东坡先生诗集注》,以及这一版本的翻刻本《梁溪王崇严先生订正苏文忠诗集》等。自宋代到明代,分类注本更占主流。随着清代文人对苏轼诗文研究的深入,编年注本开始受到关注。清代宋荦修订补充的宋刊本《施顾注苏诗》问世后,查慎行出版了经详细考订的《补注东坡先生编年诗》,随后,翁方纲《苏诗补注》等编年注本因丰富充实的苏轼生平及诗歌考据而备受好评。清代冯应榴《苏文忠公诗合注》以及王文诰《苏文忠公诗编注集成》完成了苏轼诗与注释的汇编,合注本以编年注本的体例为基础,汇集了分类注本和编年注本的注释。

---

①　《苏轼研究史》,第 292—293 页。
②　《苏轼研究史》,第 296—297 页。

二 朝鲜刊《增刊校正王状元集注分类 东坡先生诗》版本考察

历代涌现的众多苏轼诗注释版本是苏轼诗在中国文学中影响力的证明,那么,在朝鲜半岛又是何种情况呢？据笔者考察,朝鲜时代刊印的金属活字本、木活字本及木板本包括《增刊校正王状元集注分类东坡先生诗》《东坡诗选》《苏诗摘律》等共71种,其中《增刊校正王状元集注分类东坡先生诗》68种,《东坡诗选》2种,《苏诗摘律》1种。由此可见,朝鲜时代刊印并流行的版本为《增刊校正王状元集注分类东坡先生诗》,且以元代刘辰翁批点本为主。尽管自宋代以来,留存众多苏轼诗集版本,但在朝鲜时代,反复刊印的仅有《增刊校正王状元集注分类东坡先生诗》,这是一个十分值得注意的现象。下面即分金属活字本、木活字本以及木板本三部分就现存朝鲜刊本的特点进行讨论。

(一) 金属活字本

目前韩国所藏最早的朝鲜刊《增刊校正王状元集注分类东坡先生诗》金属活字本是初铸甲寅字本①,虽无完帙本,且大部分为零本,但可以通过对比覆刻甲寅字本的多个版本,推测其整体面貌。从奎章阁所藏覆刻甲寅字本木板本(索书号:想白古 895.115—Soljyw,目录索书号:想白古 895.115—Soljywx)来看,朝鲜刊甲寅字本由正文25卷以及目录1卷组成。目录包括以《增刊校正百家注东坡先生诗序》为题的"状元王公(十朋)龟龄撰"序文、"西蜀赵公(夔)尧卿撰"序文、《增刊校正王状元集注分类东坡先生诗目录姓氏》、《增刊校正王状元集注分类东坡先生诗目录》、仙溪傅(藻)编纂《东坡纪年录》。正文第一页第一行为书名,第二行写有"宋礼部尚书端明殿学士兼侍读学士谥文忠公苏轼",第三行写有"庐陵须溪刘辰翁批点"。诗共分为78类②,注释以圈内黑色阴文标记。该书还

---

① 初铸甲寅字本为世宗十六年(1434)改铸的铜活字,因当年的干支而得名甲寅字。自世宗十六年初铸至宣祖十三年(1580)再铸,经历了一个半世纪,是使用时间最长的版本。参见千惠凤《韩国金属活字本》,泛友社 2003 年版,第 48—54 页。

② 该书的分类如下。卷1:纪行(92首)。卷2:述怀(6首)、咏史(8首)、怀古(2首)、古迹(37首)、时事(2首)。卷3:宫殿(17首)、省宇(8首)、陵庙(4首)、坟茔(3首)、居室(14首)、堂宇(41首)。卷4:城郭(2首)、壁坞(2首)、田圃(8首)、宗族(5首)、妇女(11首)、仙道(16首)、释老上(40首)。卷5:释老下(16首)、寺观(59首)。卷6:塔(4首)、节序(43首)、梦(10首)、月(17首)(星河附)。卷7:雨雪(46首)、风雷(8首)、山岳(36首)。卷8:江河(10首)、湖(26首)、泉石(31首)、溪潭(10首)。卷9:池沼(3首)、舟楫(2首)、桥梁(3首)、楼阁(27首)、亭榭(45首)。卷10:园林(57首)、果实(9首)、燕饮上(27首)。卷11:燕饮下(17首)、试选(8首)、书画上(63首)。卷12:书画下(51首)、笔墨(9首)、砚(8首)、音乐(11首)。卷13:器用(10首)、灯烛(3首)、食物(5首)、(转下页)

附有刘辰翁的批评,诗的结尾处标注批语。

在内容方面,朝鲜刊本与元建安虞平斋务本书堂刊本的分类一致①。这说明朝鲜刊本是以虞本作为底本编纂的。但是,若将虞平斋务本书堂刊本《四部丛刊》影印本与朝鲜刊本进行对照,可以发现它们在诗的编次方面存在差异。例如,在卷1中,朝鲜刊本的顺序为《过淮》《别黄州》,而虞本相反;卷25最后部分,朝鲜刊本的顺序为《问渊明》《归去来集序十首》《夜坐与迈连句》,而虞本则是《夜坐与迈连句》《归去来集序十首》《问渊明》。由此可知,虽然朝鲜刊本参考了虞本,但它与虞本并不完全相同。朝鲜刊本中还增加了熊本中的刘辰翁评点,这在虞本中是没有的,可见朝鲜刊本还参考了熊本。刘辰翁的评点最早出现在元建安熊氏鼎新绣梓中,其批语批注在行间,最后还有总评,但朝鲜刊本中并无总评。

上一节在谈到《增刊校正王状元集注分类东坡先生诗》的版本时,提到后世出现了虞本和熊本结合的版本,即版式和结构与虞本相同,但增加了熊本刘辰翁的注解,朝鲜刊本也被认为是这一版本中的一种。合并虞本与熊本的最初版本是元庐陵坊刻本,共25卷78类,附王十朋和赵夔的序文、《姓氏》、目录、傅藻编纂《纪年录》,版式为12行21字,小注双行,行26字,黑口,双鱼尾,四周双边,版心题"坡诗卷"。明成化年间汪氏诚意斋集书堂刊本(25卷,12行21字,黑口,四周双边)以及明刘氏安正书堂刻本(20卷,12行23字,黑口,双鱼尾,四周双边)等,均被推测为元庐陵坊刻本的翻刻本,因它们在书名、版式、卷数、分类等方面都是一致的。刘尚荣认为朝鲜刊铜活字本在书名、卷数、分类等方面都与元庐陵坊刻本、明汪氏诚意斋集书堂刊本、明刘氏安正书堂刻本相同,因此视其为合并虞本和熊本的版本之一②。从版式情况来看,虽然朝鲜刊本的行款不同,但黑口、双鱼尾、版心题"坡诗卷"等其他方面均一致。可见朝鲜刊本是以元代虞本和熊本为底本进行修正的版本,与元庐陵坊刻本存在关联。

朝鲜刊本的特别之处体现在版本形式特征上。现存朝鲜刊《增刊校正王状

(接上页)酒(12首)、茶(12首)、禽(13首)、兽(4首)、虫(2首)、鱼(6首)、竹(3首)、木(11首)。卷14:花(79首)、菜(4首)、菌蕈(1首)。卷15:投赠(27首)、戏赠(32首)。卷16:简寄(59首)、怀旧上(23首)。卷17:怀旧下(13首)、寻访(17首)、酬答上(59首)。卷18:酬答中(91首)。卷19:酬答下(143首)。卷20:惠贶(35首)、送别上(39首)。卷21:送别中(75首)。卷22:送别下(56首)、留别(14首)、庆贺(15首)。卷23:游赏(56首)、射猎(5首)、题咏上(32首)。卷24:题咏下(42首)、医药(3首)、卜相(2首)、伤悼(49首)、绝句(21首)、歌(10首)、行(3首)。卷25:杂赋(94首)。《奎章阁韩国本图书解题》集部2,第281—282页中对《增刊校正王状元集注分类东坡先生诗》的解题为76类,遗漏咏史(8首)以及笔墨(9首)。这里修正为78类。另外,这里将绝句(12首)修正为绝句(21首),行(5首)修正为行(3首)。

① 虞本与熊本均为78类。虞本"送别"后为"留别","星河"包含在"月"中。熊本"送别"后虽无"留别",但"月"与"星河"单独罗列。因此两者的整体分类数目一致。虞本与熊本分类的作品数量略有差异,部分诗作也有差异。参见《苏轼著作版本论丛》,第80—81页。

② 《苏轼著作版本论丛》,第82—83页。

元集注分类东坡先生诗》初铸甲寅字本藏于韩国国立中央图书馆(索书号:BA3717—206),残本2卷(卷11—12)。版式为9行17字,半郭大小约25cm×18cm,有界,注双行,上下内向黑鱼尾,四周单边。需要注意的是,该版本同时存在9行17字和10行17字的行款,这是甲寅字本的排版特征,并非由后世其他版式补充形成①。两种行款同时存在的原因在于,诗句旁有评点,需要保留较宽的行间距,即在有评点的一侧使用9行17字的行款,在没有评点的一侧使用10行17字的行款。这些评点与元代熊本中刘辰翁的批点一致。虽然现存初铸甲寅字本并无完帙本,无法确认是否存在目录,但《清芬室书目》中提及甲寅字本有正文25卷以及目录1卷,后期出现的覆刻甲寅字木板本中也附有目录1卷。目录版式为10行17字,半郭约25cm×18cm,上下内向黑鱼尾,四周单边,行款与正文存在差异。

目前已知的甲寅字本有8种,其中,推定为世宗三十二年—成宗元年(1450—1470)间刊行的初铸甲寅字本,现藏于韩国国立中央图书馆(索书号:BA3717—206,卷11—12);推定为中宗与明宗年间(1506—1567)出版的甲寅字本,现藏于韩国首尔大学奎章阁(索书号:古贵895.115—Solj,卷13—14)。其他版本分别藏于韩国高丽大学(索书号:晚松贵—138B—8,卷7—8,卷19—23;华山贵—138—3,卷5)、韩国国会图书馆(索书号:VB821.1—人316,卷14—16)、韩国国立中央图书馆(索书号:BA0237—16,卷1—2,3—4,9—10,11—12,13—14)、韩国启明大学(索书号:812.1—苏轼ㅈ)、韩国延世大学(索书号:古书贵333,卷5—7,9,10,18,22,23)。

关于甲寅字本苏轼诗集的出版记录不多。据《清芬室书目》所载,甲寅字本由正文25卷和目录1卷组成,版式为四周单边,有界,9行17字,注双行,匡郭长25厘米,宽17.5厘米。李仁荣(1911—1950以后)所见版本是世祖五年(1459)文科高中后,曾担任中枢院事、海州牧使等职的张末孙(字景胤,1431—1486)的藏书,书中有他的印记,因张末孙于成宗十七年(1486)离世,可以确定该甲寅字本是在此前出版的②。据记载,世祖元年(1455)曾有以姜希颜(1419—1464)的字体为范本制作的乙亥字本,后出现在光州的乙亥字覆刻木板本被收录

---

① 甲寅字本残本所在藏馆的书目信息中或标9行17字,或标10行17字,这里进行了修正。

② 参见李仁荣《清芬室书目》卷七,张伯伟编:《朝鲜时代书目丛刊》,中华书局2004年版,第4783—4784页。"《增刊校正王状元集注分类东坡先生诗》残本八卷五册,成宗朝甲寅字刊本。每卷首题庐陵须溪刘辰翁批点。原二十五卷目一卷,今存卷五至七,十三至十四,十八,二十二至二十三,凡八卷。四周单边,有界,每半叶九行十七字,注双行,匡郭长二五點〇糎,广一七點五糎。有'景胤'印记,墨书'竹下山人装'。按景胤疑是仁同张氏末孙之字,末孙世祖五年己卯文科,官金知中枢院事,海州牧使,封延福君,成宗十七年丙午卒,年五十六,谥安襄。"

在《考事撮要》中①。乙亥字本现已失传。金属活字本是由中央政府铸造，具有正统性和权威性，成为后世木活字本以及木板本等的底本，但至今未发现朝鲜中后期刊印的金属活字本。

（二）木活字本

木活字本多为甲寅字体训练都监字本，是壬辰倭乱（1592—1598）之后，朝鲜中期刊印的版本②。该版本没有目录，正文前附王十朋和赵夔的序以及《姓氏》，但未收录《东坡纪年录》。版式为 9 行 17 字，25cm×16cm，上下 3 叶花纹鱼尾，四周双边，版心题"坡诗"，注释以黑色边框及阴文标示，诗句旁无评点。训练都监字本广泛传播，目前已知版本有 21 种，其中训练都监字本和混合了后世甲寅字体木板本的训练都监字本并存。最早的训练都监字本共 25 卷，藏于韩国全南大学（索书号：4A2—동 841 ㅅ—v. 1—25，卷 1—25）。其他版本分别藏于韩国国立中央图书馆（索书号：BA3717—208，卷 3—4；BA3717—200，卷 12—13；一山古 3717—83，目录，卷 1—2，3—4）、韩国启明大学（索书号：812.1—苏轼ㅈ，卷 5—7，9；812.081—苏轼동，册 12）韩国首尔大学奎章阁（索书号：古 3442—8，卷 1—4，18—20，22—23）③、韩国高丽大学（索书号：华山 D1—A1064A—1—3，册 1—3）、韩国岭南大学（索书号：古南 820.81—苏轼，卷 9）、韩国成均馆大学尊经阁（索书号：D03C—0165，卷 11）、韩国延世大学（索书号：古书Ⅱ812.14 苏轼 6—6，卷 8，17—18，21—23）。

藏于韩国国立中央图书馆的《增刊校正王状元集注分类东坡先生诗》由不同版本的目录和正文组成。该书目录部分是甲寅字覆刻木板本，版式为 10 行 17 字，上下内向黑鱼尾，四周单边，内容包括王十朋序文、赵夔序文、《姓氏》、目录、《东坡纪年录》等；正文部分是训练都监字本，版式为 9 行 17 字，上下内向 3 叶花纹鱼尾，四周双边，内容包括王十朋序文、赵夔序文、《姓氏》、诗的正文等。虽然该书装订错误，但从中可以看到两个版本的明显差异。

后世的木活字本偶尔会混入木板本，因此在版式方面，有花纹鱼尾与黑鱼尾混合存在的情况，即一部分为上下内向花纹鱼尾，一部分为上下内向有纹黑鱼

---

① 《清芬室书目》卷四，《朝鲜时代书目丛刊》，第 4631 页。"《增刊校正王状元集注分类东坡先生诗》零本 1 册。宋苏轼撰，宋王十朋集注，宋刘辰翁批点。原二十五卷，存卷二十四至二十五。木板四周单边，有界，九行十七字，注双行，匡郭长二四點〇糎，广一八點〇糎。按隆庆乙亥字本，《考事撮要》光州册版东坡者盖是欤。"

② 训练都监字源于壬辰倭乱和丁酉再乱之后，为弥补军费不足的情况，训练都监利用闲置兵力制作活字并印刷售卖。这一印刷活动始于宣祖（1567—1608 在位）末期，一直延续到仁祖（1623—1649 在位）后期。详见《韩国木活字本》，第 42 页。

③ 韩国首尔大学奎章阁藏本（索书号：古 3442‑8）书目信息中的"甲寅字本"应为"训练都监字本"。

尾。此类版本现藏于韩国岭南大学(索书号:古 820.81—苏轼ㅈ,目录,卷 15—19,22—25)、韩国首尔大学奎章阁(索书号:古 3424—10,卷 7—10,12—15,18—19,24—25)、韩国高丽大学(索书号:薪庵 D1—A1046A—7,卷 13—14;景和堂 D1—A1046A—12,17,卷 12,17;晚松 D1—A1046C,卷 1,4—7,14—17,20—21,24—25)、韩国东国大学(索书号:819.14—소 59 ㅈ 2,卷 17—25)、韩国延世大学(索书号:古书贵 8050—5,卷 13—17,21,23)。

(三)木板本

金属活字与木活字的排版、印刷均由中央政府主管,展示了朝鲜刊本苏轼诗文集的形成及延续形式。而木板本通常以金属活字本或木活字本为底本,由地方政府刊刻,更重视普及性。朝鲜刊木板本《增刊校正王状元集注分类东坡先生诗》至少有四种不同的版本存在,第一种是甲寅字覆刻本,第二种是甲寅字覆刻木板本,第三种是甲寅字覆刻递修本,第四种是 11 行 20 字版的木板本。

第一种版本:甲寅字覆刻本。该版本与甲寅字本的版式一致,为 9 行 17 字或 10 行 17 字,半郭尺寸约为 25cm×17cm,有界,注双行,上下内向黑鱼尾,四周单边,诗句旁注释如原样保留。现存甲寅字覆刻本的完帙本与目录一同收藏于韩国首尔大学奎章阁中(索书号:想白古 895.115—Soljyw,25 卷 13 册;想白古 895.115—Soljywx)。部分残本藏于韩国高丽大学(索书号:晚松贵—138A,卷 3—21,24—25;景和堂 D1—A1046,卷 3—4,7—8,13—19;晚松 D1—A1046D—7,卷 24—25)、韩国延世大学(索书号:古书贵 8020,卷 1,5—8,10,12,15,17—20,22,24)。

第二种版本:甲寅字覆刻木板本。该版本一卷的前半部分版式与甲寅字覆刻本一致,为 9 行 17 字,半郭约 25cm×17cm,有界,注双行,上下内向黑鱼尾,四周单边,但后半部分出现多种不同的版式,有的为 2 叶花纹鱼尾、四周双边,有的为细花纹鱼尾、四周双边。若仅根据零本,很容易将其误认为是训练都监字系列的木板本(版式为 2 叶花纹鱼尾,四周双边)。这一甲寅字覆刻木板本汇集了甲寅字覆刻本、训练都监字覆刻本、地方官刻本等多个不同的版式。该版本印有刻工的姓名,如卷 2 第 21 页上下黑鱼尾中印有"松林"字样的阴文。这一版本的完帙本藏于韩国首尔大学奎章阁(索书号:奎中 1814)、韩国国立中央图书馆(索书号:无求斋古 3717—145;XG1—1997—309,301)、韩国东国大学(索书号:D819.14—소 59 ㅈ)、韩国大邱天主教大学(索书号:동 821.4—소 59 ㅈ)、韩国高丽大学(索书号:大学院 D1—A1046—1—15)、韩国学中央研究院藏书阁(索书号:K4—6742)①。

---

① 韩国首尔大学奎章阁藏本的书目信息中的 9 行 20 字,应为 9 行 17 字。韩国学中央研究院藏书阁藏本与韩国国立中央图书馆藏本的书目信息中的甲寅字覆刻本,应为木板本。

第三种版本:甲寅字覆刻递修本。虽然该版本与上述甲寅字覆刻木板本为同一版本,但正文卷1将"纪行 诗92首"修正为"纪行 诗91首"。始于中国刊虞本,并沿用至朝鲜刊金属活字甲寅字本的错误,在这一版本中得到更正①。该版本的版式与甲寅字覆刻本相同,完帙本(索书号:古朝 45—나 20)和零本(索书号:无求斋古 3717—146,卷 1—6)均藏于韩国国立中央图书馆②。

第四种版本:11 行 20 字版的木板本。该版本版式为四周单边,半郭约20cm×15.5cm,有界,11 行 20 字,上下内向花纹鱼尾,与甲寅字覆刻本的行款 9 行 17 字不同。这一版本为地方官刻本,完帙本藏于韩国国立中央图书馆(索书号:XG1—1998—195,196)和韩国梨花女子大学(索书号:812. 1—소 69A—1—15)。零本藏于韩国梨花女子大学(索书号:812. 1—소 69—2—5)、韩国启明大学(索书号:812.1—苏轼ㅈ)、韩国学中央研究院藏书阁(索书号:D3C—47/K4—6741,卷 13—18)。

以上考察了朝鲜刊《增刊校正王状元集注分类东坡先生诗》的金属活字本(甲寅字本)、木活字本(训练都监字本)、木板本的版本特点以及收藏情况。朝鲜初期中央政府出版甲寅字本后,朝鲜中期刊行了训练都监字本,朝鲜后期推广了木板本。该书的木板本至少存在四种版本,并广泛流传于韩国庆州和光州等地③。此外,《增刊校正王状元集注分类东坡先生诗》的抄本有 3 种传世,藏于韩国国学振兴院以及韩国高丽大学(索书号:晚松 D1—A1046F,卷 1;大学院 D1—A1497,1 册)。

三 朝鲜时代苏轼诗集的接受与传播

早在高丽时代,苏轼就已声名远扬。高丽人不仅购买苏轼作品集,还曾印刷出版苏轼的作品。例如,1074 年(高丽文宗三十年),苏轼 41 岁时,高丽使臣崔思训等到访宋朝,途经杭州时购入了苏轼在杭州创作的作品集《钱塘集》并带回高丽;1236 年(高丽高宗二十三年),高丽全州牧崔君址重新刊印了《东坡文集》④。关于这部《东坡文集》,李奎报在其所撰《全州牧新雕东坡文集跋尾》中写道:"然今古已来,未若东坡之盛行,尤为人所嗜者也。岂以属词富赡,用事恢博,

---

① 《四部丛刊》影印本中虞平斋务本书堂本的目录中虽为"纪行 91 首",但正文中为"纪行 诗92 首"。

② 韩国国立中央图书馆所藏完帙本的书目信息为 9 行 15 字,应为 9 行 17 字。

③ 《庆州府校院书册目录》中收录该苏轼诗集十三卷(《朝鲜时代书目丛刊》,第 2262 页),根据《清芬室书目》《考事撮要》光州册版中也收录了该苏轼诗集(《朝鲜时代书目丛刊》,第 4631 页)。

④ [韩]曹圭百:《高丽时代文人对苏轼诗文的接受及其意义(1)》,《退溪学与韩国文学》2006年第 39 辑。

滋液之及人也,周而不匮故欤? 自士大夫至于新进后学,未尝斯须离其手,咀嚼余芳者皆是。其摹本旧在尚州,不幸为虏兵所焚灭,了无孑遗矣。完山守礼部郎中崔君址,好学乐善君子人也,闻之慨然,方有重刻之志。时胡骑倏来忽往,间不容毫,州郡骚然,略无宁岁,则似若未遑于文事。"①这说明在战乱期间,苏轼的文集曾被重刻过,但这一版本已失传。

苏轼诗文集自朝鲜初期便被刊印,王室也十分看重苏轼。例如,世祖在宴饮时曾要求侍讲官为文臣和成均馆儒生们讲授《东坡集》,因其未能很好地进行论难,世祖大怒②。又如,世祖命安东府印刷十套《东坡大全文集》并上呈③。由此可以看出朝鲜王室对苏轼诗文的热爱和关注,尽管朝鲜初期苏轼诗集刊行情况的具体记载尚未找到。朝鲜时代出版的苏轼诗集以《增刊校正王状元集注分类东坡先生诗》为主,这是值得注意的。朝鲜初期,在学术和文学领域,通常以最有权威的中国本为底本进行翻刻和普及。因此,以当时最流行的刘辰翁批点的元刊本《增刊校正王状元集注分类东坡先生诗》为底本是合理的。刘辰翁不仅评点了苏轼诗,还整理批点了唐宋时期许多诗人的作品,如《唐王右丞诗刘须溪校本》《须溪先生批点孟浩然集》《集千家注批点杜工部诗集》《韦苏州集》《王荆文公诗》等。刘辰翁的批点方法在文学评论界虽未获得高度评价,但对诗文的发展起到了一定推动作用。朝鲜时代刊印了含有刘辰翁评点的《纂注分类杜诗》,出版了他校对批点的陶渊明、韦应物、陈与义等人的诗集。在这一背景下,为了满足朝鲜初期文人崇尚苏轼诗的热情,刘辰翁批点本《增刊校正王状元集注分类东坡先生诗》的甲寅字本得以刊行。到了朝鲜中后期,未出现新的改铸金属活字本《增刊校正王状元集注分类东坡先生诗》,中央政府也未出版诸如茅维刊本《东坡诗集注》等中国新出版的苏轼诗注本。

朝鲜中期以后未出现新的苏轼诗集版本,有两方面的原因:其一,朝鲜时代对苏轼的评价发生了变化;其二,朝鲜时代出版文化政策发生了变化。朝鲜中期,苏轼作为文学家和道学家的身份遭到贬低,不少文臣上疏宣祖,劝阻其阅读苏轼的文章:

> 丙辰/书讲。……赵廷机启曰:"项日宣取东坡,此人心术不正,其书不

---

① 李奎报:《东国李相国全集》卷二一,《影印标点韩国文集丛刊》第 1 册,景仁文化社 1990 年版,第 515 页。

② 参见《朝鲜王朝实录》世祖十三年(1467 丁亥/明成化三年)十一月十七日第五条记载:"讲文臣及成均馆儒生《东坡集》,侍讲官或不论难,上怒曰:'君臣相与讲论之际,岂无相规之义? 今侍讲官不尔,于义何如?'即命退去。"

③ 参见《朝鲜王朝实录》世祖十四年(1468 戊子/明成化四年)六月二十七日第三条记载:"承政院奉旨驰书于庆尚道观察使曰:'安东府旧刊《东坡大全文集》,可印十件以送。'"

宜御览。"上曰:"不以人废言。若以人之不正,而废其书,不亦偏乎?"(金)宇颢启曰:"苏轼文章伟丽。然其心术不正,故其书有矜豪谲诡之态,亦非知道君子所欲观。朱子详论之矣。"上曰:"予闻在下诸臣,皆好看东坡。"(金)宇颢曰:"雕虫少儒,图取科目,往往看之。若学道之人,耽看此书,岂不害其性情?"①

丁卯/有朝讲。……台谏、承旨进言,(柳)希春近于其后曰:"顷日,上命入东坡诗,臣未知上欲者一二处耶?欲留览耶?苏轼为人,矜豪诡谲,心术不正,发于文词,亦皆不平。是故芮晔掌学校之政,朱子遗书论曰:'苏氏以雄深繁妙之文,扇其倾危变幻之习,以故人之被其毒者,沦肌浃髓,而不自知。'今正当拔本塞源,庶乎可以障狂澜而东之。自上若欲兴于诗,则有朱子感兴诗二十首在,盖皆五言,凡一千二百六十字之中,天地万物之理,圣贤万古之心、古今万事之变,无不在焉。音韵铿锵,兴致悠远,吟咏之间,意味深长。以此诗易,在彼幸甚。"尹觊言苏轼媚嫉伊川之事。(柳)希春曰:"苏轼语道德,则迷大本;论事实,则尚权谋;贵通达而贱名检,炫浮华而忘本实,漠然而不知礼法廉耻之为何物。是以见伊川之规矩准绳,其忌恶之甚,如薰莸冰炭之相反也。臣尝观宋高宗好观苏、黄诗,君子不能无憾。况以殿下圣明,岂可如此乎?"②

朝鲜中期文臣们批评了苏轼的人品和学问,认为他的文章对治道无益,君王不应阅读。在朝鲜中期性理学派的视角中,苏轼的诗歌无补于治国平天下,只是文人的读物。曹圭百提及朝鲜知识精英对苏轼持负面看法的原因,认为与北宋的洛蜀党争、苏轼的佛道倾向、苏轼狭隘的高丽观等有关③。因此,"朝鲜初期苏轼诗文被广泛阅读,但随着朱子学的盛行,曾与程颐论争、言论中多佛教老庄意味的苏轼,其诗文逐渐让位于杜甫、韩愈"④。

朝鲜后期,苏轼的诗文虽再次获得关注,但新的苏轼诗集版本并未刊行,这一事实,与朝鲜时代的出版文化政策有一定关系。"朝鲜时代国家垄断出版业,管理书籍的刊印、推广、活字制作等,有时会禁止特定书籍的发行和流通。禁售

---

① 《朝鲜王朝实录》宣祖六年(1573 癸酉/明万历元年)十二月十日"丙辰/书讲"条,https://sillok. history. go. kr/id/kna_10612010_001。

② 《朝鲜王朝实录》宣祖六年(1573 癸酉/明万历元年)十二月二十一日"丁卯/有朝讲"条,https://sillok. history. go. kr/id/kna_10612021_001。

③ [韩]曹圭百:《朝鲜时代文人对苏轼诗文的接受及其苏轼观》,《退溪学与韩国文学》2006年第38辑。

④ [韩]许卷洙:《苏轼诗文的韩国接受》,《中国语文学》1988年第14辑。

违背儒教思想这一国家意识形态的书籍,或者可能对这一权威产生威胁的书籍。"①朝鲜时代出版的金属活字本书籍主要与国计民生等方面密切相关,包括弘扬儒教理念的性理学书籍、与百姓衣食住行相关的医学农业方面的书籍、整顿国家制度的法律及历史方面的书籍等。由于这一出版文化政策,虽然苏轼的诗集未被列入禁书范畴,但显然不是国家治理所必需的书籍,不需要发行新的金属活字本予以普及。

这一时期的朝鲜知识精英有机会接触到新出版的中国刊苏轼诗集注释本。朝鲜中期以后,清代文人对苏轼诗的关注度和热情再次高涨,涌现了一批学术价值较高的新注释本。《承华楼书目》中收录有《东坡集文温陵批选》《苏文忠公诗编注集》等,可见清代出版的相关书籍被引入并收藏②。考察目前韩国所藏中国刊本苏轼诗集,施元之注,顾嗣立、邵长蘅删补《施注苏诗(及)补遗》,查慎行补注《东坡先生编年诗》,冯应榴辑订《苏文忠公诗合注》,王文诰选、王霖圻校《苏文忠公诗编注集成总案》,纪昀评点《苏文忠公诗集》,王永积阅《东坡先生诗集注》,朱从延重校《苏东坡诗集注》,袁宏道阅、谭元春编《东坡诗选》,赵克宜辑订《角山楼苏诗评注汇抄》,温汝能纂订《东坡和陶合笺》,《东坡乐府》,《苏诗摘律》,《东坡和陶诗》等明代以后较为著名的苏轼诗集注释本几乎都有一定数量的藏本。关于明清时代苏轼诗集注释本如何进入朝鲜半岛的记载不多,但从目前韩国所藏中国刊本的数量可以推测,清代为数不少的中国刊注释本进入了朝鲜半岛,并在文人间广泛传播。

四 结 论

本文从版本学的角度考察了朝鲜刊苏轼诗集在朝鲜时代的出版形式以及接受和传播情况。朝鲜刊苏轼诗集以刘辰翁批点的《增刊校正王状元集注分类东坡先生诗》为主,经过对比署名、卷数、分类、版式等方面差异后,推测这是以元虞平斋务本书堂本和元建安熊氏鼎新绣梓为底本的综合本,与元庐陵坊刻本有关联。朝鲜刊《增刊校正王状元集注分类东坡先生诗》曾以金属活字甲寅字本、木活字本的训练都监字本、木板本等多种形式刊印。甲寅字本由目录 1 卷以及正文 25 卷组成,版式为半郭约 25cm×18cm,有界,注双行,上下内向黑鱼尾,四周单边,9 行 17 字与 10 行 17 字两种行款同时存在。甲寅字本的版式是朝鲜刊本的基本版式,之后的版本均以它为底本。朝鲜本苏轼诗集仅有《增刊校正王状元

---

① [韩]李载政:《朝鲜出版业》,安提库斯(안티쿠스)2008 年版,第 296 页。

② 《朝鲜时代书目丛刊》,第 1343 页。承华楼为宪宗(1834—1849 年在位)建造的图书馆,用于保管书画。

集注分类东坡先生诗》,这一情形与朝鲜中期以后文人对苏轼的评价以及出版文化政策有关。朝鲜后期文人对苏轼诗文的热情再次高涨,《施注苏诗（及）补遗》《东坡先生编年诗》《苏文忠公诗合注》《苏文忠公诗编注集成总案》等学术成就卓越的新版苏轼诗集注释书通过个人途径大量引入朝鲜半岛,知识阶层无须等待中央政府出版新的苏轼诗集。

正文所提到的其他韩国所藏朝鲜刊本苏轼诗集情况如下:《东坡诗选》为 2 卷 2 册诗选集,系郑磁据王十朋集注、刘辰翁批点的《增刊校正王状元集注分类东坡先生诗》筛选编纂而成,于嘉靖四十四年(1565)刊印,现藏于韩国国立中央图书馆(索书号:B2 古朝 45—ㄴ 15)以及韩国启明大学(索书号:812.1—苏轼ㄷ)。该书版式为四周单边,半郭约 22.5cm×16.7cm,9 行 17 字,注双行,黑口,内向黑鱼尾。《苏诗摘律》为甲辰字①金属活字本,现藏于韩国高丽大学(索书号:华山贵 160—4)。该书以明刘弘集注的《苏诗摘律》为底本刊印而成,是为学习苏诗而出版的书籍。版式为四周单边,半郭约 20.8cm×14.8cm,有界,12 行 19 字,内向花纹鱼尾。

本文考察了韩国所藏朝鲜刊苏轼诗集版本的情况,之后拟整理韩国所藏中国本苏轼诗集以及朝鲜本苏轼诗集抄本的出版及收藏状况。若能对苏轼文集的相关情况进行调研,全面了解苏轼诗文集在朝鲜的传播与接受将成为可能。

(韩文原作刊于韩国 KCI 等级期刊《中语中文学》2009 年第 45 辑,第 75—101 页)

[作者简介]唐润熙,女,文学博士,现为韩国建国大学中语中文系副教授,研究方向为中国古典小说及古典文献学,曾发表《苏轼题跋文初探——实用性与个性之发现》等。
[译者简介]陈庆,女,湖北公安人,经济学博士,现为海南大学海南省东坡文化研究与传播中心研究员、韩国庆熙大学东亚书籍文献研究所客座研究员。研究方向为中国小说与经济社会、东坡文化的国际传播。

---

① 这里的甲辰字是指成宗十五年(1484)金宗直所铸金属活字。参见千惠凤:《韩国金属活字本》,泛友社 2003 年版,第 43 页。

空间建构与生命感悟：
浅谈苏东坡诗词中的空间书写

［越］阮氏秋芳　　［越］阮文伦著　　［越］阮文伦译

内容提要　宏观空间与微观空间的书写在苏东坡诗词中颇为常见。苏东坡诗词中的宏观空间描写指涉广阔场景的自然空间，微观空间指涉人的日常生活空间。从宏观空间缩写化描写微观空间是苏东坡诗词常见的创作手法。在空间布局方面，有维持传统美学观念的"和谐"观和破解传统的非和谐秩序布局。这种空间艺术手法蕴涵着作者的生命感悟。苏东坡诗词中的宏观空间灌注着宋人的哲思和宇宙观念。人在无穷的宇宙中认识到了本我的微小，同时渴求与宇宙交融。微观空间书写表现着苏东坡对各类野草景色及日常生活空间的关注。宏观空间与微观空间的互动，表现着苏东坡谪仙气质和世俗风范的交织，向往宇宙境界和热爱生活的秉性同存。这不仅是苏东坡心理上对于人生超脱境界的向往，还是面对苛刻的现实生活的一种智慧。在苏轼诗词中，超脱境界与现实生活由此寻出微妙的通道。

关键词　苏东坡　空间建构　生命感悟　宏观空间　微观空间

空间书写在文学艺术中有至关重要的地位。中国学者王锺陵先生说："由于人类的生活与生产活动，总是在一定的地域环境中进行的，所以在人类意识中，首先发展起来的必然是地域——空间观念。"[①]空间描写对于人物塑造起了很重要的作用，"我们如果要对此类文本中的人物形象进行概括和分析的话，只要好好地研究这些足以表征人物形象的'空间意象'就行了"[②]。关于抒情诗中的空间叙事"不是一般意义上的空间叙事，确切地说，是空间意象叙事。所谓意象，在笔者看来，就是文艺作品中具有意味的图像"[③]。

---

① 曾小霞：《〈史记〉〈汉书〉叙事比较研究》，世界图书出版广东有限公司 2013 年版，第 136 页。
② 邓颖玲主编：《叙事学研究：理论、阐释、跨媒介》，北京大学出版社 2013 年版，第 270 页。
③ 谭君强：《论抒情诗的空间叙事》，《思想阵线》2014 年第 3 期。

一　苏轼诗词中的多重空间意识

苏东坡从宋朝元丰二年(1079)到建中靖国元年(1101)屡次被贬,时间上整整 20 多年,贬谪之路历经当时中国多个地域。绍圣四年(1097)苏东坡被贬儋州(今属海南岛),是中国贬谪史上最远的地方。苏东坡大量诗词问世于贬谪期间,因此,贬谪空间在苏轼诗词中十分重要。可以说,通过诗词中的多重空间建构,苏东坡的精神世界得以圆满呈现。

从苏东坡的作品中,我们可以看到中国传统诗歌中空间的共同特征。然而,普遍性传统空间熏陶,并未阻挡苏东坡诗词空间独特之处的彰显。笔者把苏东坡诗词中的空间划分为二:其一,宏观空间;其二,微观空间。从这两种空间可以看出苏东坡对于自我的空间定位。

(一) 宏观空间

此处的"宏观空间"概念是指苏轼诗词对浩瀚无垠的宇宙空间的描述。在叙述方面上,宏观空间属宏观描写范畴。宏观空间描写对于宏伟场景的观照,如广阔的天空、山水场景。需要注意的是,此处的"宏观空间"概念强调的不只是空间书写的广度,还包括诗人奋发的向往无拘无束生活的各种自然空间。为了加强空间的广度,作者经常把微小的人放到空间里,以此表现人在无穷无尽的宇宙空间中的身份感悟。苏东坡诗词中常见的宏观大自然空间有湖楼、孤山、峨岷、四海等类空间图景。

苏东坡的诗中探索大自然空间的特性,那就是宇宙"无涯"。苏东坡诗中大自然宏观空间的另一个特别之处在于诗中所蕴涵着浓厚深刻的联想。这一特点可将其视为空前的自然诗。试看《登玲珑山》:

> 何年僵立两苍龙,瘦脊盘盘尚倚空。翠浪舞翻红罢亚,白云穿破碧玲珑。

最后一句让读者联想起了《庄子》中的一句:"吾生也有涯,而知也无涯。以有涯随无涯,殆已!"人生是有限的,天地则是无限的。空间的细致描写使诗中所蕴涵的哲思得到生动有趣的表现。

将现实中的自然景象拉入梦境是苏东坡宏观空间书写的另一个特点。有时,苏东坡笔下的高阔空间就是梦境的另一个版本。词中存在不少既具现实性,又具梦幻性的形象。有的荒诞朦胧,有的真切清晰,幻境、静谧、沉醉融为一体,构成一幅呈现宇宙中人类面貌的瑰伟画作。

渔父醉，蓑衣舞，醉里却寻归路。轻舟短棹任横斜，醒后不知何处。
（《渔父·渔父醉》）

又如："烟水茫茫，千里斜阳暮。山无数，乱江如雨，不记来时路"（《点绛唇·桃源》）。从词中可以见到，追逐梦想给人带来的孤独，他似乎害怕在现实生活中迷失，于是带着渴望得到安慰和支持的期盼来到了"无限"的世界："我醉歌时君和，醉倒须君扶我。"（《水调歌头》）

众所周知，涉及宏观空间的大自然描写在中国文学中是十分常见的。总体而言，苏东坡诗词的最精妙处并不在此，而在于他能体现宋人的独特视野，即作者从宋人哲学角度观照宇宙空间。这种世界观给读者带来了对自然世界更深刻的体悟。笔者在此处将唐人陈子昂的《登幽州台歌》和苏东坡的《题西林壁》二首诗进行对比，以说明苏东坡诗中空间建构的特别之处，比较重点是人与宇宙关系的书写。陈子昂《登幽州台歌》：

前不见古人，后不见来者。念天地之悠悠，独怆然而涕下。

再看一下苏东坡的《题西林壁》：

横看成岭侧成峰，远近高低各不同。不识庐山真面目，只缘身在此山中。

在《登幽州台歌》中，陈子昂将视角放到宇宙中心的正中间，人的站位就在时空的交点。然而，在《题西林壁》中，人之眼观超越了此交点，由多维视角投入现实世界。正因如此，在苏东坡的眼里，广阔的空间成为"中国诗歌模式中精确和细节的杰作"[①]。为了能够自主囊括自然空间，诗人细致地观察，理性思考并探索空间中的各个事物个体，借此表露主宰自然世界的追求。这是宋代人的精神。写在很早时候的另一首名为《夜行观星》的作品中，诗人就明晰地表达了这种意识：

天高夜气严，列宿森就位。大星光相射，小星闹若沸。天人不相干，嗟彼本何事。世俗强指摘，一一立名字。南箕与北斗，乃是家人器。天亦岂有之，无乃遂自谓。迫观知何如，远想偶有似。茫茫不可晓，使我长叹喟。

---

① Burton Watson, *Selected Poems of Su Tung-P'o*, Columbia University Press, 1965, pp.7.

这首诗中苏东坡通过焦点的转变来掌控宇宙空间的独特之处:人与宇宙之间又疏远,又相近。苏轼对于天人关系的新发觉,某种程度上使苏诗中的空间和以陈子昂诗为代表的唐诗中的空间差别甚远。又如《行香子·携手江村》,苏东坡从低观高、从小观大的描写视角再次得到呈现。

> 向望湖楼,孤山寺,涌金门。寻常行处,题诗千首,绣罗衫、与拂红尘。别来相忆,知是何人。有湖中月,江边柳,陇头云。

总之,笔者认为,苏东坡诗词中的宏观空间建构是具有宋人哲思特征和个人空间意识——个人自我肯定的结合。诗人总是在自己的站位远望或仰望高远的大自然。诗人抬头望向远方,捕捉那些空间。从这个向上的方向,空间不再是纯粹的地理空间,而是蕴含着作者心理的空间。通过宏观空间视角可以发现,自然空间折射着诗人的远大梦想及深度的哲味心态。

(二) 微观空间

与宏观空间不同,"微观空间"概念指的是与日常生活相关的狭小空间。这种空间包括生活中的各种事物,可以是周围的狭小景物,也可以是日常物品放置的小空间。因而,微观空间属于文学创作中微观描绘的一种手法。

苏东坡诗词中屡见描绘接近诗人本身生活小景物的自然空间,如小溪、细雨、淡烟、野草、烟雨、茅屋、黄叶等。这个空间似乎为诗人日常生活中不可缺少的一部分,所以充满兴味与情怀的描述技巧贯穿全篇。在《浣溪沙》中,诗人描述了雨后光滑的沙路、绿草如茵的景象等。他形容自己在鲜花盛开时自由自在地醉着。

> 细雨斜风作晓寒,淡烟疏柳媚晴滩。入淮清洛渐漫漫。雪沫乳花浮午盏,蓼茸蒿笋试春盘。人间有味是清欢。

又如:"野饮花间百物无,杖头惟挂一葫芦。已倾潘子错著水,更觅君家为甚酥。"(《刘监仓家煎米粉作饼子,余云为甚酥……》)再如:"如今破茅屋,一夕或三迁。风雨睡不知,黄叶满枕前。"(《和陶怨诗示庞邓》)

苏东坡诗词中宏观空间和微观空间的关系大都较为明显。常见的是在同一首诗词中的宏观空间缩小化,以宏观融入微观等现象。先谈宏观空间缩小化。在词作《望江南·超然台作》中,广阔的超然台的宏观空间转向"寒食后,酒醒却咨嗟"的生活空间。

　　　　春未老，风细柳斜斜。试上超然台上看，半壕春水一城花。烟雨暗千家。寒食后，酒醒却咨嗟。休对故人思故国，且将新火试新茶。诗酒趁年华。

在《蝶恋花·暮春别李公择》词作中广阔的河面转向微小的村子里空间。

　　　　簌簌无风花自堕。寂寞园林，柳老樱桃过。落日多情还照坐，山青一点横云破。　　　路尽河回千转舵。系缆渔村，月暗孤灯火。凭仗飞魂招楚些，我思君处君思我。

同样在《洞仙歌·咏柳》中前句描绘了宽阔异域的江南之柳，而后句转向描绘"永丰坊那畔"之柳。

　　　　江南腊尽，早梅花开后。分付新春与垂柳。细腰枝、自有入格风流，仍更是，骨体清英雅秀。永丰坊那畔，尽日无人，惟见金丝弄晴昼。断肠是，飞絮时，绿叶成阴，无个事、一成消瘦。又莫是、东风逐君来，便吹散眉间，一点春皱。

　　再谈从宏观空间融入微观空间，由大入小现象。《定风波·重九涵辉楼呈徐君猷》一首中写道：

　　　　霜降水痕收。浅碧鳞鳞露远洲。酒力渐消风力软，飕飕。破帽多情却恋头。　　　佳节若为酬。但把清尊断送秋。万事到头都是梦，休休。明日黄花蝶也愁。

　　在苏东坡上述一些词作中的空间缩小叙事具有很重要的抒情作用，反映了苏轼独特的诗词抒情方式。上文所引一些词作中的意象虽然非在同一个图景之中，它们本来是两个地理上的地域存在，但是两者在词人的联想链中共存，造成两景一图的存在状态。因此，词作中的各空间意象合力透露出作者的情感。此处的思维方式是，存在于宏观、微观等不同特性空间中的事物，经过作者的联想链，同归一个图景，表现着词人内心深处的情感。比如，在《洞仙歌·咏柳》一首中江南之柳"入格风流"，"骨体清英雅秀"，然而到了永丰之柳恰恰相反，"一成消瘦"。在柳树身上见到的微妙变化，同样凸显了诗人心中的沧桑之味。

　　微观自然空间在苏东坡诗词中并不鲜见。求其原因，是诗人在贬谪之旅中密切关注到日常生活。更重要的是，诗人并没有把那个狭小的空间视为暂时的庇护所，而是视为自己生活空间的一部分。因此，苏诗讲究详细地呈现这种类型的空间，表明苏东坡在那里真实地活着。

二 苏东坡诗词中的"空间"处理

（一）从"他乡"到"吾乡"：地理空间转向的抒情化书写

所谓"地理空间"首先呈现于某个地域的空间。这些空间可以带着具体的地名标识，也可以不带着任何地名标识。其次，"地理空间"明显地呈现在具有地名标识的抒情诗中，但是地名标识不应被看作地理空间呈现的必要条件。在许多抒情诗中虽未出现具体的地名，但是人们从诗歌本身依然可以明显感受到其中的地理空间呈现。透过这样的地理空间，同样可以挖掘其中蕴涵的情感与叙事力量，与标识具体地名的空间呈现相比毫无逊色①。

这里的"地理空间抒情化"指的是，在抒情诗中的地理空间不单纯只是某个地域的空间，它往往是诗人想象力所产生的。"不论何时，当地理空间被表现在诗歌中时，这一被想象力所把握的空间……这样的地理空间，是一个融人文文化气息于一体的空间……"②抒情诗中的地理空间可以从事实上具体到某个地名和在幻想中的空间。或者从某个地名转移到另一个地名，在转换过程中诗歌可以包含诗人有关地理空间的想象、联想。

在中国历史上，苏东坡虽然不是唯一一个被贬到如此偏远之地的，但是他也许是受谪最多且贬谪之路最长、最残酷的士人之一。苏东坡的贬谪之路经过了中国宋代的许多地方，如开封、常州、杭州、密州、徐州、湖州、黄州、登州、颍州、扬州、定州、惠州、儋州等地。在贬谪之路饱经沧桑的苏东坡在作品中多次涉及有关悲欢离合的场景。在屡次贬谪的背景下，对于东坡来说，分离、旅行、徘徊的场景总是紧随其后，最终成为他对空间移动感受的一个决定性的领域。生活空间的变化导致诗歌空间描述随之发生变化。

苏东坡诗词中屡次在贬居之所抒发他乡之情。宋绍圣元年（1094）苏轼在谪居惠州时写下了《南康望湖亭》："八月渡长湖，萧条万象疏。秋风片帆急，暮霭一山孤。许国心犹在，康时术已虚。岷峨家万里，投老得归无？"元符三年（1100），苏轼在告别海南岛、返回内陆时一笔写成《澄迈驿通潮阁二首》，诗中说道："余生欲老海南村，帝遣巫阳招我魂。杳杳天低鹘没处，青山一发是中原。"贬谪之地是形成苏诗中他地他乡空间的主要因素。

由于苏东坡在那些陌生的贬谪地上找到了自我安慰，所以他在许多作品中

---

① ② 谭君强：《论抒情诗的空间呈现》，《思想战线》2018 年第 6 期。

提及他曾经来过的地域名称,如鲁山、丰乐、西湖等。岭南是苏东坡的贬谪地之一。写在惠州的《食荔枝》中,苏轼把自己看作"岭南人"。词中岭南不再是受贬者的他乡,而是转换成被贬者的"吾乡"。此处的"吾乡"显得地理空间更加抒情化:"罗浮山下四时春,卢橘杨梅次第新。"写在宋元丰年间的《定风波·南海归赠王定国侍人寓娘》,赞赏歌女寓娘的美好,词中有一句表达了词人对于岭南的感受:"试问岭南应不好,却道,此心安处是吾乡。"词中苏东坡给"家乡"提出一个新定义:"此心安处"即为家乡。这一命题回过来照亮了上一句的含义:只要"此心安处",贬地谪居则是美好的地方。此词的问世时间①晚于上面所提的《食荔枝》,所以此处的"此心安处是吾乡"命题可以视为苏东坡贬谪文学的家乡观。

苏词中他乡变成"吾乡"的说法反映了苏东坡对于陌生贬地的视角发生了极大转变。其视角转变本质上就是将无知的地理空间当作有知的心理空间。但是与一般的心理空间不同,此处的地理心理化空间以抒发诗人的故乡感怀为主。换言之,在保持贬居地的物理特点基础上,苏东坡将客观的地理空间主观化。

东方人尤其珍视自己的家乡,认为家乡是值得崇拜的。苏东坡多次受到朝廷贬谪,他对家乡的思念也更加深刻。但是他很少用直接方式表达对家乡的怀念,而是多用间接方式表示。也就是说,对陌生的空间进行抒情是苏东坡的巧妙方式,既可以帮助他对家乡表示热爱,也能使诗人应对严峻的生活状况。

(二)空间布局的突破:从传统"和谐"到破解和谐

和谐理念是中国传统美学的一个特征。中国传统文化偏重和谐性,源于儒学讲究"和"。儒学的"和"理念的内涵包括了人与大自然以及人与人之间的关系:"天人合一""中庸之道"。这深刻影响了中国古代文人的审美观念。这种哲学观念影响到中国传统美学的"美"理念。李泽厚认为"古代中国人"在和自然关系的审美方面存在三种含义,其中包括"人的自然化"。其"包含三个层次或三种内容,一是人与自然环境、自然生态的关系,人与自然界的友好和睦,互相依存,不是去征服、破坏,而是把自然作为自己安居乐业、休养生息的美好环境"②。

人与自然之和在传统文学作品中屡见不鲜。因为诗词讲究格律,所以诗人要把诗作词作的各种成分安排和谐,"空间"就是其中的一个因素。研究苏东坡诗词中的空间处理需要把他的诗词置于传统观念中的"和谐"来定位,从中挑出苏东坡对于空间处理的妙处。

---

① 学界关于此词的问世时间的观点存在分歧。有的学者说这首词写于苏东坡谪居汝州期间(1084),其他学者却认为写于此前。《食荔枝》一首写在作者被贬到岭南惠州(绍圣元年,1094)时。

② 李泽厚:《美学三书》,商务印书馆 2006 年版,第 290 页。

首先,苏轼诗歌中的社会空间是按照中国传统书画风格来设计的。即苏轼注重空间的两面特征之间的关系,如:近—远、疏—繁、有—无、动—静。苏东坡用这种两面性观念表达社会和人类现象的形式和精神特征,从中可以看出苏诗的空间结构之灵活,有时破格,借此达到对于物"神""形"的描写。

苏东坡在自然空间描写上通常讲究和谐性,以《行香子·丹阳寄述古》为例。

> 携手江村。梅雪飘裙。情何限、处处消魂。故人不见,旧曲重闻。向望湖楼,孤山寺,涌金门。　　寻常行处,题诗千首,绣罗衫、与拂红尘。别来相忆,知是何人。有湖中月,江边柳,陇头云。

在这首诗中的空间关系如下:近处和远处的场景配合,近处是"携手江村。梅雪飘裙";远处是"向望湖楼,孤山寺,涌金门""有湖中月,江边柳,陇头云"。虚实景色配合:虚的是"情何限、处处消魂";实的是"故人不见,旧曲重闻"。

其次,苏东坡在生活空间描写时更注重抒情人在某种具体情况中的主观感受,传统的和谐观念被视为次要的。甚至在不少诗作中,空间符号的和谐程度被严重破坏。空间中的物体是彼此冲突、不吻合的存在。具体地说,诗人呈现空间中场景的两面性,其中动态空间压倒静态空间,外界压倒内界,真实性压倒虚幻性。这样的空间布局凸显着不平衡性以及使严酷变得更加生动的新质。从这一点看,《荔枝叹》是一首很典型的诗作。诗中有内外、远近、动静两种空间同存,其中作者更倾向于呈现远景、外景、动态的景面。

远景:十里一置飞尘灰,五里一堠兵火催。

外景:宫中美人一破颜,惊尘溅血流千载。

动态:飞车跨山鹘横海,风枝露叶如新采。

其他诗作如《记游庐山》《庐山烟雨浙江潮》,诗人将诗中意境全放于外景之上。如《记游庐山》一首所说:"芒鞋青竹杖,自挂百钱游。可怪深山里,人人识故侯。"再如《庐山烟雨浙江潮》一首:"庐山烟雨浙江潮,未至千般恨不消。到得还来别无事,庐山烟雨浙江潮。"

总之,苏东坡将中国传统美学中的空间观念和个人特别感受的空间相结合,即维护和谐审美与破解和谐的新式诗词空间,为中国诗词史作出了巨大的贡献。

苏东坡以一种缓慢而巧妙的方式表达了个人辩证的经验。苏东坡以明智而简单的方式表达了他在最不平静的境界中所领悟到的平衡心境。换言之,以空间布局为载体,诗人认为空间之间实际上并非很明显的吻合,从此认清了人生的两面交织:公共生活和私人生活、得与失等共存。因为,所有这些事物都是在辩证关系支配下相互交织、制约、束缚的。从空间布局上,苏东坡的生活智慧得到体现。诗人把自己的多面性、不平衡性放入生活，从而自我建设最合适的生活空间。

三　苏东坡诗词中的生命感悟

古代诗词讲究抒情人经由外界的接触感悟生命。"感悟"是中国美学极为重要的范畴。该范畴可以分为"感"和"悟"两个元素。人因被放置于自然或社会、他人之中来呈现自我，所以凡有人就有"感"。汉字字面上的"感"字表示人用"心"去感受外界。然而，中国思想中的"心"范畴不单纯是感性的，而是兼含着理智、理性的。唐君毅先生说："此'求知理中理'之本身，正为此'心之理'。"①从"感"到"悟"是一个必要的心理、理智的过程，表现了人对于外界的认识和对自我在外界关系中的智慧的定位。

在抒情诗中，空间叙事成为抒情者生命感悟的重要途径。谭君强教授在《论抒情诗的空间叙事》一文中说："抒情诗中的空间叙事，不是一般意义上的空间叙事，确切地说，是空间意象叙事。所谓'意象'在笔者看来，就是文艺作品中具有意味的图像。"②上述理论与中国著名美学家宗白华的"意境"理念极为接近。他在《美学散步》一书中说："艺术家以心灵映射万象，代山川而立言，他所表现的是主观的生命情调与客观的自然景象交融互渗，成就一个鸢飞鱼跃，活泼玲珑，渊然而深的灵境；这灵境就是构成艺术之所以为艺术的'意境'。"③所谓"空间意象""心灵映射万象"等说法均属人文空间叙事，指明在诗词（或艺术）中空间叙事隐藏着抒情人对自己或他人的生命感悟。苏东坡诗词中的空间图景就是最为典型例子之一。在苏东坡诗词中，生命感悟当然离不开诗人整体上的人生观念，即其偏向本我在多重空间中的个人悲剧感悟。

（一）广阔宇宙图景中孤独、失落的苏东坡

苏东坡作品中的空间在描述范围上表现出诗人对宇宙无限空间的关怀。在此空间里，人的渺小身份得到呈现。人在那片广阔的空间里展现出自己的样子，如低头、仰脸、迈步及眺望远方："西望太白横峨岷，眼高四海空无人。大儿汾阳中令君，小儿天台坐忘真。"（《书丹元子所示李太白真》）

向往其他广阔空间能够使诗人超脱现实生活，走向一个没有束缚和烦恼的世界。这源于苏东坡坎坷的仕途和艰苦的生活。不仅如此，身经千难万苦的贬

---

① 唐君毅：《中国哲学原论·原性篇》，中国社会科学出版社 2005 年版，第 38 页。
② 谭君强：《论抒情诗的空间叙事》，《思想战线》2014 年第 3 期。
③ 宗白华：《美学散步》，上海人民出版社 2015 年版，第 77 页。

谪也使得苏东坡内心产生了冲动,想寻找心灵上的通往解放之路。在这一方面,诗人经常以敏锐而广阔的诗哲风骨探究旷达自然空间与悲欢离合人生的关系。

> 情何限、处处消魂。故人不见,旧曲重闻。向望湖楼,孤山寺,涌金门。(《行香子·丹阳寄述古》)
> 峤南江浅红梅小,小梅红浅江南峤。窥我向疏篱,篱疏向我窥。　　老人行即到,到即行人老。离别惜残枝,枝残惜别离。(《菩萨蛮·回文》)

自然宏观空间书写还表达了诗人借助自然来照亮自己的纯洁心灵。这体现在苏轼诗词中的许多安静、祥和的场景中。诗人在进入自然景物时,因彼此柔和、相合使心灵有了归宿和安详。

> 可惜一溪风月,莫教踏碎琼瑶。(《西江月·顷在黄州》)
> 晚景落琼杯。照眼云山翠作堆。认得岷峨春雪浪,初来。万顷蒲萄涨渌醅。　　暮雨暗阳台。乱洒高楼湿粉腮。一阵东风来卷地,吹回。落照江天一半开。(《南乡子·春情》)

(二) 微观空间体现东坡对于小景物的关怀

苏东坡在诗词中善于描写小景物。"苏轼善于描写清新秀丽的农村田园风光,这是以前的词人从未关注过的领域。"[1]他把自然小景物拉进自己的平凡生活中,使景物成为诗人生活的一部分。在苏轼笔锋下,任何一处狭窄的田园角落都能被生动而细致地呈现出来。面对平凡灵动的生活,作者并非站在旁观者的位置,而是成为一个深刻体验其中的人。因此苏东坡能够呈现出一种又真实又浪漫自由的隐居生活。这表明苏东坡在诗词中体现了他虽为谪人,但非隐者,而更是一位迫切观照平凡生活的士人。

苏轼似乎在那狭小的空间里感知外界,心情变得更加愉悦、开放。这就能够让人理解为何在诗人眼里的"野桃""溪柳""沙水"全都充满活力:"野桃含笑竹篱短,溪柳自摇沙水清。"(《新城道中》)

融入平凡生活的苏东坡在春天结束时感到生命随着每一片梅花瓣的飘落而漂流:"春风岭上淮南村,昔年梅花曾断魂。"(《十一月二十六日松风亭下梅花盛开》)在那片狭小的空间里看到了美丽的脆弱。这就是作者根据心理规律来感受

---

① 谭新红编著:《苏轼词全集·前言》,崇文书局 2015 年版。

外界的方式。这表示诗人与周围景观、现实生活的密切关系。所以，从微观空间的描写中可以看到诗人与外景之间的和谐和矛盾。

另外，在狭小空间里常常会让苏东坡心底产生对立矛盾的感觉。他有时会在生活中感到快乐，有时会觉得生活像一朵花离开了树枝。他注意到被遗忘的短暂的美丽和脆弱的生活现象。苏东坡既找到了与平常狭小空间的相通，相反，也表达了对这个空间的不满。因此，在某种程度上，对于生活在世界的狭小空间中的苏东坡来说就是寻找幸福的出路。究其原因，是苏东坡对自由的强烈渴求，所以小景物的狭小空间并不能让他满足。与李白一样，苏东坡的命运屡次遭受波折，内心总与平常狭小的空间产生冲突。另一方面，苏东坡将这种矛盾升为具有社会意义的问题。换言之，狭小的生活空间往往会给诗人带来一种社会无助感。在苏东坡之前的唐代诗人李白有过一首诗描写诗人与宇宙共存的大愿望。李白称鲁国为"一杯水"，故"难容横海鳞"（《送鲁郡刘长史迁弘农长史》）。诗作反映了诗人与狭窄的现实空间的冲突。苏东坡可能很欣赏李白的自我表现，但他的表达方式却截然不同。李白所涉及的是人与外景的冲突感，然而苏东坡更专注于微观空间里的内在冲突，且有时通过艺术形象将其升为具有社会内涵的范畴。这从《和子由渑池怀旧》细致描写的"飞鸿"形象的内在冲突及悲剧中能看得出来。

> 人生到处知何似？应似飞鸿踏雪泥。泥上偶然留指爪，鸿飞那复计东西。

"鸿"的形象被放在"雪泥"上来描写。生存于广阔的天空之中的"鸿"，降在泥上，留下爪迹。泥土何能久留鸿鸟呢？所以鸿鸟复计无穷的天空。诗中的鸿鸟形象蕴涵着诗人的志向和身份感悟。诗人觉得自己就是有远大理想的鸿鸟。虽然身被拘束于尘世之中，但志向是在宇宙飞翔。

（三）从"他乡"到"吾乡"的身份感悟

苏东坡诗词中的身份感悟离不开他在流放中所处的空间。苏东坡在《醉落魄·离京口作》中说："此生飘荡何时歇？家在西南，长作东南别。"又在《辛丑十一月十九日既与子由别于郑州西门之外》诗中说："亦知人生要有别。"这些诗词流露出苏轼对于自己一生飘荡"常有别"的认知。所以，他乡的身份感悟对理解苏轼作品颇为重要。

首先，陌生的贬谪空间的最大特点是它让诗人产生了孤独感。从《卜算子·黄州定惠院寓居作》看，因为第一次遭遇流放的艰难困苦，苏东坡不免感到自己是蓝色月光下孤独的影子："缺月挂疏桐，漏断人初静。谁见幽人独往来，缥缈孤鸿影。"贬谪他乡时的"黄州、惠州、儋州"有时成为诗人饱经沧桑的证明。面对不停地贬谪，苏轼有时因命运坎坷而忍不住感慨："心似已灰之木，身如不系之舟。问汝平生功业，黄州、惠州、儋州。"（《自题金山画像》）苏轼在他乡有时"欲乘风归去"（《水调歌头》），但是"地隔中原劳北望，潮连沧海欲东游"（《龟山》）。

其次，从另一方面看，苏东坡诗词中的异地他乡并非全是艰苦患难的所在。苏轼将他乡异地转化成为"吾乡"。"岭南"有时给诗人带来他从未预料到的新鲜未知的生活，从此诗人感受到贬居的价值。在岭南时，苏东坡认为这一空间给他带来了幸福，让他热爱生活。

> 待闲看，秋风洛水清波。好在堂前细柳，应念我、莫翦柔柯。仍传语，江南父老，时与晒渔蓑。（《满庭芳》）
> 苏武岂知还漠北，管宁自欲老辽东。岭南万户皆春色，会有幽人客寓公。（《十月二日初到惠州》）

苏东坡以一种微妙的方式来表达自我感悟。诗人在不同空间维度的融合之中，思考人生和自我，寻求奇特而无限的幸福感。读者可以从中找出诗人蕴含的人生哲理：人与空间之间能够相融，就是人面对严酷现实生活的一种极高的处世智慧。

结　语

综上所述，宏观空间、微观空间这两种空间类型在苏东坡诗词中比较常见。本质上，宏观空间涉及诗人对于外界的渴求，微观空间则是诗人对周围小景物的抒发情怀。两种空间通常是彼此交织的关系。苏东坡一生屡次被贬他乡，地理空间的他乡进入苏东坡诗词是理所当然的。在这一前提下，地理空间的心理转向成为苏东坡关于空间的微妙处理。

苏东坡诗、词中的多维空间背后透露了作者的心理世界。它表明，诗人在不忘记世俗生活的同时渴求到达宇宙。苏东坡在不同的世界中寻找生命的真实和深刻意义。通过以上分析，我们认为，苏东坡极其讲究空间塑造。通过多重角度，细微差别与主观情绪紧密结合，诗人塑造了一种独特的空间类型。这是一种将传统艺术元素与诗人感情融合，造成各种空间类型的手法。从这一方面看，苏东坡为中国古代诗歌空间艺术作出了独特贡献。

（本文原作者为阮氏秋芳，越文原作刊于专著《苏东坡诗词艺术研究》第二章第二节，越南社会科学出版社 2007 年版，第 165—195 页。经原作者同意，

本次翻译的部分内容由第二作者补充修正)

[作者简介] 阮氏秋芳,越南国家艺术文化研究院副教授,研究方向为中国古典诗词、越南文学人类学,发表过论文《苏东坡在中国古代词史上的地位研究》。

[译者简介] 阮文伦,越南顺化师范大学文学系讲师,研究方向为越南汉文小说、越中文学交流史,曾发表论文《“阴权力”:中国古代道教小说中修仙女子的集体记忆研究》等。